텃밭, 헛간, 벌통, 정원 구조물까지

쓰임새 있는 내 집 만들기

데이비드 토트 지음
임예슬 옮김
김지환 감수

Original English Language edition Copyright © 2013 Creative HomeOwner
Creative HomeOwner is an imprint of New Design Originals Corporation
distributed exclusively by Fox Chapel Co., Inc, 903 Aqure Street, Mount Joy, PA 17552, USA
Fox Chapel Publishing Inc. All rights reserved.
Translation into Korean Copyright © 2025 by Book's Hill Publishers Co., Ltd
All rights reserved. Published under license.

This edition was published by arrangement with Icarias Agency.

이 책의 한국어판 저작권은 Icarias Agency를 통해 Fox Chapel Co., Inc.와 독점계약한 도서출판 북스힐에 있습니다.
저작권법에 의하여 한국 내에서 보호를 받는 저작물이므로 무단전재와 복제를 금합니다.

텃밭, 헛간, 벌통,
정원 구조물까지

쓰임새 있는
내 집 만들기

데이비드 토트 지음 | 임예슬 옮김 | 김지환 감수

북스힐

단위 환산

길이
1 인치(in)	2.54 cm
1 피트(ft)	30.48 cm
1 야드(yd)	91.44 cm
1 마일(mile)	1.61 km

넓이
1 제곱인치(in^2)	6.45 cm^2
1 제곱피트(ft^2)	92.90 cm^2
1 제곱야드(yd^2)	0.84 m^2
1 에이커(acre)	4046.86 m^2
1 제곱마일($mile^2$)	2.59 km^2

부피
1 세제곱인치(in^3)	16.39 cm^3
1 세제곱피트(ft^3)	0.03 m^3
1 세제곱야드(yd^3)	0.77 m^3

일반 목재 치수

미터법으로 표시된 아래의 목재 치수가 미국 목재 규격과 거의 비슷하므로 대부분의 경우 동등한 것으로 간주할 수 있다.

목재 단면		
	1×2	19×38 mm
	1×4	19×89 mm
	2×2	38×38 mm
	2×4	38×89 mm
	2×6	38×140 mm
	2×8	38×184 mm
	2×10	38×235 mm
	2×12	38×286 mm

합판 크기		
	4×8 ft	1200×2400 mm
	4×10 ft	1200×3000 mm

합판 두께		
	¼ in	6 mm
	⅜ in	9 mm
	½ in	12 mm
	¾ in	19 mm

샛기둥(스터드)/ 장선 간격		
	16 in O.C.	400 mm O.C.
	24 in O.C.	600 mm O.C.

용량
1 온스	29.57 mL
1 파인트	473.18 mL
1 쿼터	1.14 L
1 갤런	3.79 L

온도 (섭씨=화씨-32×5/9)

°F	°C
0	-18
10	-12.22
20	-6.67
30	-1.11
32	0
40	4.44
50	10
60	15.56
70	21.11
80	26.67
90	32.22
100	37.78

감사의 말

루이스 아폴리나Luis Apolinar, 데이비드와 헤더 아미티지David and Heather Armitage, 댄 얼웜Dan Aulwurm, 척 바우어Chuck Bauer, 마크 버나드Marc Mernard, 실비아 번스타인Sylvia Bernstein, 샐리 브라운 박사Dr. Sally Brown, 커드 할리스Kurt Hollis, 대니얼 헐Daniel Hull, 레베카 브로디 캐멜맨Rebecca Brody Kamerman, 애덤 매튜스Adam Matthews, 로이 스타크 맥개라Roy Stark McGarrah, 숀 밀혼Sean Millhorn, 레이 래스무센Ray Rasmussen, 존 레드John Redd, 테리와 제니퍼 쇼Terry and Jennifer Shaw, 어니 슈미트Ernie Schmidt, 애덤 토트Adam Toht, 로빈 폴사이스Robin Forsythe를 비롯해 소중한 시간을 내어 전문 지식을 나눠주신 분들께 특별히 감사를 전한다.

주의사항

이 책에 소개된 방법들이 안전한지 충분히 검토하였지만, 안전한 작업 방식을 이용하는 것이 얼마나 중요한지는 아무리 강조해도 지나치지 않다. 다음은 정원이나 조경 작업을 할 때 해야 할 일과 하지 말아야 할 일을 알려주는 주의사항이다.

- 이 책에서 서술한 작업 과정을 따를 때는 반드시 조심하고, 주의 깊게 살피며, 판단력을 잃지 않아야 한다.
- 반드시 지하에 묻힌 공급 관로의 위치를 파악한 후에 땅을 파고 시설물과 안전거리를 둔다. 매립 시설물로 가스관, 전력선, 통신선, 상하수도가 있을 수 있다. 먼저 지역 건설과에 문의해야 하며, 지방 공공기관 등 대부분의 기관에서 관로의 위치를 파악하는 데 도움이 되는 도면을 찾아볼 수 있다.

  주의 이전 소유주가 이러한 관로를 파악하지 않고 지하에 배수로나 스프링클러를 설치하거나 조명을 켜기 위해 전선을 깔아두었을 수 있으므로 주의한다.

- 도구를 사용할 때 반드시 제조사의 설명서, 특히 경고사항을 읽고 주의한다.
- 전기 설비가 안전한지 반드시 확인한다. 과부하가 걸리는 회로가 있는지, 모든 전동 도구와 콘센트들이 올바르게 접지하고 접지 결함 회로 차단기로 보호하였는지 확인한다. 전동 도구는 젖은 장소에서 사용하지 않는다.
- 화학물질을 사용할 때, 목재를 자를 때, 나무나 관목의 가지를 칠 때, 전동 도구를 사용할 때, 금속이나 콘크리트를 금속으로 두드릴 때는 반드시 보안경을 착용한다.
- 화학물질, 용액이나 그 외 물질을 사용할 때는 반드시 주의사항을 읽고, 환기를 시키며, 경고사항에 주의를 기울인다.
- 독성이 있는 물질을 다룰 때는 가정용 고무장갑이 아닌 두꺼운 화학물질용 고무장갑을 착용한다.
- 거친 표면, 날카로운 모서리, 가시, 독성이 있는 식물로 인해 손을 다칠 수 있는 상황에서는 반드시 그에 적합한 장갑을 착용한다.
- 톱밥을 만들거나 독성 물질을 이용해 정원 일을 할 때는 반드시 일회용 마스크나 특수 방독면을 착용한다.
- 영구 구조물을 만드는 작업에 착수하기 전에는 반드시 지역 건설과의 허가를 받는다.
- 손이나 몸의 다른 부위를 톱날, 절삭 도구, 비트의 기능을 하는 끝부분에 절대 닿지 않도록 한다.
- 몸이 피곤하거나 알코올이나 약물의 영향이 남아 있을 때는 전동 도구를 사용하지 않는다.
- 칼이나 톱처럼 끝이 날카롭거나 뾰족한 도구를 주머니에 넣고 다니지 않는다. 그런 도구를 가지고 다닐 경우에는 특수 제작한 도구집을 사용한다.

차례

- 8 서문

12 정원 구조물
- 14 나무 화단 만들기
- 21 콘크리트 블록 화단 만들기
- 29 옥상 화단에 물 대기
- 32 저면관수 화분 만들기
- 36 기울어진 화분 선반 만들기
- 39 그늘막 만들기
- 50 격자 그늘막 만들기
- 57 도구 보관대 설치하기
- 60 식물생장등 선반 만들기
- 64 토양 블록 만들기

68 울타리와 우리
- 70 기둥 기초
- 71 기둥 설치하기
- 74 기둥에 홈 파기
- 76 피켓 울타리 설치하기
- 78 가로 널 울타리의 종류
- 79 가로 널 울타리 설치하기
- 80 세로 널 울타리 설치하기
- 81 나무 기둥에 철망 치기
- 83 걸쇠 설치하기
- 84 피켓 문 만들기
- 86 철망 당기기
- 90 문 설치하기

96	태양광 전기 울타리 설치하기	194	뒷마당 작업실 차리기
101	PVC 닭 우리 만들기		
109	PVC 허들 만들기	**196**	**양어수경재배와 수경재배**
		198	양어수경재배
112	**닭장 만들기**	202	수경재배
114	닭집이 있는 닭장 만들기		
132	삼각형 치킨 트랙터 만들기	**206**	**벌통 만들기**
		207	랭스트로스 벌통 만들기
142	**헛간 만들기**	214	와레 벌통 만들기
144	건축 기본	215	탑바 벌통 만들기
152	소금통형 헛간		
178	염소 헛간	216	참고 자료와 사진 출처
190	다양한 지붕재	218	찾아보기

서문

나의 조부모님은 일리노이주 중서부에 여러 농장을 소유하고 계셨다.
어린 시절 나와 친구들에게 그 농장은 훌륭한 놀이터였다.
나는 울타리에 매달려 수소들을 쳐다보고 있지 않을 때는
암탉 아래로 조심조심 손을 뻗어 달걀을 꺼내거나
새끼 돼지의 먼지투성이 등을 철썩철썩 때리곤 했다.
알팔파 냄새가 나는 건초 더미는 기어오르고, 요새를 만들고,
먼지투성이의 낡은 밧줄을 타고 타잔처럼 그네를 탈 수 있는 멋진 정글짐이었다.
닭집에 깔아주려고 근처 위스키 통 만드는 공장에서 가져온 톱밥은
우리의 모래 놀이터였다.
더운 날에는 옥수수 낱알을 담는 통 안에 들어가 열기를 식힐 수 있었다.

할아버지가 일상적인 농장 일을 하시는 사이사이 중요한 구조물을 짓거나 수리하실 때, 우리는 그 주위를 어슬렁거릴 수 있었다. 울타리 수리는 끝이 없었고, 할아버지는 망치와 비슷하게 생긴, 펜치와 지렛대로도 쓸 수 있는 구식 만능 도구를 포함해 꼭 필요한 도구들을 트랙터 뒷바퀴 흙받이에 달린 금속 상자에 넣고 다니셨다. 가축을 가둬 두려면 울타리를 빠르고 확실하게 고쳐야 했다. 돼지 헛간을 세울 콘크리트 바닥을 깔려면 빌려온 콘크리트 배합기에 모래, 자갈, 시멘트를 채우는 등의 힘든 노동을 해야 했다. 여러 날 동안 조금씩 부어 올린 콘크리트 바닥은 네 면이 정확히 직각을 이루지도 않고 완벽하게 평평하지도 않았지만, 나름 제 기능을 다 했다. 건축에 완벽함을 추구할 시간이 없었을 뿐, 먹이를 줘야 할 동물들이 있고 돌봐야 할 밭이 있었기 때문이다. 따라서 나는 농장을 가꿀 때 요구되는 견고하고 군더더기 없는 기술을 동경하게 되었다.

내가 정원 일을 도울 나이가 되기 전에 가장 중요한 프로젝트가 시작되었다. 농장의 중심에 1910년에 지어진 오래된 헛간이 있었는데, 그 헛간이 시간이 지나면서 갈색 오지벽돌로 지은 곡물 저장고로부터 서서히 기울어 벌어지기 시작한 것이다. 할아버지는 실내장식을 썩 잘하지는 않지만 대형 목조 구조물에는 일가견이 있는 목수 한 명을 고용하셨다. 목수는 건초 선반 곳곳에 도르래와 밧줄을 매달고 헛간에 준비물을 설치하느라 며칠을 보냈다. 그는 부목과 보강재들을 준비해 빠르게 설치할 수 있도록 어느 정도 길이까지만 못을 박아두었고, 손수 자른 장부촉 이음을 결합하는 못도 몇 개 쳤다. 마지막으로 헛간의 이중 여닫이문 밖으로 밧줄 몇 가닥을 연결해 놓고, 할아버지에게 작은 주황색 트랙터를 헛간으로 끌고 오시도록 했다.

할아버지가 연결부에 밧줄이 묶인 트랙터를 가동하려고 씨름하시자 트랙터가 앞으로 조금씩 움직이기 시작했다. 끼익 하는 소리와 쿵 하고 울리는 소리가 크게 들리면서 헛간은 바로 서기 시작했다. 헛간은 천천히 원래 모습으로 돌아가며 오래된 접합부들이 제자리를 찾아갔다. 트랙터로 인장력을 유지하는 동안 목수는 실내 구조물 위를 재빨리 넘어다니며 부목과 보강재들을 고정했고, 그 결과 헛간이 새롭게 태어났다.

독자들이 뒷마당에서 이와 같은 거대한 구조물과 씨름하지 않기를 바라지만, 이 일화를 생각할 때마다 농장 구조물에서는 완벽함이 최종 목표가 아니라는 것을 다시 떠올리게 된다. 우리가 목표로 하는 것은 견고함과 실제 사용에서의 효율성이다. 따라서 뒷마당 프로젝트는 초보자에게 목공 작업이나 다른 입문 기술들을 알려주기에 적합하다. 여러분이 만드는 구조물이 튼튼하게 서 있고 비바람을 막아줄 수 있는 한, 살짝 기울어진 벽이나 약간 비뚤비뚤하게 잘라진 부재는 그다지 문제가 되지 않는다. 어쨌거나, 닭장 문이 완벽하게 맞지 않아도 닭들은 신경 쓰지 않으며, 울타리가 살짝 기울어 있어도 염소들은 개의치 않는다.

이 책에 소개된 프로젝트에 관하여

이 책에 소개된 프로젝트들은 독자의 목공 수준을 평균 정도라고 간주하여 단순함을 염두에 두고 설계했다. 만약 다소 어려운 기술(예를 들면 114쪽부터 시작하는 '닭집이 있는 닭장 만들기' 프로젝트에서 입구를 만들기 위해 목재 가운데를 자르는 기술)을 사용하였다면, 그것이 사용할 수 있는 가장 간단하고 빠른 방법이기 때문이다.

한 단계 한 단계 대상을 만드는 과정을 정확히 설명하는 대신, 그 프로젝트를 만드는 과정에 어떤 것이 필요한지 집중할 수밖에 없었던 부분들도 있다. 양어수경재배가 그런 예 중 하나이다. 이 주제에 관해서는 다양한 책과 설명서들을 쉽게 찾아볼 수 있기 때문에, 이 책에는 독자들이 이 재배 방식을 원할 경우 남들보다 한발 앞서 나갈 수 있도록 양어수경재배의 배경지식을 담았다.

또한 독자들의 예산을 염두에 두고 이 프로젝트들을 설계했다. 모든 프로젝트는 대부분 기본적인 재료들로 만든다. 예를 들어 사람이 거주할 수 있고 작은 집이라고 해도 될 만한 멋진 닭장도 있지만, 여기서는 외장용 합판과 단순한 세부 사항에 치중해 실제 사용을 목적으로 하는 방향을 택했다.

인적 요인에도 주목해 사람이 사용하기 편리한 결과물을 만들었다. 구조물에 쉽게 접근할 수 있는지를 고려해 설계하였으므로 사용자가 닭에게 먹이와 깨끗한 물을 주고, 배설물을 치우고, 깔개를 갈아주고, 달걀을 모으는 등 모든 작업을 더 자주, 더 잘 할 수 있기를 바란다. 또한 필요에 따라 프로젝트를 확장하거나 줄이는 방법에 관한 도움말도 찾을 수 있을 것이다.

시작하기

다음은 프로젝트를 시작할 때 도움이 될 수 있는 울타리 너머 친절한 이웃이 건네는 유용한 팁 몇 가지이다.

- 외장용 나사를 기본 고정 장치로 사용한다. 나사 구멍을 미리 뚫고 나사를 박아 넣으려면 못을 박는 것보다 시간이 조금 더 걸리지만, 나사가 훨씬 잘 고정되고 실수했을 때 다시 뽑아낼 수 있다.
- 둥근톱이 다루기가 너무 버겁다고 생각되면 세이버톱을 대신 사용한다. 직각자나 다른 직선 모서리를 보조선으로 사용하면 재료를 일직선으로 깔끔하게 자를 수 있다.
- 두 번 재고 한 번 자른다.
- 자재가 톱에 걸리지 않도록 작업물을 지지하고 톱질한다.
- 시간을 들여 잡동사니가 없는 작업 공간을 마련한다. 길게 보았을 때 그렇게 하는 것이 시간도 절약되고, 작업물도 잘 만들어지며, 작업자도 안전하다.
- 모든 부재를 한번에 잘라 조립 세트처럼 만들지 않는다. 작업물을 참고해서 새로운 부재의 치수가 지금까지 만들어진 구조물에 잘 맞는지 확인하며 작업한다. 재단된 목재의 치수가 다를 수 있으며, 톱질할 때 생기는 작은 오차들이 쌓여서 프로젝트의 다른 부분에 영향을 주기 때문이다.
- 안전을 위해 보안경, 귀마개, 마스크를 착용한다.
- 장갑을 끼면 가시에 찔리거나 긁힐 걱정이 없으므로 힘든 작업이 한결 쉽게 느껴진다.
- 뒷마당은 새로운 아이디어를 시험해볼 좋은 실험실이다. 무언가 계획대로 잘 되지 않는다면 언제든 원상태로 돌리면 된다. 이것이 뒷마당 가꾸기의 묘미이다.

데이비드 토트

1 정원 구조물

- **14** 나무 화단 만들기
- **21** 콘크리트 블록 화단 만들기
- **29** 옥상 화단에 물 대기
- **32** 저면관수 화분 만들기
- **36** 기울어진 화분 선반 만들기
- **39** 그늘막 만들기
- **50** 격자 그늘막 만들기
- **57** 도구 보관대 설치하기
- **60** 식물생장등 선반 만들기
- **64** 토양 블록 만들기

정원은 뒷마당 농장의 핵심이다. 닭 등의 가축을 키우는 것이 가계 소득에 도움이 되는지에 대한 의견은 분분하지만, 정원에서 얻을 수 있는 것이 신선한 채소뿐만은 아니라는 것은 자명하다.

이 장에서는 넓거나 좁은 공간, 도시나 전원 지역에 알맞은 방법들을 소개한다. 이 장의 첫 부분에서 소개하는 간단한 화단과 같이 기본적인 방법에서부터, 조금은 일반적이지 않은 방법까지 담고자 했다. 머리 위 공간을 활용하기 위한 그늘막 등 제한된 공간을 최대한 이용하는 방법에 특별히 더 집중했다.

최상의 머리 위 공간인 옥상에 관해서도 다룬다. 빌딩 그늘에 가려진 조그만 뒤뜰만 있거나 아예 뒤뜰이 없는 도시에서 정원을 가꾸는 사람에게는 옥상 정원이 유일한 해결책일 것이다. 옥상 정원을 가꾸려면 무게가 가볍고 물을 주기 쉬운 화분을 찾아야 한다. 또한 강렬한 햇빛, 빌딩에서 반사된 열기, 바람에 맞서 식물의 수분을 유지하는 것이 중요하다.

이 장에는 인근 점포나 묘목 가게에서는 얻을 수 없는 식물에 영양분을 공급하는 방법과, 계절에 맞는 유형의 식물을 키우는 데 도움이 되는 간단한 식물생장등 선반 제작 방법도 담았다. 이 방법을 이용하면 약간의 투자로 모종 수백 개를 기를 수 있어 모종을 구매하는 비용을 절약할 수 있을 것이다.

덩굴식물

정원에 필요한 가장 간단한 구조물로 장대, 철망, 격자(래티스)가 있다. 구조물은 수확기가 되면 무거운 하중을 받게 된다. 기성품 철망을 무너뜨리기도 하는 무성하게 자라는 방울토마토를 키워본 사람이라면 모두 알듯이, 덩굴식물을 지지하는 구조물이 그 역할을 잘 해내지 못하기도 한다. 따라서 여기에 몇 가지 방안들을 소개한다.

❶ 축사 울타리의 구부러진 부분(아연 도금된 6 mm 철골 구조물로 만든 소형 격자판)이 단단히 엮여 있어 토마토나 다른 무거운 작물을 지지할 수 있다.
❷ 콩이 위로 뻗어오르면 다 익은 콩깍지를 놓칠 가능성이 줄어든다. 38×38 mm 목재로 만든 간단한 뼈대와 노끈으로 만든 이 간단한 장치로 식물 사이에 자랄 수 있는 여유 공간이 확보된다.
❸ 격자 구조물을 설치하면 그 아래를 걸어다니며 작물을 수확할 수 있다. 조립하는 방법이 쉬우며, 이용 후 해체해 저장할 수 있다.
❹ 끼워놓은 가로대를 빼면 격자 구조가 따로 떨어진다.
❺ 가지가 뻗어 있는 튼튼한 나뭇가지는 무거운 작물을 지탱하기에 안성맞춤이다. 식물의 몸통 부분으로서 버티고 서 있는 매력적인 모습은 덤이다.

나무 화단 만들기

대부분의 화단은 고정 구조물로, 보통 사용되고 있는 1.2 m 폭 화단에서는 흙을 밟지 않고 쉽게 손을 뻗어 식물을 심고 재배하고 수확할 수 있다. 화단이 편리한 높이에 있으면 식물을 돌보기가 쉽고 슬금슬금 번지는 잡초도 막을 수 있다. 4.8 m 이상의 목재는 값도 조금 비싸고 구하기도 힘들지만, 길이를 마음대로 정할 수 있다.

화단 상자 안에는 흙이 채워져 있어 밖으로 쏟아져 나가지 않으므로 신선한 퇴비와 필요한 첨가제를 넉넉히 부어 관리한다. 흙을 깊게 파서 줄뿌림 작물보다 더 빽빽하게 식물을 심을 수도 있다.

이 책에서는 깊이를 더 많이 확보하기 위해 각목을 쌓는 방법을 소개한다. 여기서는 38×184 mm 각목을 사용하지만, 38×286 mm 목재를 같은 방법으로 두 층 쌓으면 식물을 돌보기 편리한 60 cm 높이의 화단을 만들 수 있다. 화단 길이를 늘이려면 말뚝을 추가하거나 길이 방향을 따라 쇠막대를 끼워넣어 화단이 휘지 않도록 한다. 물을 채운 토양의 정수압이 강할 수 있다.

도구	재료
삽	38×184 mm 방부목
갈퀴	(38×235 mm나
손수레	38×286 mm도 가능)
줄자	38×89 mm 방부목
수평계	2½인치 데크스크류
둥근톱	3인치 데크스크류
무선 드릴 드라이버와 비트	
직각자	
삼각자	
스프링 클램프	
작은 슬레지해머	
이동식 지지대	

화단을 만들면 작업 면이 높아져 식물을 키우기가 쉬워지고, 정원을 돌보는 사람이 토양 대신 길을 밟으므로 토양이 단단해지는 것을 막을 수 있다. 아이들과 함께 정원을 가꾸고자 할 때 유용하다.

화단 분해조립도

말뚝은 모퉁이 접합부를 강화하는 동시에 화단을 정해진 위치에 고정하는 목적으로 사용하며, 벽면 강도를 높이는 역할도 한다. 38×89 mm 목재로 만드는 덮개는 꼭 필요한 것은 아니지만, 부착하면 측면 벽을 더 강화할 수 있고 잡초를 뽑을 때 편히 앉을 수 있는 자리가 된다.

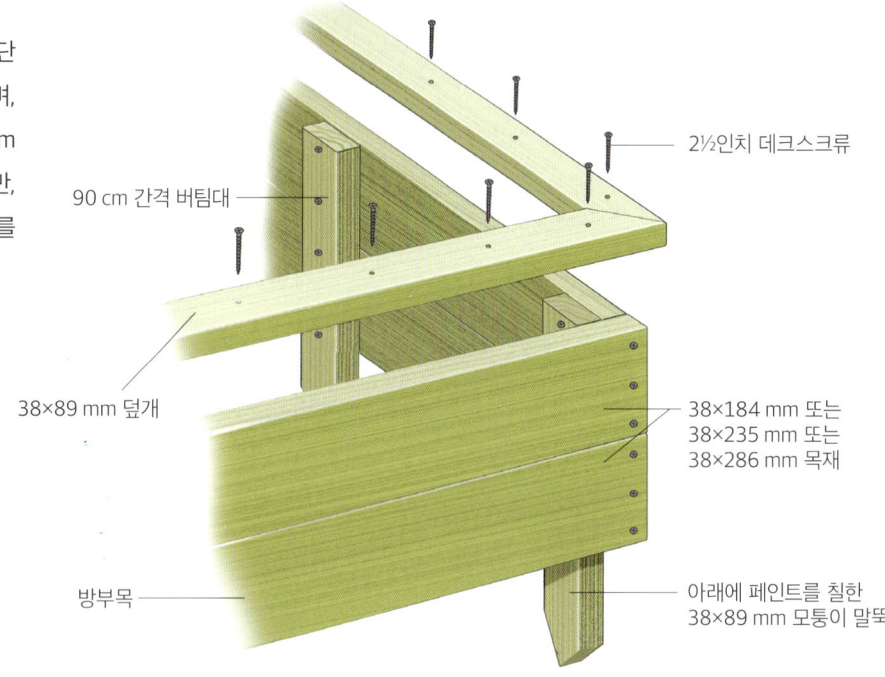

방부목은 안전한가?

정원에서 키우는 수확물이 방부 처리된 목재에서 나온 해로운 화학 물질을 빨아들일 것을 걱정해 방부목 사용을 꺼리는 사람들이 많다. 그러나 세월이 흐르며 방부 처리에 사용되는 화학물질이 바뀌었다.

2003년 이전에는 크롬화비산동(Chromated Copper Arsenic: CCA)이 목재를 썩지 않도록 보호하는 주요 성분이었는데, 매우 효과적이지만 사람과 동물에 독성이 있어 한국에서는 2007년 10월부터 CCA 방부목 사용이 전면 금지되었다.

제조사들은 다른 두 대체재, 즉 구리-알킬암모늄 화합물(Alkaline Copper Quat: ACQ)과 구리-아졸 화합물(Copper Azole: CA-B, 한국에서는 CUAZ)로 눈을 돌렸는데, 이 두 물질에는 모두 구리와 곰팡이 방지제가 들어가지만 비소는 사용되지 않는다. 비소를 사용하지 않으면 PT 목재가 더 안전할까?

토양 건전성과 생명체로의 독성 물질 전이에 관해 연구하고 있는 워싱턴대학교 연구 조교수 샐리 브라운Sally Brown 박사는 독성 물질이 침출되더라도 유출 지점에서 2 mm만 떨어지면 독성이 현저히 감소하며, "구리는 필수 영양소이며 우리 신체는 여분의 구리를 잘 배출한다"고 주장하였다. 그녀는 구리 광산 잔재로 덮인 땅에서 자란 식물들을 연구해 식물이 구리를 거의 흡수하지 않음을 밝혀냈다.

또한 방부목 근처의 식물이 구리를 흡수하더라도 뿌리 부분으로 옮겨가지 않을 것이라는 점도 지적하였는데, "식물에 구리가 축적될 것을 염려한다면 감자 같은 뿌리 작물을 화단의 가장자리에 심지 않으면 된다"라고 하였다.

방부 처리된 목재에는 두 가지 색이 있다. 위와 같은 황갈색과 앞으로 소개할 부분에 나오는 초록빛이 도는 색이다. 목재의 종류는 38 mm 두께의 각목부터 울타리용 널빤지와 넓은 합판까지 다양하다. 목재의 결과 평행하게 홈을 내면 방부 재료가 더 잘 스며든다.

나무 화단 만들기

1 화단 만들 곳을 고르게 펴 평평하게 만들고 화단보다 조금 더 넓은 공간을 정리한다. 방해가 되는 뿌리나 돌을 모두 치운다.

2 앞뒤 양 옆면의 각목을 길이에 맞춰 자른다. 모서리를 정확히 직각으로 만들려면 끝부분을 다듬어야 한다. 목재를 곧게 자르기 위해서는 삼각자를 기준대로 사용하거나 직각자를 고정해서 사용한다(작은 사진 참고). 긴 목재를 반으로 자를 때는 양쪽을 모두 잘 지지해야 한다.

3 3인치 데크스크류로 38×184 mm(또는 38×235 mm나 38×286 mm) 각목의 모퉁이 접합부를 고정한다. 나사를 박을 자리에 미리 파일럿 홀을 뚫어 목재가 쪼개지지 않도록 한다.

4 길이가 60 cm 정도인 끝이 뾰족한 38×89 mm 말뚝을 가장 위쪽 모퉁이에 박아 넣는다. 목재 두 층의 높이에 나중에 다듬을 부분을 더한 길이만큼 말뚝을 남긴다. 2½인치 데크스크류를 이용해 38×89 mm 말뚝에 잘라둔 각목을 고정한다.

5

직각자를 이용해 화단을 반듯하게 맞춘다. 첫 번째 말뚝이 지지대 역할을 하도록 하고, 상자 주위를 돌며 목재를 두드려 접합부마다 직각을 맞춘다.

들보 쌓아 화단 만들기

89×140 mm 목재를 모퉁이에서 엇물리도록 쌓으면 측면의 휨 없이 내용물을 충분히 지지할 수 있는 크고 튼튼한 화단을 만들 수 있다. 측면에서 8인치 거터스크류gutter screws를 채우면 화단 형태가 유지된다.

6

남은 세 모퉁이에 말뚝을 박아 넣는다. 각 면의 수평을 맞추고 2½인치 데크스크류 하나씩을 이용해 말뚝에 고정한다. 한 바퀴 돌며 동일한 작업을 한다. 상자가 수평으로 놓였다고 생각되면 각목을 말뚝에 고정하는 작업을 마무리한다.

7

두 번째 층의 목재를 자르고 붙인다. 연결부를 튼튼하게 하려면 접합부끼리 먼저 연결하고 그 후에 말뚝에 고정한다(작은 사진 참고).

나무 화단 만들기

8 흙을 채웠을 때 상자가 휘지 않도록 화단의 길이 방향 가운데에 38× 89 mm 말뚝을 추가로 끼워 넣는다. 말뚝을 화단 위로 튀어나오게 남겨두면 나중에 모서리 말뚝과 함께 다듬을 수 있다.

9 2½인치 데크스크류를 이용해 말뚝을 고정한다. 두 층으로 쌓은 목재 위로 말뚝이 올라오게 하려면 스프링 클램프를 이용해야 한다.

10 옆면과 수평을 맞춰 쇠톱을 이용해 말뚝을 모두 다듬는다. 둥근톱을 사용한다면 38×89 mm 말뚝을 잘라낼 정도로만 날을 빼내 말뚝 쪽에서부터 자른다.

11 삼각자를 대고 38×89 mm 각목 조각 끝을 45° 각도로 자른다. 한번에 한쪽 연귀를 맞춘다. 한쪽 연귀를 맞추어 화단에 놓고 반대쪽 끝부분에 잘라야 할 부분을 표시한다.

3인치 데크스크류를 이용해 덮개를 고정한다. 연귀를 맞추기 위해 각 목의 양 끝을 먼저 고정한 후 덮개를 따라 30~40 cm 간격으로 나사를 박는다.

필요하다면 재단된 38×89 mm 덮개를 임시로 고정해 연귀를 다듬는다. 양쪽 목재를 모두 잘라낼 수 있도록 쇠톱이나 둥근톱(작은 사진 참고)으로 연귀 사이를 통과해 톱질한다.

접합부 옆면에서 3인치 데크스크류를 박아 연귀를 맞춰 고정한다. 파일럿 홀을 미리 뚫어둔다.

간단한 볏짚단 화단 만들기

길가나 테라스 일부를 활용해 간단하게 화단을 만들고 싶다면 볏짚단 화단을 만들어 본다. 짚(건초가 아닌 짚)을 몇 단 사서 가능한 한 촘촘하게 묶어 짚단을 며칠 이상 물에 완전히 담가둔다. 식물을 심고 싶은 높이로 짚을 잘라내고 겉흙을 덮는다. 볏짚단은 몇 년 동안 정원 역할을 하다가 썩기 시작해 훌륭한 퇴비 재료가 된다.

나무 화단 만들기

15 3인치 데크스크류를 30~40 cm 간격으로 박아 38×89 mm 화단 덮개를 고정한다.

외장용 나사 이용하기

야외 구조물의 내구성은 그것을 고정하는 자재에 달려 있다. 습기에 오래 노출되어도 손상되지 않도록 제작된 나사를 사용한다. 잘못 박았을 때 쉽게 빼낼 수 있는 튼튼한 외장용 나사가 제일 좋다. 스테인리스 목재 스크류나 방부목 전용으로 아연 스크류를 구입하여 사용한다.

16 지렁이 등 토양에 이로운 생명체들이 화단으로 들어올 수 있도록 땅을 완전히 갈아엎는다.

17 첨가물을 잘 배합한 흙으로 화단을 채운다. 며칠 지나면 흙이 자연스럽게 가라앉으므로 이를 보충할 겉흙을 더 채워준다.

콘크리트 블록 화단 만들기

방부 처리된 목재를 사용하는 것이 걱정되거나(방부 처리 목재에 대한 자세한 설명은 15쪽 참고) 화단이 더 영구적이기를 바란다면 100 mm 폭의 콘크리트 블록을 활용하는 것을 고려해보자. 블록을 쌓고 빈틈을 콘크리트로 채우면 수십 년간 유지될 멋진 화단을 만들 수 있다.

콘크리트 블록을 사용해서 얻는 가장 큰 이점은 화단을 높게 쌓아 편안한 작업 환경을 만들 수 있다는 것이다. 자갈 기초 위에 콘크리트 블록을 쌓으면 목재와 비슷한 비용으로 훌륭하게 잡초를 막을 수 있다.

만드려는 화단보다 0.5 m 정도 넓게 땅을 다듬어 화단 만들 준비를 한다. 여기서 소개하는 화단은 1.2×3.6 m 크기다. 앞서 나무 화단을 만들 때 사용한 38×184 mm 목재로는 만들기 어려운 높이지만, 콘크리트 블록을 두 층 쌓고 덮개를 추가하면 화단 높이가 40 cm 이상이 된다. 화단을 더 깊게 만들고 싶다면 쌓은 블록 안쪽 땅을 15 cm 정도 파내고 19×89 mm 또는 19×140 mm 블록으로 옆면에 테두리를 두르면 된다. 이 과정에서 목재 프레임을 만들어 콘크리트가 굳은 뒤에 빼내어 다시 사용할 수 있도록 한다(14번 단계 참고). 그리고 화단 아래에 자갈을 깐다. 여기서는 16 mm로 부순 자갈을 사용했다. 추운 지역이라면 배수가 잘 되도록 화단을 15~30 cm 더 깊게 파고 자갈을 깐다. 관개시설을 사용할 계획이라면 공급 수로를 연결한 후에 블록을 쌓는다.

도구	재료
삽	16 mm로 부순 자갈
갈퀴	시멘트 모르타르
쇠스랑	60 cm 길이 철근 2개
콘크리트 다짐기	25 kg 모르타르 5~6자루
줄자	(1.2×3.6 m 크기 화단일
목공용 수평계	경우)
소형 수평계	100×190×390 mm
직각자와 삼각자	콘크리트 블록 44개
건축용 먹줄과 말뚝	100×190×390 mm
둥근톱	콘크리트 블록 4개
안전 장갑	2.4 m 길이 19×89 mm
보안경과 귀마개	목재 2개
작은 슬레지해머	3.6 m 길이 19×89 mm
나무망치	목재 4개
무선 드릴 드라이버	
모르타르 배합통	
대형 코킹건	
흙손	
코너 흙손	

콘크리트 블록으로 만든 화단은 시멘트 모르타르로 두껍게 접합해야 오래도록 견고하고 편리하며 생산적이다.

4 cm 두께의 콘크리트 덮개는 블록 표면을 마감하고 구조물의 강성을 높여준다.
19×89 mm 목재로 형태를 만들고 흙손과 코너 흙손을 사용하면 쉽게 다듬을 수 있다.

블록의 종류

표준 콘크리트 블록의 크기는 190×190×390 mm다. 작업하는 데는 150 mm나 100 mm 폭의 블록이 좋다. 모퉁이 부분에서 콘크리트 블록을 엇물리게 쌓으려면 반쪽짜리 블록도 필요하다. 우리나라에서 콘크리트 블록은 대부분 구멍이 세 칸으로 제작된다.

블록 쌓는 방법

1

땅을 평평하게 다지고 화단을 깊게 만들기 위해 몇 cm 더 파서 화단을 만들 자리를 준비한다. 위 사진과 같이 19×89 mm 목재 프레임을 임시로 설치하고 평형을 맞춘다. 프레임을 놓고 자갈을 깔아 접근로 겸 콘크리트 블록을 쌓을 기초를 만든다. 말뚝이나 철근을 이용해 프레임을 보강한다.

2

프레임이 수평으로 놓였는지 확인한다. 프레임을 이루는 목재 사이의 수평도 확인한다. 맞은편 프레임까지 수평계가 닿지 않으면 곧은 널빤지를 이용한다. 손수레나 정원용 카트를 사용하려면 화단 사이에 적어도 1 m 간격을 둬야 한다. 프레임을 기준으로 하여 갈퀴로 자갈을 고르게 편다.

3

38×140 mm 목재로 자갈을 펴서 민다. 목재를 프레임 위에 놓고 밀어 자갈을 평평하게 고른다.

블록 쌓는 방법

블록 쌓는 방법

소형 수평계로 가로/세로 방향의 수평을 맞추면서 시간을 들여 첫 번째 층의 블록을 정확하게 놓는다. 첫 번째 층을 똑바로 놓으면 두 번째 층은 쉽게 놓을 수 있다. 여기에 그 방법을 소개한다.

1. 블록의 너비 방향 수평을 맞춘다. 블록을 살살 흔들어 자리를 잡고, 필요하면 자갈을 더 놓는다.

2. 블록의 길이 방향 수평을 맞춘다. 옆의 블록과 꼭 맞붙도록 놓는다.

3. 나무망치로 조정한다. 두드리는 부분이 단단한 고무나 나무로 된 것을 사용하면 블록을 깨지 않고 두드려 잘 맞출 수 있다.

틀 주위의 자갈을 다짐기로 다지고 필요하면 자갈을 더 채운다. 땅을 다지면 자갈이 틀 가장자리보다 조금 아래로 내려간다. 가능한 한 고르고 평평하게 만든다.

블록을 놓기 시작한다. 블록을 놓을 때마다 수평을 맞추고 조정한다 (왼쪽 '블록 쌓는 방법' 참고). 한쪽 끝에서 시작해서 블록을 세심하게 정렬한다.

6
두 번째 층에 쌓을 블록에 덧붙은 콘크리트가 있다면 깨끗이 제거한다. 블록을 쌓는 과정에서 군더더기가 가끔 생기므로 나중에 콘크리트로 속 공간을 완전히 채울 수 있도록 쇠말뚝이나 철근 조각으로 덧붙은 것들을 모두 제거해야 한다.

7
건축용 접착제를 발라 한쪽 끝면을 만든 후에 두 번째 층 블록을 쌓는다. 작은 사진과 같이 반쪽짜리 블록이 필요하다는 것을 기억하라. 석공용, 목공용 수평계를 이용하거나 곧은 각목 위에 소형 수평계를 놓아 화단의 양쪽 면이 평평한지 확인한다. 접합부를 엇갈리게 놓으면 더 견고하게 된다.

8
접착제를 바르고 두 번째 층 블록을 놓은 뒤 나무망치로 몇 번 두드려 화단의 양쪽 끝 벽을 완성한다. 콘크리트 블록을 제작할 때 모르타르 접합을 염두에 두고 만들기 때문에 두 번째 층이 아래층보다 1 cm 정도 더 길다.

9
건축용 먹줄을 기준선으로 삼아 긴 옆면의 첫 번째 층을 모두 놓는다. 작업이 잘 되었다면 마지막 블록을 쉽게 놓을 수 있다.

블록 쌓는 방법

10 시멘트 모르타르로 블록을 붙여 올리며 두 번째 층을 쌓는다. 두 번째 층의 블록은 수평을 맞출 필요가 없으므로 빠르게 쌓을 수 있다.

11 콘크리트를 부을 때 블록들을 단단히 고정해 안정적으로 두려면 래칫 ratchet이 달린 끈을 사용하는 것이 좋다. 긴 노끈을 대용으로 사용해도 된다. 이 단계에서 블록 사이의 모든 공간을 없애야 한다.

12 양쪽 긴 옆면의 중심부를 안정시키기 위해 60 cm 길이의 철근을 박아 넣는다. 모서리에 철근이 있으면 구멍을 막아 콘크리트를 채울 수 없으므로 모서리에는 철근을 넣지 않는다.

13

물을 충분히 부어 작업하기 쉽게 만든 콘크리트로 블록의 빈틈을 채운다. 나중에 윗면의 콘크리트 덮개로 틈을 메울 것이므로 블록 속 공간을 완전히 채우지 않고 2~3 cm 정도 남긴 채로 작업을 마친다. 콘크리트 블록 안에서 작업할 때는 철근을 사용한다(작은 사진 참고).

14

콘크리트가 굳는 동안 프레임을 제거하고(작은 사진 참고) 땅을 완전히 갈아엎는다. 흙을 부어 고르게 편다.

15

상업용 제초 매트로 땅을 덮는다. 내벽도 15 cm 정도 덮을 수 있도록 여유를 두고 자른다.

블록 쌓는 방법

16

19×89 mm 목재를 화단 내벽과 외벽 가장자리에 맞춰 잘라 콘크리트 덮개의 틀을 만든다. 제작된 틀을 덮개 위치에 클램프로 집을 때는 38×89 mm 각목 조각을 안내자로 사용한다(작은 사진 참고).

알맞은 흙 준비하기

화단을 최상의 상태로 가꾸려면 퇴비, 분쇄된 피트모스, 흙을 (필요하다면) 해조분, 골분, 콜로이드 인산염, 석회, 그린샌드 등의 영양분과 함께 섞는다. 이렇게 섞어 만든 가볍고 흡습성이 좋은 흙은 식물에 아주 좋은 흙이 되고, 다음 해에 갈아엎기도 쉽다. 또 화단이 깊으므로 식물의 뿌리가 깊은 곳까지 뻗을 수 있다. 비트와 양파를 아래 사진과 같이 30 cm마다 10 cm씩 떨어뜨려 두 줄로 키우기도 하는데, 시간이 지나면 흙이 내려가게 되므로 계절마다 흙을 보충할 계획을 세워야 한다.

17

콘크리트를 덮개 틀 안에 퍼 넣고 흙손으로 고르게 다듬는다. 틀을 두드려 콘크리트 속 공간을 없앤다.

18

코너 흙손으로 틀 안쪽을 따라 콘크리트를 다듬어 덮개의 가장자리를 둥글게 한다. 하룻밤 동안 양생한 후 틀을 제거한다. 전체 화단을 며칠간 굳게 두었다가 흙으로 채운다.

옥상 화단에 물 대기

도구	재료
커터칼	강화비닐
면도날	지름 10 cm 구멍의 주름
스테이플러	호스
드릴 드라이버와 ½인치	제초 매트
비트	플라스틱 병(1.8 L)
	지름 1 cm 튜브

옥상 정원을 가꿔본 사람이라면 누구나 화단에 적당한 수분을 공급하는 일이 얼마나 중요하고 힘든 일인지 알 것이다. 태양, 바람, 지붕에서 방출되는 열기의 영향으로 물이 증발하기 때문에 지상에 있는 정원보다 옥상 정원의 흙이 더 건조해진다.

다음과 같은 방법을 이용하면 힘들이지 않고 효과적으로 물을 공급할 뿐 아니라, 필요한 흙의 양을 줄여 옥상 정원을 가꿀 때 중요한 고려 사항인 흙의 무게도 줄일 수 있다. 그 방법은 잘라낸 플라스틱 병으로 쉽게 물을 채울 수 있는 배수관을 흙 아래에 묻어두는 것이다. 물빠짐 구멍은 물이 넘치는 것을 방지해 주며, 제초 매트는 흙을 막아 배관이 막히지 않도록 해준다. 뿌리층에 물이 충분하므로 식물들이 잘 자랄 수 있다.

일주일에 한 번 정도 화단에 물을 채우고 플라스틱 병을 들여다보며 화단의 수위를 확인하면 된다. 흙은 기본적으로 스펀지처럼 작용하는데, 배수관 사이 제초 매트가 움푹 꺼지는 곳이 바로 흙이 물을 빨아들이는 곳이다.

열과 바람에 의해 수분이 증발하더라도 묻혀 있는 배관에서 식물의 뿌리로 천천히 물이 흘러나오기 때문에 케일이나 양배추처럼 물을 좋아하는 식물도 쉽게 키울 수 있다.

관개 화단 단면

한 배수관을 채우면 다른 관으로 물이 흘러간다. 제초 매트가 흙으로 관이 막히는 것을 막아준다. 물을 너무 많이 채우면 옆면에 있는 짧은 플라스틱 튜브로 물이 빠져나온다.

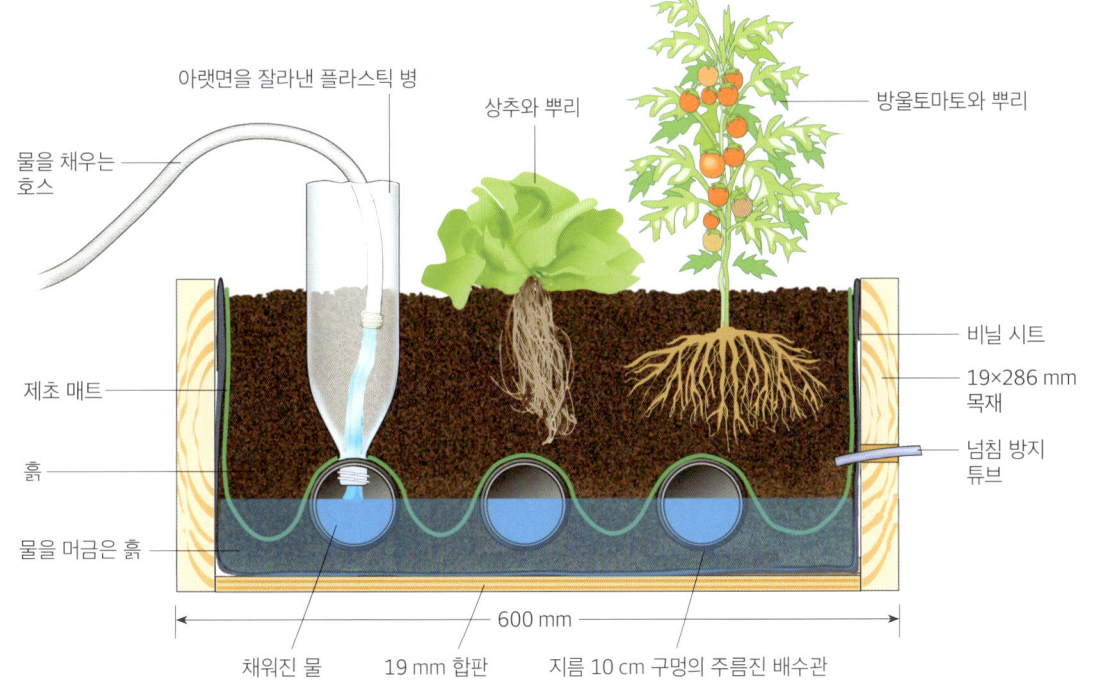

옥상 화단에 물 대기

1 화단 바닥에 비닐 시트를 깔고 흙을 2~3 cm 두께로 덮어 비닐에 가해질 충격을 완화하고 구멍이 뚫리는 것을 막는다. 비닐을 뚫을 수 있는 돌, 못, 파편 등이 있는지 확인한다.

2 두꺼운 비닐 시트를 한 겹 더 깔아 화단의 옆면까지 덮는다. 화단 위 가장자리에만 비닐을 스테이플러로 고정한다.

3 구멍이 뚫린 배수관을 화단 바닥에 놓고 커터칼로 화단 양 끝에 꼭 맞도록 자른다.

4 제초 매트로 관을 덮고 관 사이에 매트를 오목하게 밀어넣은 후, 스테이플러로 제초 매트를 벽에 고정하고 남는 부분을 잘라낸다. 관 하나를 골라 그 끝부분에 커터칼을 이용해 X자로 제초 매트와 배수관을 뚫은 다음, 플라스틱 병의 바닥을 잘라내고 구멍에 거꾸로 꽂는다.

5

시험적으로 화단에 물을 채워보고 파이프가 완전히 채워지는 부분을 표시한다. 새는 곳이 없는지 확인한다.

무게 줄이기

옥상은 어느 정도의 하중만 버틸 수 있다. 뒷마당에서 사용하는 보통 흙으로만 채우면 너무 무거워지므로 난석, 코코넛 섬유, 피트모스, 펄라이트, 질석 등 흡습성이 좋은 재료를 섞어 가볍게 한다. 이러한 재료들을 흙이나 퇴비에 25% 정도 비율로 섞으면 옥상 화단에 적합한 토양이 된다.

6

화단 옆면에 구멍을 뚫고 물이 넘치는 것을 방지하는 용도로 지름 1 cm 튜브를 끼운다.

7

원하는 토양으로 화단을 채우고 보통 화단에서 하듯이 모종이나 씨앗을 심는다. 장대, 기둥, 철망 등을 설치할 때는 비닐 시트가 찢어지지 않도록 주의한다.

저면관수 화분 만들기

옥상 화단은 물 채움 칸에서 수분을 증발시키는 방식으로 수분을 앗아가는 바람과 햇볕으로부터 흙을 촉촉하게 유지시켜 준다. 반면 저면관수 화분은 좁은 공간에서 채소를 키우는 방법으로 사용되며, 직접 만들기도 어렵지 않다.

20 L짜리 양동이나 커다란 플라스틱 화분 등 어떤 종류의 통이든 저면관수 화분으로 만들 수 있다. 여기에서는 68 L 용량의 뚜껑이 있는 통을 사용했는데, 토마토나 피망을 몇 그루 키울 수 있고 더 작은 식물은 여섯 포기까지 키울 수 있는 크기이다. 나무 상자로 통을 감싸면 보기에도 좋고 간단한 격자 구조물을 세울 받침도 된다.

물을 채울 보충관이 있는 이 저면관수 화분은 건물 옥상의 강렬한 태양과 수분을 앗아가는 바람을 견딜 수 있다. 저렴한 울타리용 삼나무 목재로 만든 상자와 38×38 mm 목재로 만든 격자로 화분을 완성한다.

도구	재료
커터칼 사인펜 드릴 드라이버와 ½인치, ⅜인치 비트 정원 호스	68 L 뚜껑 있는 플라스틱 통 지름 10 cm PVC 관(일반 또는 구멍 뚫린 관) 1 m 정도 길이 60 cm 지름 2.5 cm PVC 관 플라스틱 접착제 배양토(분갈이 흙이나 정원용 흙 아님) 큰 포대 돌로마이트(칼슘과 마그네슘이 첨가된 석회) 500 g 과립 비료 2~3컵

저면관수 화분 만들기

1
먼저 뚜껑에서 통기판을 잘라내야 한다. 통 안쪽, 바닥에서 15~18 cm 떨어진 지점의 가로세로 길이를 잰다(작은 사진 참고). 뚜껑을 평평한 곳에 놓고 자를 부분을 사인펜으로 표시한 후, 커터칼로 표시한 부분을 자른다. 정확하게 자르지 않아도 된다. 테두리에서 1 cm 정도 오차가 생겨도 괜찮다.

2
지름 10 cm의 긴 PVC 관을 15~18 cm 길이로 잘라 5개를 만든다. 자동 연귀톱이나 연귀상자를 사용하거나 전기톱으로 조심스럽게 잘라 끝을 평평하게 다듬고 모든 관의 길이를 맞춘다. 지름 2.5 cm PVC 관도 60 cm 길이로 자른다. ½인치 비트를 장착한 드릴로 10 cm 관에 각각 구멍을 10개 정도 격자 무늬로 뚫는다(작은 사진 참고). 2.5 cm PVC 관 아래쪽 15 cm 부분에도 구멍을 6개 정도 뚫는다.

3

통기판 위에 지름 10 cm PVC 관을 일정한 간격으로 놓는다. (관이 판을 지지하고 흙을 부었을 때 판이 가운데로 처지는 것을 막아준다.) 사인펜으로 관의 위치를 표시한다.

4

표시된 10 cm 원 2개를 커터칼로 자른다. 관이 통기판을 지지할 수 있도록 표시된 선보다 1 cm 정도 안쪽으로 잘라야 한다. 2.5 cm 관을 끼울 구멍도 뚫는다.

5

통기판에 ⅜인치 비트로 일정한 간격으로 구멍을 뚫는다. 이 구멍을 통해 수분이 위에 있는 흙으로 스며들지만 흙은 아래에 있는 물로 떨어지지 않는다. 커터칼로 구멍을 긁어 다듬는다.

6

순간접착제나 2액 혼합형 에폭시 접착제를 이용해 PVC 관을 통기판에 붙인다. 접착제를 파이프 끝에 바르고 위치를 맞춘 다음, 위에 무거운 물건을 올려두고 접착제가 굳게 한다. 긴 와이어나 노끈으로 고정해도 된다.

저면관수 화분 만들기

7
통기판을 통 안에 넣고 2.5 cm 물 보충관을 구멍에 끼워 넣는다.

8
통기판 윗부분에서 약 1 cm 아래 위치에 지름 1 cm 구멍을 뚫는다. 이 구멍으로 물이 흘러나와 판 위의 흙이 물에 젖지 않게 된다.

9
분갈이 흙이나 정원용 흙이 아닌 배양토를 통기판 아래 홈통 2개에 채운 다음, 통기판 위에도 배양토를 10 cm 정도 채운다. 배양토가 완전히 젖을 때까지 물을 뿌린다.

10
물을 뿌리면서 배양토를 10 cm 더 부어 배양토가 다 젖도록 한다. 통 윗부분에서 15 cm가 남을 때까지 배양토 넣기와 물 뿌리기를 반복한다. 돌로마이트 500 g을 표면에 골고루 뿌리고, 마지막으로 배양토를 10 cm가량 덮는다.

11 통의 길이 방향으로 5 cm 골을 만드는데, 식물을 심을 곳에서 얼마간 떨어진 곳에 골이 놓이도록 한다. 골에 과립 비료 2~3컵을 붓고 배양토로 덮는다.

12 강화비닐을 통의 윗면보다 7~8 cm 더 크게 잘라 흙 위에 놓고 옆면을 끼워넣는다. 통기판을 자르고 남은 통의 뚜껑을 덮어 비닐이 움직이지 않도록 한다. 비닐이 날아가지 않도록 통 구석에 조그만 물체를 올려놓아도 된다.

13 비닐에 작은 X자 구멍을 뚫어 식물을 심고 잘린 비닐을 밖으로 꺼내 접는다. 토마토나 가지처럼 큰 식물은 두 그루 심을 수 있고, 브로콜리나 콩, 상추 같은 작은 식물은 여섯 포기까지 심을 수 있다.

14 8단계에서 뚫어둔 배수 구멍으로 물이 새어나올 때까지 통에 물을 채운다. 자동으로 물을 공급하는 관개시설이 있다면 0.6 mm 관 끝에 분무 노즐을 끼우고 노즐을 급수관에 넣는다. 관개시설이 없다면 호스로 며칠에 한 번씩 물을 채우면 된다.

기울어진 화분 선반 만들기

식물을 키울 공간이 부족하거나 높은 곳에 화분을 놓고 감상하고 싶다면 4~6시간이면 만들 수 있는 화분 선반을 이용한다. 모든 식물이 햇빛을 볼 수 있도록 기울어진 이 화분 선반에서 허브나 채소도 재배할 수 있다.

1 m² 정도의 작은 공간만 차지하기 때문에 데크에 올려두거나 진입로의 해가 잘 드는 부분을 골라 세울 수 있다. 받침대가 비스듬해 식물 대부분에 손이 잘 닿아 신선한 바질 잎을 몇 장 뜯을 때와 같은 경우 아주 좋다. 또한 구조가 간단해 모든 화분에 필요한 만큼 자주 물을 줄 수 있는 관개시설을 설치하기도 좋다.

화분 선반에 화분을 자유롭게 배열해 놓은 모습이 산비탈과 비슷하다. 공간을 잘 활용하는 효과적인 방법이기도 하다.

도구	재료
줄자	3.6 m 길이 38×89 mm
둥근톱	방부목 1개
대형 T자	1.2×0.9 m 크기 외장용
스프링 클램프	합판(두께 12~19 mm)
세이버톱	1½인치 외장용 나사
무선 드릴 드라이버와 비트	3인치 외장용 나사
목공용 컴퍼스	다양한 플라스틱 화분

기울어진 화분 선반 만들기

1 38×89 mm 크기의 방부목을 1.2 m 길이로 자른 다음, 합판의 가장자리를 이용해 뼈대가 비스듬히 서도록 바닥 면에 자를 선을 표시한다. 38×89 mm 방부목의 끝부분이 합판의 모서리에 닿도록 위치를 맞추되, 기울기는 취향에 따라 조정하고 방부목에 자로 위치를 표시하고 목재를 자른다. 이 크기를 기준으로 두 번째 목재를 재단한다.

2 비스듬히 자른 뼈대 부재들 가운데에 0.8 m 길이의 가로대를 3인치 데크스크류로 연결한다. 끝부분의 각도가 일치하도록 뼈대 부재의 방향을 맞추었는지 확인한다.

3

합판의 거친 면에 뼈대를 놓고 화분을 배열한다. 선반을 벽에 기대어 놓았을 때 화분이 튀어나오지 않고 일정한 면에 놓이도록, 선반의 바닥과 꼭대기 부분 화분은 가장자리에서 충분히 떨어뜨려 배치한다.

4

마커로 화분 둘레를 따라 그린다. 이 선이 합판을 자를 때 바깥쪽 경계선이 된다.

5

원의 중심을 찾아 컴퍼스를 이용해 화분의 테두리를 뺀 나머지 부분과 같은 크기의 원을 그린다. 화분이 구멍을 통과해 빠지지 않도록 다시 한번 확인한다.

6

톱날을 넣을 구멍을 뚫고 세이버톱으로 표시된 선을 따라 자른다. 다 자른 후에는 61쪽과 같이 기준 잣대를 놓고 합판을 0.9 m 폭으로 자른다.

기울어진 화분 선반 만들기

7 합판을 뼈대에 붙인다. 톱질할 때 아래쪽이 가장 매끄럽게 잘리므로 합판을 뒤집어서 뼈대 위에 올린다. 1½인치 외장용 나사를 20 cm 간격으로 박아 합판을 뼈대에 고정한다.

8 실리콘 코킹이나 건축외장용 접착제를 이용해 화분을 붙인다. 나중에 손상된 화분을 교체할 수 있으므로 접착제를 조금만 사용한다.

9 습기로 목재가 손상되지 않도록 콘크리트 보도블록이나 디딤돌 위에 화분 받침대를 세운다. 보도블록을 이용하면 수평을 맞추기 쉽다.

10 수도가 근처에 있다면 화분마다 미량 관개 노즐을 설치한다. 선반에 놓은 화분들은 건조해지는 경향이 있는데, 급수 타이머를 사용하면 식물에 수분을 잘 공급할 수 있다.

그늘막 만들기

식물을 키울 공간이 부족하거나 공간을 절약하려면 나무 그늘막으로 머리 위 공간을 활용할 수 있다.

이 책에서 소개하는 그늘막은 도로와 인도 사이의 기다란 풀밭을 활용해 집으로 들어가는 진입로를 둘러싸 안락한 느낌의 구조물이 되도록 설계했다.

그늘막을 어디에 설치할지 생각해보자. 그늘막 위에서 키울 작물이 잘 자랄 만큼 해가 충분히 드는지 확인하고 원하는 곳에 그늘이 생기도록 위치를 정한다. 여기서 소개하는 그늘막은 너비 2.4 m(아래쪽은 1.65 m), 높이 2.4 m, 길이 4.5 m이지만, 공간의 크기나 장소의 특징에 따라 알맞은 너비와 길이로 변경할 수 있다.

그늘막 위에 무엇을 키울 것인가? 포도가 가장 흔하지만 블랙베리와 기타 덩굴식물도 잘 자란다. 단, 수확 철에 블랙베리 등을 제때 따지 않으면 테라스나 데크가 엉망이 될 수 있다. 키위도 덩굴식물로 선택할 수 있다.

여기에서는 그늘막 목재로 38×140 mm, 38×184 mm의 거칠게 켠 삼나무 목재를 사용했지만, 38 mm 두께의 다른 목재를 사용해도 괜찮다. 89×89 mm 기둥 2개를 겹

위 그늘막은 홈파기를 이용해 연결하여 따로 들보와 가로보를 연결하는 재료가 필요 없다. 주요 구조 부재들은 래그스크류로 기둥에 고정하고 채움목으로 막았다.

치는 방식은 모서리 브래킷을 사용하지 않는 기술로, 외관도 멋지지만 구조물이 뒤틀리지 않도록 해준다. 덩굴식물은 습기를 머금기 때문에 목재가 썩지 않게 보호해야 한다. 여기서는 삼나무에 아마인유를 발라 밀봉한 후에 그늘막을 만들어 시간이 지나면 목재가 짙은 회색으로 변할 것이다. 레드우드나 삼나무의 심재心材가 그늘막 만들기에 가장 좋지만 비용이 많이 든다. 방부목도 좋다(그늘막을 배치하는 방법은 51~53쪽 참고).

이 그늘막은 보도 옆 공간을 키위 덩굴이 자랄 공간으로 만들었다. 공간에 안락함을 더해주는 구조물이다(작은 사진 참고).

그늘막 설계도

다음 설계도의 그늘막은 2.4 m 높이로 머리 위 공간을 활용하는 데 모두 적합하다. 그러나 너비와 길이는 공간에 맞도록 유연하게 바꿀 수 있다. 이 그늘막의 최대 크기는 너비 2.4 m, 길이 4.5 m로, 1~2 m 정도 크기로 쉽게 줄일 수 있다.

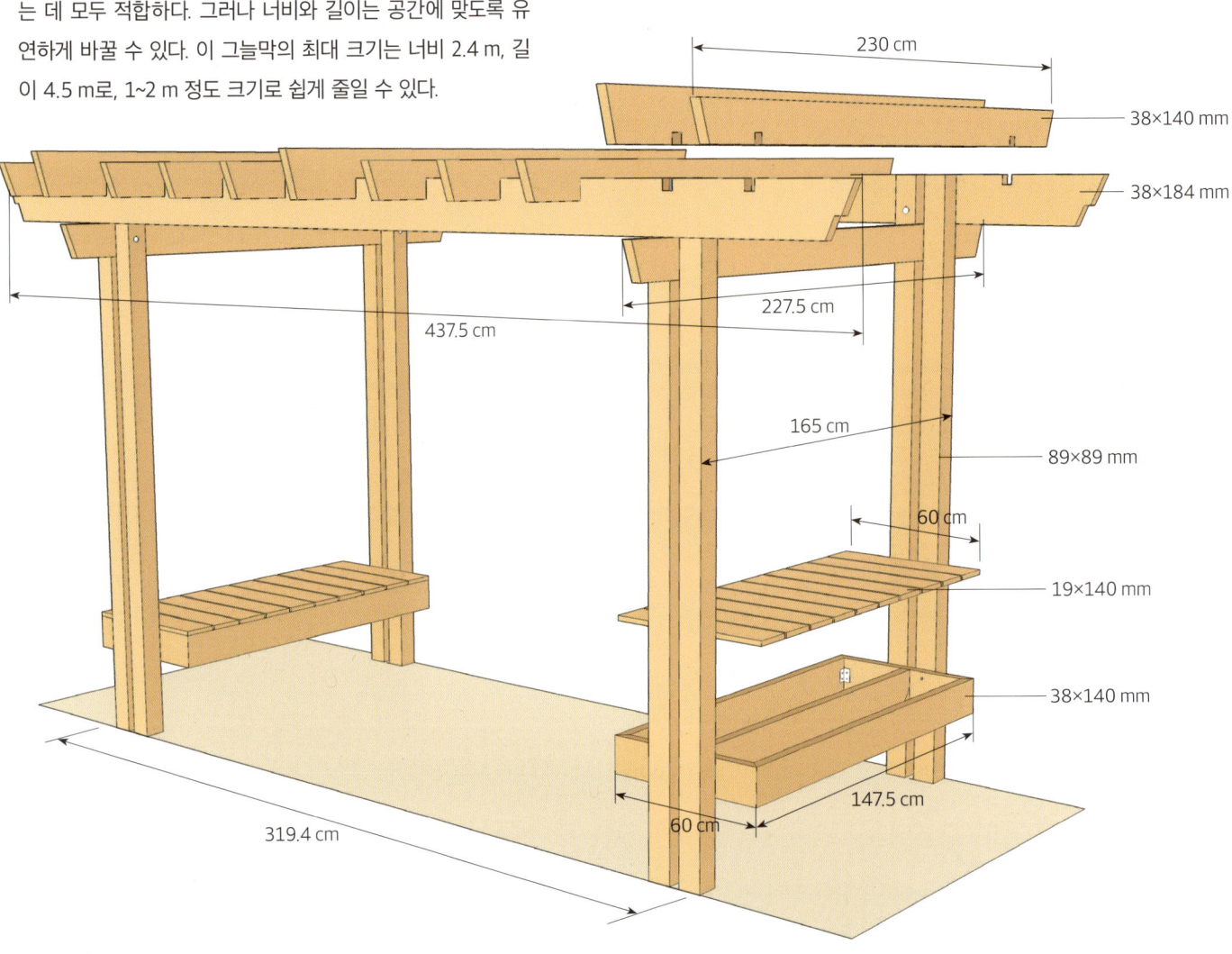

도구		재료
구멍 삽	6인치 길이의 래그스크류용 비트	4.8 m 길이 38×184 mm 각목 2개
삽	망치	2.4 m 길이 38×186 mm 각목 3개
손수레	끌	2.4 m 길이 38×140 mm 각목 10개
흙손	각사포	3~3.6 m 길이 89×89 mm 각목 8개
줄자	큰 클램프	3.6 m 길이 19×140 mm 각목 5개
삼각자	1인치 목심 비트	1.8 m 길이 19×140 mm 각목 1개
수평계	드라이버	가새로 사용할 19×38 mm 목재
둥근톱	스퀴즈 클램프	3인치 데크스크류
세이버톱(선택)	소켓렌치 세트 또는 멍키스패너	15 cm 길이 ⅜인치 래그스크류 8개
드릴 드라이버와 비트	시멘트 모르타르	1½인치 아연 도금 못 또는 끝막음 못
		비가열 아마인유나 다른 보존제

그늘막 만들기

1 기둥 구멍을 뚫고 기둥을 세운 후 모르타르를 부어 고정시킨다(70~73쪽 참고). 이중 기둥을 세우기 위해 사진과 같이 임시로 간격 조정자를 고정해 기둥 사이의 간격을 일정하게 한다. 건축용 수평계로 기둥을 수직으로 세우고 19×38 mm 목재를 대각선으로 대고 지지한다.

2 원하는 돌출부 길이(여기서는 60 cm)를 정하고 톱질할 곳을 표시한다. 사선으로 자를 때는 둥근톱을 사용하고, 마무리할 때는 세이버톱을 사용한다.

3 들보를 임시로 설치한다. 들보는 가장 눈에 띄는 부재로 들보의 위치가 기둥을 자를 높이를 결정한다. 클램프와 블록으로 위치를 잡고 수평을 맞춘다. 나중에 기둥을 다듬으려면 들보를 떼어내야 하므로 3인치 데크스크류를 박아 잠시 고정한다. 기둥에 자를 부분을 표시한다.

그늘막 만들기

4 곧은 목재를 들보 위에 올려 맞은편 기둥에도 자를 곳을 표시한다. 수평이 맞는지 확인하고 기둥에 선을 긋는다. 다른 쪽 끝 기둥 2개에도 같은 방법으로 작업을 한다.

5 두 번째 들보를 표시된 위치에 놓고 수평이 맞는지 확인해 구조물 전체의 수평을 맞춘다. 기둥을 자를 정확한 위치에 표시하고 들보를 얹어 3인치 데크스크류로 임시 고정한다.

6 곧은 38 mm 두께 각목을 사용해 남은 면의 수평을 확인하고 수평 맞추는 작업을 마친다. 정확하게 수평이 맞지 않아도 된다. 3~5 mm 정도 수평이 어긋난 정도는 걱정하지 않아도 된다. 5 mm 이상 어긋난다면 두 번째 들보의 위치를 조정해 높이 차를 줄인다.

7 들보를 제거한다. 기둥의 두 면에 자를 위치를 표시하고 기준 잣대로 사용할 삼각자를 기둥에 클램프로 집어 고정한다. 삼각자를 고정할 지점을 알려면 둥근톱의 아랫면이나 슈shoe의 크기를 재야 한다(작은 사진 참고).

8 클램프로 고정한 삼각자 위에 톱의 아랫면을 놓고 기둥을 자른다. 톱날이 목재에 닿지 않는지 확인한다. 톱을 작동시키고 자를 부분으로 천천히 움직인다. 톱의 바닥이 기둥 면에서 들뜨지 않도록 한다.

9 노출된 면이 썩지 않도록 기둥 꼭대기를 보존제로 밀봉한다. 방부목을 사용하는 것이 아니라면 자르자마자 보존제를 바른다.

10 들보를 이동식 지지대에 올려놓고 가로보를 배치해 홈 팔 곳을 표시한다. 목재 조각을 이용하면 가로보 모양을 시각적으로 떠올릴 수 있으므로 가로보 사이 간격이 마음에 드는지 확인한다. 38 mm 두께 목재 조각을 너비와 깊이를 재는 잣대로 이용해 홈을 모두 표시한다.

11 각목 조각을 이용해 톱의 절단 깊이를 조정한다. 3.5 cm 깊이로 홈을 파면 교차점에서 가로보를 겹쳤을 때 7 cm 깊이로 보인다.

그늘막 만들기

12 들보에 홈을 팔 때는 두 들보의 끝을 맞추고 클램프로 함께 집어 작업한다. 홈의 시작점과 끝점을 자를 때는 삼각자를 기준 잣대로 사용한다. 반복해서 나란히 목재를 켜는 컬핑kerfing으로 홈의 나머지 부분을 자유롭게 판다.

13 홈에 남아있는 컬핑 자국이나 부스러기를 정리한다. 25 mm 목공용 끌로 다듬고 각사포로 마무리한다.

14 목재를 홈에 미리 끼워보고 표시 작업이나 홈파기가 잘 되었는지 확인한다. 가로보 목재 자투리 하나를 사용하고 필요하면 홈을 다시 조정한다. 들보를 올리고 난 후에 조정하는 것이 쉽지 않으므로 모든 홈을 확인한다.

15 홈에 보존제를 발라 밀봉한다. 다른 부재에 노출되는 부분이라 홈에 습기가 찰 수 있으므로 홈을 잘라내는 즉시 보존제를 바른다.

16 홈을 판 들보를 데크스크류로 임시 설치한다. 모든 요소가 서로 잘 맞는지 확인하기 위한 시험 작업으로, 잘못된 부분이 있다면 쉽게 고칠 수 있다.

17 들보를 지지하는 가로보의 끝을 20° 각도로 잘라 원하는 모양으로 장식한다. 다른 스타일로 만들려면 두 지지대의 끝을 이 단계에서 재단한다.

18 기둥 옆 바닥에 지지대 가로보를 내려놓고, 기둥 밖으로 튀어나오게 하고 싶은 길이를 재어 선을 긋고 돌출부를 표시한다.

그늘막 만들기

19 지지대 가로보 2개를 각각 기둥 사이에 끼우고 들보와 꼭 맞닿을 때까지 밀어올린다. 돌출부 표시를 기둥에 맞추고 나사를 비스듬히 박아 임시로 고정한다.

20 가로보에 홈 팔 곳을 표시한다. 가로보에 홈을 표시할 때는 줄자에 의지하면 안 된다. 보가 살짝 휘어 있을 수 있고, 기둥도 정확히 사각형으로 세워져 있지 않을 수 있기 때문이다. 가로보를 각각 자리에 올려 가장자리의 홈 위치를 표시한다. 여기서는 38×184 mm 목재가 그늘막 가운데 하나, 그리고 양쪽에 각각 하나씩 필요하다. 나머지 가로보는 38×140 mm 목재로 만들었다(40쪽 그림 참고).

21 가로보를 설치할 곳에 올리고 홈에 천천히 밀어넣는다. 양쪽 끝을 동시에 끼울 수 있도록 도와줄 사람이 필요하다. 홈 2개가 맞물리므로 다른 재료가 필요 없지만, 홈이 너무 넓다면 3인치 데크스크류를 사선으로 박아도 된다.

22 구조물 전체를 가로지르며 가로보를 모두 설치한다. 보를 홈에 살짝 두드려 넣어야 할 경우 나뭇조각을 보 위에 대고 두드려 목재가 손상되지 않도록 한다.

23 모퉁이 기둥마다 들보의 지지대와 가로보 쪽으로 15 cm 길이 ⅜인치 래그스크류를 묻을 수 있는 큰 구멍을 뚫는다. 나사를 표면에 드러나게 박아도 되지만, 나사 머리를 묻고 채움목으로 막는 것이 더 깔끔하다. 먼저 커다란 구멍을 2~2.5 cm 깊이로 판다.

24 래그스크류의 나사산을 박을 작은 구멍을 판다. 큰 구멍을 팔 때 사용하는 비트에서 작은 구멍의 중심을 맞출 파일럿 홀이 남는다. 나사산이 아니라 나사의 몸과 비슷한 지름의 15 cm 길이 비트를 고른다.

25 보를 망가뜨리지 않도록 소켓렌치를 이용해 래그스크류를 박는다. 윤활유를 살짝 바르면 쉽게 끼울 수 있다. 기둥을 파고들지 않게 하려면 와셔를 끼운다. 빠른 작업을 원한다면 소켓비트를 구매해 이용한다(작은 사진 참고).

그늘막 만들기

26 드릴프레스로 채움목을 자른다. (드릴 드라이버로 채움목을 자르는 것도 가능하지만, 비트가 목재 위에서 흔들릴 수 있기 때문에 작업이 어렵다.) 채움목의 가장자리를 판 후에는 드라이버나 끌을 지렛대로 이용해 떼어낸다.

27 구멍에 건축외장용 접착제를 바르고 채움목을 두드려 끼운다. 접착제가 마르면 나무 끌을 이용해 남은 채움목을 잘라낸다. 튀어나온 채움목이 3 mm 이하가 될 때까지 다듬는다.

28 조금 솟아오른 채움목은 끌을 기둥에 평평하게 대고 깎는다. 기둥 표면을 뚫지 않도록 한다. 채움목을 보존제로 덮는다.

설계 도구로 '스케치업' 사용하기

CAD(Computer-Aid-Design) 프로그램은 보통 어렵다고 생각한다. 그러나 한번 시도해보면 의외로 쉽게 사용할 수 있다. '구글 스케치업'은 CAD 대신 사용할 수 있는 무료 프로그램으로 구조물 비율을 계획하기에 적당하다. 유튜브 설명을 보고 몇 시간만 연습하면 제작하려는 구조물의 3-D 축소 렌더링을 만들 수 있다. 자주 사용하는 건축 재료와 장비 모델을 내려받을 수 있어 구조물을 묘사하는 데 도움이 된다. 마우스로 세 번 클릭하면 축척으로 줄인 치수가 나타난다.

벤치 추가하기

1. 뼈대가 되는 부재를 자른다. 뼈대는 60 cm 폭에 기둥 사이에 꼭 맞는 길이여야 한다. 38×140 mm 부재를 반드시 연귀맞춤으로 접합해야 하는 것은 아니지만, 그렇게 하면 마감이 잘 되어 보인다. 둥근톱과 삼각자로 연귀를 자를 수 있는데, 사진과 같이 자동 연귀톱을 사용하면 더 쉽게 자를 수 있다.

2. 벤치의 뼈대를 조립한다. 나사가 눈에 보이지 않게 하려면 모서리 브래킷이나 작은 보받이 철물, 조이스트 행어를 끝단에 부착한다. 뼈대를 조립할 때 연귀가 완벽하게 맞지 않아도 된다. 38 mm 두께 목재는 살짝 휘어 있을 때가 많아서 연귀 부분이 조금 들떠 보인다.

3. 뼈대를 부착한다. 지면에서 45 cm를 재서 기둥 한 쌍에 표시한 후, 거기서 14 cm 아래에 뼈대를 올려놓을 수 있는 각목 조각을 클램프로 집는다. 뼈대의 길이 방향 수평을 맞추고 중심을 맞춰놓은 다음 3인치 나사로 고정한다. 폭 방향 수평을 맞추고 기둥 하나에 3인치 나사를 2개씩 박는다. 반대편에도 같은 작업을 한다.

4. 벤치의 윗면을 덮을 목재를 자른다. 벤치 뼈대의 폭을 확인하고 오차에 대비해 3 mm 여분을 더한다. 사진과 같이 기준 잣대를 만들어 19×140 mm 목재에 벤치 윗면 부재를 그린다. 둥근톱이나 자동 연귀톱을 사용해 양쪽 벤치를 모두 덮을 만큼 목재를 넉넉히 자른다.

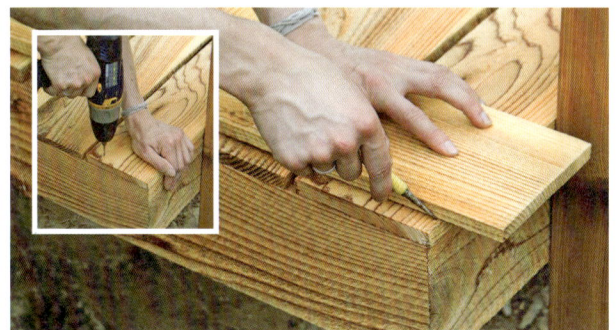

5. 윗면 덮개를 부착한다. 덮개를 배치하고 각목 사이에 간격을 결정한다. 끝 선을 일렬로 맞추고 못이나 네일 세트를 이용해 살짝 선을 그어 못을 박을 곳을 표시한다. 작은 사진과 같이 못을 박기 위해 파일럿 홀을 뚫는다.

6. 덮개를 뼈대에 고정한다. 1½인치 아연 도금된 박스 못이나 끝막음 못으로 덮개를 뼈대에 고정한다. 목재 사이 간격을 일정하게 유지하려면 간격 조정자를 이용한다(작은 사진 참고).

격자 그늘막 만들기

격자 그늘막은 덩굴성 식물들이 기어오를 수 있게 하는 역할도 하므로 무거운 덩굴식물과 거기에 열리는 열매를 모두 지지할 만큼 튼튼하게 설계한다. 잔디밭에서 정원 혹은 헛간이나 창고로 통하는 그늘진 터널 길로도 사용할 수 있다.

여기서 소개하는 그늘막은 3.6 m 길이이지만 필요에 따라 길이를 조정할 수 있다. 하지만 4.8 m보다 긴 목재는 구하기 힘들고 가격도 비싸다.

외부 구조물 대부분이 그렇듯이 기둥을 세우기가 가장 어렵다(기둥 설치에 관해서는 70~73쪽 참고). 지반이 대부분 모래로 이루어졌다면 집게형 구멍 삽으로도 기둥 구멍을 팔 만하지만, 땅에 암석이 있거나 점성이 높다면 구멍을 파기 힘들다.

방부목으로 그늘막을 만들면 마감재 없이도 몇 년을 버틸 수 있다. 하지만 스테인을 바른 목재가 작업하기에 더 좋고, 방부목에 페인트를 바르는 것보다 목재에 스테인을 바르기가 더 쉽다. 참나무, 삼나무, 레드우드를 이용하려면 나사와 볼트 주변마다 검은 녹이 슬지 않도록 스테인리스강 체결 재료를 사용해야 한다.

작업을 시작하기 전에 동결 피해를 막기 위해 구멍을 얼마나 깊게 파야 하는지 알아본다.

도구	재료
줄자	3.6 m 길이 89×89 mm
라인 수평계	방부목 8개
건축용 먹줄	3.6 m 길이 38×140 mm
다림추	방부목 2개
말뚝	2.4 m 길이 19×38 mm
삽과 괭이	방부목 75개
집게형 삽이나 다른 구멍 삽	5인치 길이 6 mm 근각
수평계	볼트
손수레	너트
흙손	와셔 세트 16개
자동 연귀톱	1⅝인치 데크스크류
무선 드릴 드라이버와 비트	1인치 데크스크류
직각자	1¼인치 아연 도금된
망치	끝막음 못
바 클램프와 스프링 클램프	콘크리트 믹스

그늘막과 격자 구조를 합친 이 격자 그늘막은 훌륭한 공간 활용 시설이다. 잔디밭과 정원을 이어주는 터널 길 역할도 할 수 있다.

격자 그늘막 분해조립도

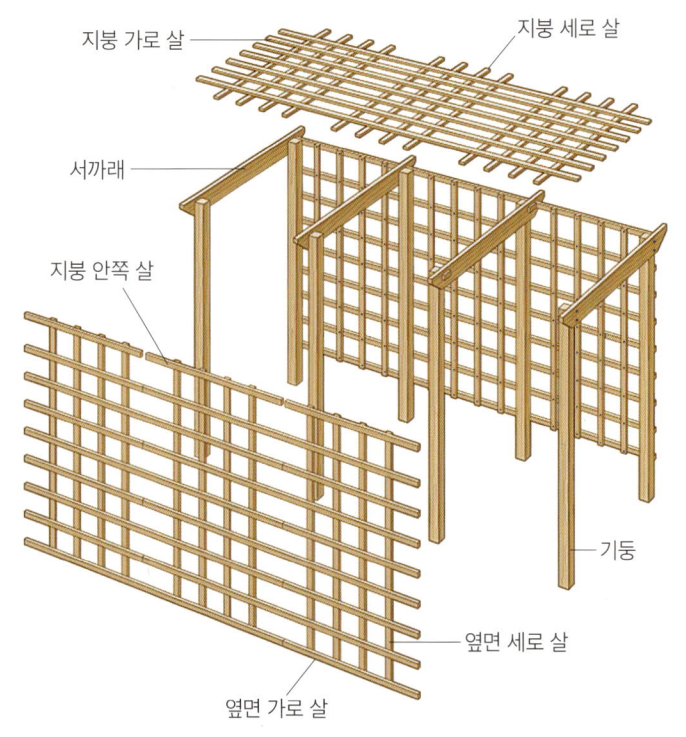

격자 그늘막 만들기

정면도와 측면도

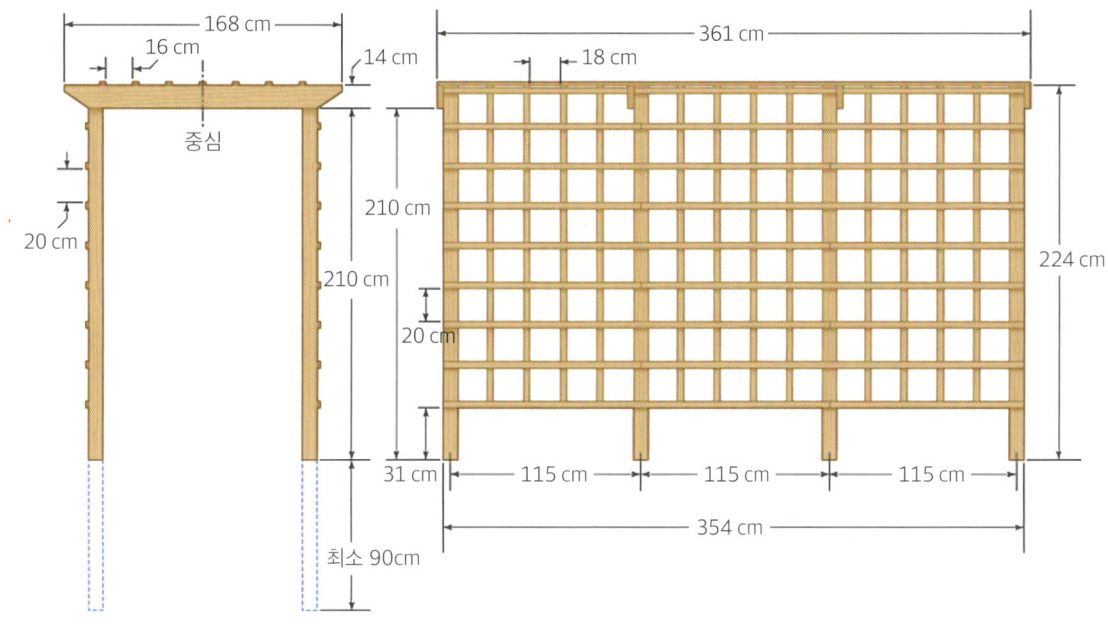

1

52쪽에 표시된 치수에 맞춰 규준대를 설치해 기둥 구멍을 배치한다. 말뚝 2개를 땅에 박고, 그 사이에 가로대를 설치한다. 가로대의 한쪽 끝을 첫 번째 말뚝에 연결한다. 반대쪽 끝의 수평을 맞추고 두 번째 말뚝에 나사로 고정한다.

2

설치한 규준대의 가로대에 라인 수평계를 매단 끈을 묶어 맞은편 규준대를 설치한다. 끈을 두 번째 규준대의 가로대 위에 고정하고 가로대를 위아래로 움직여 수평을 맞춘 다음 말뚝에 고정한다.

격자 그늘막 만들기

기둥 구멍 배치하기 다음 그림을 이용해 3.6 m 길이 그늘막의 기둥 위치를 정한다. 기둥이 옆면에 일렬로 놓이고 모서리에서는 직각을 이루도록 규준대를 설치하고 줄을 친다. 붉은색 숫자는 하나의 줄을 지지하는 규준대 쌍을 나타낸다. 1과 2, 3과 4, 5와 6, 7과 8이 각각 쌍을 이룬다.

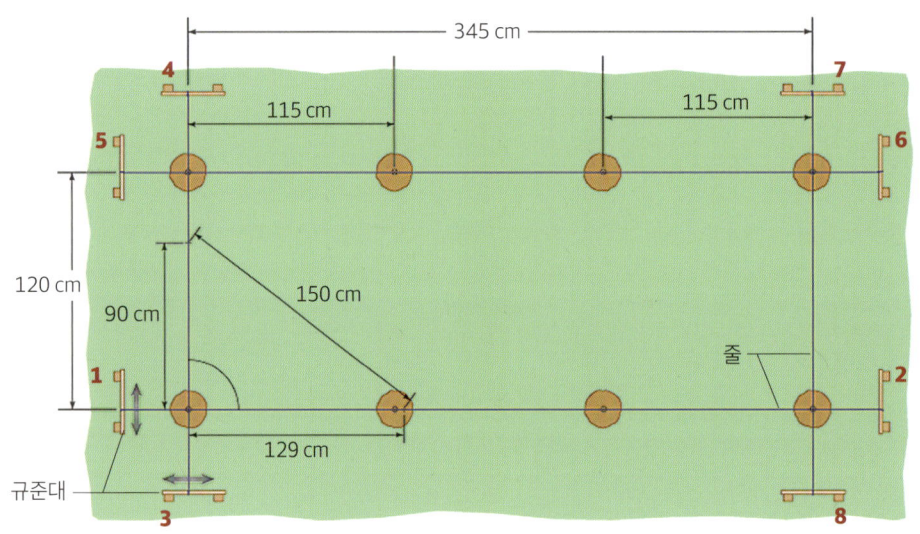

3 3:4:5 직각삼각형을 이용해 기준이 되는 규준대 기둥 배치가 직각을 이루도록 한다. 한쪽 줄에 90 cm 지점을 표시하고, 다른 줄에는 120 cm 지점을 표시한다. 두 지점 사이의 거리가 정확히 150 cm가 될 때까지 팽팽하고 반듯한 상태로 줄의 각도를 조정한다.

4 길이 방향과 너비 방향 줄의 교차점에서 아래로 다림추를 내려 그늘막 모퉁이 기둥의 중심점을 잡는다. 이 점에 말뚝을 박아 기둥 구멍을 판다.

5 구멍에 기둥을 내려놓고 옆면에 가새를 설치한다. 각 기둥에서 1 m쯤 떨어진 곳에 말뚝을 박는다. 수평계를 이용해 기둥을 수직으로 세우고 말뚝에 가새를 고정한다.

6 수직을 맞추고 버팀대를 대고 기둥을 모두 설치한다. 작업을 하면서 옆면 기둥 사이 간격이 106 cm가 되는지 확인한다.

7 손수레에서 콘크리트를 조금 섞어 기둥 주위에 붓는다. 19×38 mm 목재 조각이나 철근으로 콘크리트를 보강한다. 흙손으로 콘크리트 윗면에 경사를 만들어 물이 흘러 내려가도록 만든다.

8 한쪽 모퉁이 기둥에 완성된 그늘막의 높이를 표시한다. 라인 수평계를 단 줄을 당겨 다른 기둥에도 높이를 표시한다. 삼각자를 대고 다음 수평선에 맞춰 절단선을 그린다. 남는 부분을 둥근톱으로 자른다 (기둥 다듬기는 42~43쪽 참고).

53

격자 그늘막 만들기

기둥 세우기 기둥 구멍을 파고 기둥을 구멍에 내려놓은 다음, 기둥을 배치하는 줄을 규준대에 다시 연결해 정확한 기둥 위치를 정한다. 기둥 중심에 있던 기준선을 4.5 cm 바깥으로 옮겨 기둥의 바깥면에 오도록 한다.

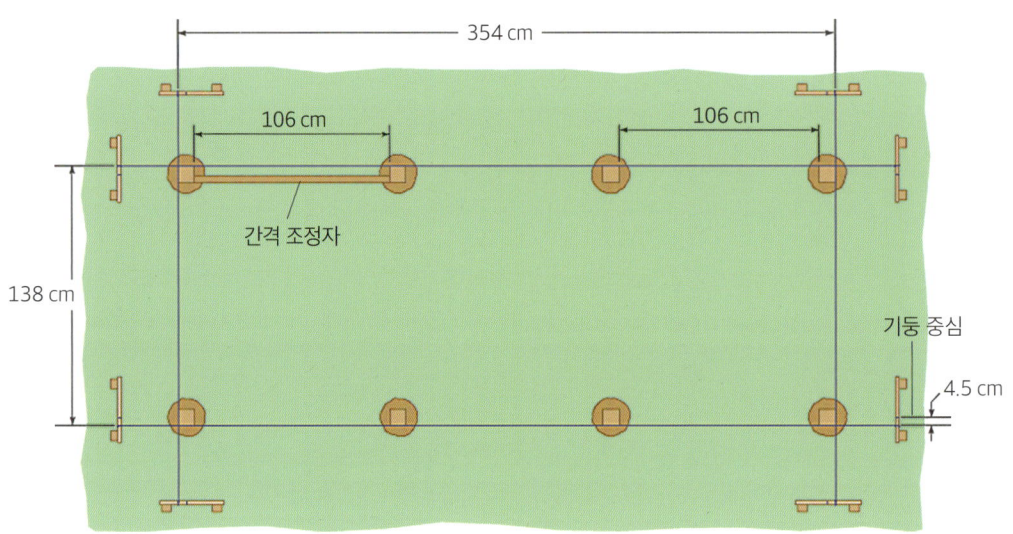

서까래 치수

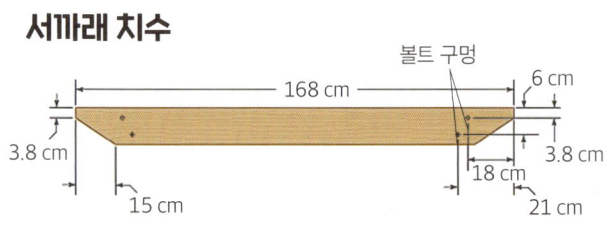

9 직각자와 줄자를 이용해 서까래의 크기와 모양을 잡는다. 서까래를 이동식 지지대나 다른 작업 공간에 올려놓고 둥근톱으로 자른다.

10 서까래를 각각 기둥의 옆면에 클램프로 집는다. 근각 볼트를 삽입할 곳을 표시하고 스페이드 비트로 구멍을 뚫는다. 아연 도금된 볼트를 구멍에 끼우고 고정한다.

평면도

다음 평면도는 격자 살이 그늘막의 윗면에 어떻게 들어가는지 보여준다. 지붕 안쪽 살을 대는 것부터 시작하여, 짧은 살을 안쪽 살에 못을 박아 고정하고, 짧은 살 위에 긴 살을 외장용 나사로 고정한다.

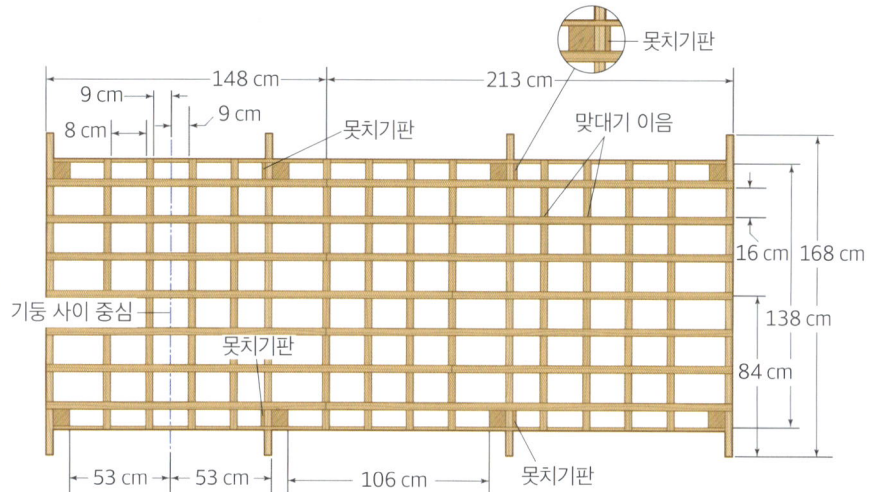

세로 격자

그늘막의 지붕 격자가 완성되면 옆면의 격자를 설치한다. 외장용 나사를 사용해 가로 살을 기둥의 바깥면에 부착하고, 세로 살을 가로 살 안쪽에 댄다. 모든 살이 균등한 간격으로 배치되었는지 확인한다.

11

지붕의 안쪽 살을 고정할 못치기판을 서까래 옆면에 설치한다. 외장용 나사를 이용해 지붕 안쪽 살을 서까래 사이에 고정한다. 파일럿 홀을 뚫어 살이 쪼개지지 않도록 한다.

12

그늘막의 지붕 격자를 만들 가로 살을 자른다. 가로 살을 지붕 안쪽 살 위에 설치한다. 자투리 목재로 만든 기준 잣대를 이용해 살을 균등한 간격으로 배치한다. 파일럿 홀을 뚫고 1¼인치 아연 도금된 끝막음 못을 박아 살을 고정한다.

격자 그늘막 만들기

13 지붕의 가로 살 위에 긴 세로 살을 배치해 올리고 외장용 나사로 고정한다. 자투리 목재를 세로 살 사이 간격 조정자로 사용한다. 파일럿 홀을 뚫어 목재가 쪼개지는 것을 방지한다.

14 그늘막의 기둥에 외장용 나사로 옆면 가로 살을 설치한다. 간격을 일정하게 유지하려면 다음 살을 끼워넣기 전에 같은 길이의 목재 조각을 기둥에 클램프로 고정해 둔다.

15 세로 살을 윗면 가로 살과 위치를 맞춰 클램프로 고정한다. 세로 살을 가로 살의 안쪽 표면에 붙인다. 사진과 같이 세로 살을 수직으로 세운다.

16 외장용 나사를 이용해 세로 살을 뒤쪽에 있는 가로 살에 고정한다. 파일럿 홀을 뚫고 세로 살끼리의 간격이 일정한지, 꼭대기에서 바닥까지 세로 살 간의 간격이 변하지 않는지 확인한다.

도구 보관대 설치하기

정원에서 사용하는 도구는 그 종류가 다양하다. 어떤 도구는 벽면에 정리해서 걸어놓기도 하지만, 도구 보관대를 만들어 보관하는 것이 효율적이다.

여기서 만드는 도구 보관대는 나무 격자 2개로 구성된다. 하나는 바닥에 두고, 다른 하나는 벽에 고정한다. 이 디자인은 창고나 헛간의 크기에 맞춰 변경할 수 있다.

여기서는 19×64 mm, 19×38 mm 목재를 사용했지만, 19×89 mm나 38×38 mm 목재로도 만들 수 있다.

도구	재료
줄자	19×64 mm 목재
둥근톱	19×38 mm 목재
자동 연귀톱	1½인치 아연 도금된 박스 못
세이버톱	
쇠톱과 연귀상자	2인치 외장용 나사
삼각자와 직각자	건축외장용 접착제
무선 드릴 드라이버와 비트	
망치	
수평계	

보관대는 재활용 목재로!

도구 보관대는 눈에 잘 띄지 않고 사용하면서 많이 손상되므로 재활용 목재를 사용하면 좋다. 나무 격자는 구조적 기능이 거의 없는 칸막이일 뿐이므로 자르고 남은 자투리 목재를 사용해도 된다. 큰 크기의 목재를 길게 잘라 사용해도 된다.

오른쪽과 같은 보관대가 있다면 도구를 꺼내는 일이 즐거워진다. 도구들 대부분은 손잡이가 아래쪽으로, 손도끼나 몰, 도랑 파는 삽 같은 것들은 손잡이가 위쪽으로 놓이도록 보관한다. 공간에 맞게 디자인을 변형할 수 있다.

도구 보관대 설치하기

1. 설치할 위치를 정하고 제작할 보관대의 너비와 길이를 잰다. 작은 정원 헛간이라면 한쪽 벽면을 보관대로 채울 수 있고, 큰 헛간이나 차고라면 모퉁이에 설치해도 된다. 19×64 mm 목재를 자르고 사진과 같이 미리 길이를 맞춰본다. 필요하면 목재를 더 다듬는다.

2. 건축외장용 접착제와 1½인치 아연 도금된 박스 못으로 뼈대를 조립한다. 목재가 쪼개지지 않도록 미리 구멍을 뚫는다. 모퉁이마다 못을 2개씩 박으면 고정이 된다.

3. 뼈대가 완성되면 보관대의 크기가 맞는지 다시 확인한다. 격자가 완성된 후에 헛간보다 약간 커서 해체해야 하는 일이 생기면 곤란하다. 이 단계에서는 뼈대를 줄여야 한다면 간단하게 못을 뽑아 목재를 잘라낼 수 있다.

4. 19×64 mm 목재로 15 cm 간격으로 칸막이를 만든다. 쉽게 도구를 꺼내려면 3칸 정도 깊이가 적당하다. 파일럿 홀을 뚫고, 접착제를 바르고, 사진과 같이 끝막음 못을 박는다.

5 19×38 mm 목재로 길이 방향을 따라 대략 20 cm마다 칸막이를 추가한다. 파일럿 홀을 뚫고, 교차점마다 접착제를 약간 바른 다음, 1½인치 아연 도금된 박스 못으로 고정한다. 격자 2개를 모두 완성한다.

6 2인치 나사로 바닥 격자를 설치한다. 나사 하나로 구조물을 충분히 고정할 수 있는데, 이렇게 하면 청소할 때 떼어내기도 쉽다.

7 윗면 격자를 바닥에서 1 m 위, 벽면 스터드에 2인치 나사를 박아 설치한다. 수평을 맞춰 한쪽 끝 면을 고정하는 것을 시작으로 보관대 전체 수평을 맞춘다. 격자의 길이 방향을 따라 벽의 스터드마다 나사를 박는다. 보관대가 반대편 벽까지 닿지 않으면 끝부분에 다리를 추가한다.

8 어떤 도구를 손잡이부터 넣어야 할지 시험해본다. 손잡이가 위에 있어야 꺼내기 쉬운 도구들도 있다. 구멍 삽처럼 가장 적게 사용하는 도구를 가장 뒤쪽에 놓는다. 종류에 따라 모아놓으면 원하는 도구를 찾기가 쉬워진다.

식물생장등 선반 만들기

계절과 관계없이 식물을 키우고 싶다면 식물생장등 선반이 꼭 필요하다. 식물생장등이 있으면 씨앗을 발아시키기 좋고, 늦은 계절에도 식물을 키울 수 있다. 어떤 품종이든 원하는 씨앗을 직접 고르고 유기농 토질로 토양을 배합하고 모종 블록을 만들어(64~67쪽 참고) 식물을 키워 보면 색다른 즐거움을 맛볼 수 있다.

여기서 만드는 식물생장등 선반은 충분히 커서 수백 개의 씨앗을 싹 틔울 수 있지만, 공간은 0.7 m^2밖에 차지하지 않으며 저렴한 자재로 빠르게 조립할 수 있다. 선반을 만들기 전에 (저렴한 실용형) 형광등 거치대와 모종 재배판을 구매한다. 이 두 가지를 담을 수 있도록 선반을 제작해야 한다. 선반에는 1.2 m 길이의 형광등 4개와 25×50 cm 모종 재배판 8개가 들어간다.

편리한 높이에 넓은 작업 공간을 마련하면 작업이 쉽게 느껴질 수 있다. 이동식 지지대에 38×89 mm 목재 2개를 놓고, 그 위에 두께가 12 mm 이상인 1.2×2.4 m 크기의 일반 합판이나 OSB Oriented-Stand Board 합판을 올리면 좋은 작업대가 된다.

흙과 물이 닿아도 훼손되지 않는 재질의 바닥에 식물생장등 선반을 놓는다. 지하실이나 타일이 깔린 곳이 가장 좋다. 이 외 다른 곳이라면 쏟아질 흙과 물로부터 바닥을 보호해야 한다.

도구	재료
자동 연귀톱	1.2×2.4 m 크기 CDX 등급 이상 12 mm 외장용 합판 1장
둥근톱	옹이가 살아 있는 19×64 mm 전나무 목재 4개
세이버톱 또는 쇠톱과 연귀 상자	3.6 m 길이 38×38 mm 목재 2개
직각자 또는 대형 직각자	1½인치 아연 도금된 박스못
삼각자	2½인치 데크스크류 8개
망치	2인치 데크스크류 24개
드릴 드라이버와 비트	형광등 거치대 4개
니퍼	형광등 8개
	전구 타이머(전력 용량 확인)

식물생장등 선반을 놓으면 계절과 관계없이 식물을 키울 수 있고, 한번 준비가 되면 모종 비용을 절약할 수 있다. 겨울바람이 거세게 불고 식물을 심을 날이 멀었을 때에도 바로 심을 수 있다.

식물생장등 선반의 입면도와 설계도

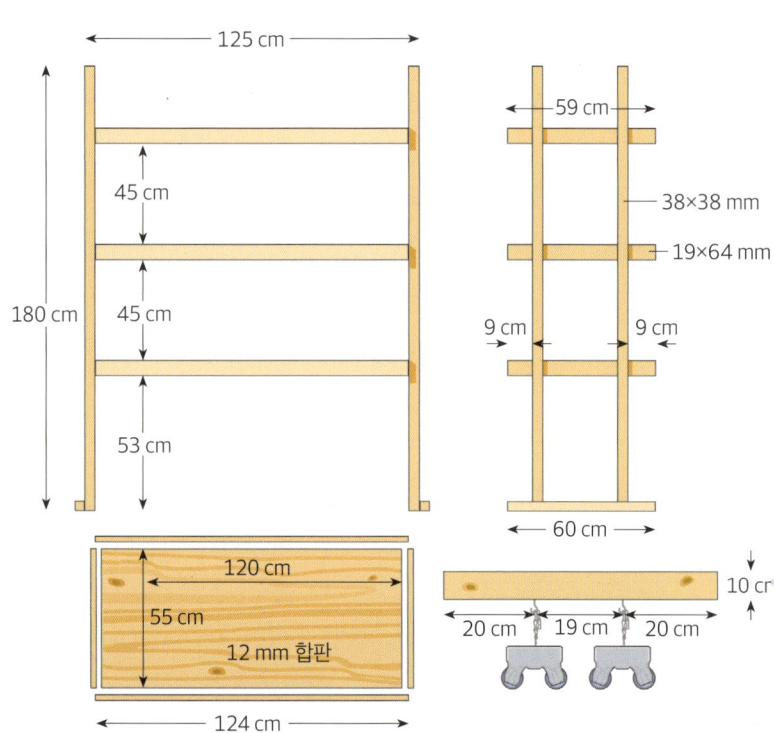

식물생장등 선반 만들기

합판을 자르기 위해 기준 잣대를 클램프로 고정한다. 여기서는 식물생장등의 길이가 1.2 m인 합판의 폭과 일치한다. 합판을 55 cm 너비로 4개를 자르면 받침대 하나당 3.6 m 길이의 19×64 mm 목재 하나를 사용해 모서리 부재를 효율적으로 만들 수 있다.

각 받침대의 양 끝 모서리 부재를 그린다. 표시할 때 자로 재기보다는 잘라놓은 받침대 부재를 기준으로 한다.

모서리 부재를 자른다. 사진과 같이 자동 연귀톱을 사용하면 가장 빠르고 깔끔하게 자를 수 있지만, 둥근톱이나 세이버톱, 쇠톱과 연귀상자로도 자를 수 있다.

모서리 부재를 합판에 부착한다. 목재가 쪼개지지 않도록 파일럿 홀을 뚫는다(작은 사진 참고). 방수 접착제를 바르고 1½인치 아연 도금된 박스 못을 박아 고정한다. 합판이 조금 뒤틀릴 수 있으므로 잡아 누르면서 못을 박는다.

식물생장등 선반 만들기

5 선반 받침대의 앞뒤 모서리 부재를 자르고 방수 접착제와 1½인치 못으로 고정한다. 마감이 깔끔해 보이도록 긴 모서리 부재로 양 끝 모서리 부재를 덮는다. 사진과 같이 접착제와 못 2개를 이용해 모서리를 고정한다.

6 38×38 mm 목재로 180 cm 기둥 4개, 60 cm 다리 2개를 자른다. 파일럿 홀을 뚫고 2½인치 데크스크류 2개로 다리를 기둥에 고정한다. 다리 양 끝에서 10 cm 안쪽에 기둥을 각각 고정한다. 다리를 놓을 때 삼각자를 이용한다.

7 기둥에 제작해둔 받침대를 부착한다. 60쪽 설계도와 같이 첫 칸이 바닥에서 53 cm, 그 위 두 칸은 각각 45 cm씩 떨어지도록 기둥에 선반 위치를 표시한다. 받침대를 지지할 자투리 목재를 클램프로 고정하고, 2½인치 데크스크류 2개로 받침대를 기둥에 부착한다.

8 형광등 거치대에 함께 제공된 고리와 체인을 걸어 등을 설치한다. 등을 균등한 간격으로 달기 위해 받침대 아래쪽에 나사 위치를 표시하고 구멍을 미리 뚫는다(60쪽 설계도 참고). 거치대를 매달고 타이머를 두려는 쪽으로 전선을 뺀다.

9

선반 사이 필요한 곳에 19×64 mm 목재를 부착하고 그 위에 타이머를 설치한다. 케이블타이로 형광등 거치대의 전선을 묶어 정리하고, 코드를 타이머에 꽂는다. 여기서는 80 W 형광등 거치대 4개를 충분히 감당할 수 있는 1,800 W 용량의 타이머를 사용했다.

회로 용량 확인하기

식물생장 형광등을 설치할 때 쌍관용 거치대 하나당 대개 40~80 W의 전력이 필요하다. 이 선반에는 거치대를 4개 사용하므로 총 320 W가 필요하다. (우리나라의 안전 전력 용량과 허용 전류는 3,300 W, 15A이다.)

회로에 연결된 다른 소켓이나 가정용 기기의 전력 용량이 안전 용량을 초과하지 않는지 반드시 확인한다.

전력량을 알려면 전구의 전격 전력량과 가전기기의 안전 표시를 확인하고 식물생장등과 같은 회로에 연결된 전자제품의 전력량을 모두 합해야 한다. 그 결과가 회로에 연결된 전자기기를 모두 가동했을 때의 총 전력량이다. 이를 회로의 전압인 220 V로 나눈다. 여기에 소개되는 모종 선반은 100 W 전구 2개와 텔레비전이 함께 연결되어 있고, 전력량 합이 총 820 W라고 가정한다.

전압인 220으로 나누면 총 안전 전류가 6.83 A라는 결과를 얻는다. 이 값이 15 A보다 훨씬 작으므로 회로에 식물생장등을 연결해도 괜찮다고 할 수 있다. (안전을 위해 12 A보다 적은 값을 목표 전류로 설정한다.)

10

거치대 소켓의 슬롯에 형광등의 핀을 삽입하고 돌려서 등을 거치대에 끼운다.

11

식물 성장 단계에 맞추어 형광등 거치대의 높이를 조정한다. 씨앗이 발아할 때는 거치대를 낮추고, 식물이 자람에 따라 거치대를 높인다. 단, 식물이 전구에 닿지 않도록 한다. 원하는 점등 스케줄로 타이머를 설정한다(작은 사진 참고). 작은 탭을 누르면 타이머가 프로그래밍된다.

토양 블록 만들기

정원에 모종을 심으려 한다면 정원 크기에 따라 꽤 많은 모종 비용이 들 수 있다. 모종을 이것저것 구매하다 보면 부지불식간에 생각했던 것보다 더 많은 돈이 든다. 또한 모종 가게에서 모종을 구매하면 토양 매질에 무엇을 넣었는지 알 수 없다. 유기농 작물을 키우려고 한다면 특별히 더 신경이 쓰인다.

자신만의 유기농 토양 블록을 만들고, 거기에 씨앗을 심고, 식물생장등을 쫴 씨앗을 발아시키면 비용을 아낄 수 있을 뿐 아니라 건강한 식물을 키울 수 있다. 그리고 이러한 준비를 마치고 집에서 자신만의 모종을 만들면 묘목 가게에서 시판용 모종을 일일이 사오는 것보다 시간을 아낄 수 있다(식물생장등을 설치한 모종 선반을 만드는 방법은 60~63쪽 참고).

건강한 모종을 만들려면 올바른 재배 매질을 선택하는 것이 가장 중요하다. 사계절 내내 식물을 키우는 숙련된 사람들은 질석과 곱게 간 피트모스가 섞인 선별된 퇴비 혼합물을 구매해 기본 매질로 하고, 거기에 석회와 그보다 적은 양의 첨가물, 즉 해조분, 골분, 콜로이드 인산염, 그린 샌드를 첨가한다.

이 성분들을 물과 혼합한 다음 토양 블록 제조기를 이용해 토양을 블록 모양으로 만들어 모종 받침판에 놓는다. 모종 받침판 바닥에는 구멍이 뚫려 있어, 받침판보다 조금 넓은 급수 쟁반 위에 올려두면 토양 블록이 물을 빨아들인다. 씨앗을 심은 후에는 옮겨심을 만큼 식물이 자랄 때까지 토양 블록을 식물생장등 아래에 둔다. 이렇게 하면 빠르게 자라는 건강한 식물을 한가득 얻을 수 있다.

Tip 시중에는 플라스틱 재질로 된 모종 트레이를 많이 판매하고 있다. 모종 트레이에 원예용 상토를 구입해서 씨앗을 파종하면 쉽게 재배할 수 있다.

도구	재료
배합기	토양 블록 제조기
삽	토양 블록 제조기를 담글 물통
10 L 들통	모종 받침판
200 g과 100 g 계량컵	물이 새지 않는 쟁반
거름망	식물생장등과 선반

직접 섞어 만든 토양 블록에 심은 식물들이 식물생장등 아래에서 무럭무럭 자라고 있다.

토양 블록 제조기는 모종 세트를 만들 때 꼭 필요하다. 씨앗을 심을 구멍을 파는 부속 기기도 있으면 편리하다. 재배 매질을 잘 혼합하면 토양 블록 제조기에서 모종 만들기에 알맞은 깔끔한 토양 매질 덩어리가 만들어진다.

토양 블록 만들기

1. 같은 양의 퇴비와 피트모스를 채에 걸러 나뭇가지나 부스러기를 제거한다. 질석과 석회를 넣는다.

좋은 토양 만들기

건강한 모종은 전적으로 좋은 토양 성분에 의해 결정된다. 매질에 들어가는 재료들은 온라인이나 정원용품점에서 구매할 수 있다. 각 성분은 저마다 특별한 역할을 하는데, 피트모스는 영양분을 붙잡아 두고, 질석이나 모래, 펄라이트는 배합토에 공기가 통하도록 하며, 퇴비는 배합토의 몸통을 담당한다. 또한 석회는 pH 균형을 맞추고, 비료는 모종에 영양분을 공급한다. 다음 재료들을 섞어 다목적 혼합토를 만든다.

- 흙이 들어가지 않은 배양토(펄라이트가 섞인 브라운 피트모스) 30 L
- 퇴비 30 L
- 질석 또는 고운 펄라이트 또는 모래 10 L
- 석회 ½컵
- 비료(해조분, 골분, 콜로이드 인산염, 그린 샌드를 같은 비율로) 3컵

2. 첨가물을 넣고 골분, 그린 샌드, 콜로이드 인산염(인광석 분말)을 같은 비율로 섞어 넣는다. 이것이 초기에 모종을 빠르게 자라게 할 유기농 비료이다. 토양을 대용량으로 만들 때는 이 성분들이 총 3컵이 되어야 한다(위 '좋은 토양 만들기' 참고).

토양 블록 만들기

3

토양을 한 줌 쥐어서 짜면 물이 약간 떨어질 정도로 물을 넉넉히 붓는다. 또한 덩어리 모양을 만들 수 있을 정도로 단단해야 한다.

4

토양 블록을 자른다. 토양 블록 제조기를 담글 수 있는 적당한 크기의 물통을 근처에 두고 사용하는 중간중간 제조기를 넣어 씻는다. 토양 매질을 제조기 깊이만큼 높게 쌓아 덩어리로 만들고, 제조기를 덩어리 위에 놓고 꾹 밀어넣는다.

5

모종 받침판 위에서 토양 블록 제조기를 들고 핸들을 밀어 블록을 내려놓는다. 제조기로 블록을 밀어내면 파종 구멍이 생긴다.

6

파종 구멍에 씨앗을 심는다. 양상추 같은 작물은 확실히 발아시키려면 씨앗을 하나 이상 심어야 한다.

7 분무기로 씨앗에 살짝 물을 뿌린다. 토양 매질이 이미 젖어 있으므로 한두 번만 뿌리면 된다.

8 질석과 체에 거른 배양토를 섞은 흙으로 씨앗을 덮는다. 파종 구멍을 모두 채우고 토양 블록에 다시 물을 살짝 뿌린다.

9 씨앗을 심는 즉시 모종 받침대에 씨앗 종류를 이름표에 적어 표시한다. 받침대 하나에 하나 이상의 종을 심기도 하므로 이름표를 많이 준비하면 편리하다.

2 울타리와 우리

- 70 기둥 기초
- 71 기둥 설치하기
- 74 기둥에 홈 파기
- 76 피켓 울타리 설치하기
- 78 가로 널 울타리의 종류
- 79 가로 널 울타리 설치하기
- 80 세로 널 울타리 설치하기
- 81 나무 기둥에 철망 치기
- 83 걸쇠 설치하기
- 84 피켓 문 만들기
- 86 철망 당기기
- 90 문 설치하기
- 96 태양광 전기 울타리 설치하기
- 101 PVC 닭 우리 만들기
- 109 PVC 허들 만들기

울타리를 설치하는 것은 이웃을 위한 배려이기도 하지만 가축들을 보호하기 위해 꼭 해야 할 일이다. 가축들이 어슬렁거리며 돌아다니면 많은 문제가 생길 수 있다. 하지만 울타리를 멋지게 설치하는 일은 쉽지 않다. 먼저 기둥 구멍을 파야 하고, 다음에는 기둥을 단단하고 곧게 세워야 하며, 마지막으로 울타리를 쳐야 한다.

여기서는 울타리를 설치하는 방법과 태양광 전기 울타리 설치하기 같은 좀 더 쉬운 대안을 소개한다.

공급 관로 위치 파악하기

기둥 구멍을 파기 전에 상하수도관, 가스관, 전선, TV 케이블, 전화선 등 지하 매설물의 위치와 깊이를 확인한다. 집 안으로 들어오는 시설 관로의 위치를 파악하는 것은 매우 중요하다. 집 안으로 들어오는 지하 공급망은 건축물대장의 건물 도면이나 부지 계획서에 표시되어 있을 수 있다. 최근에 지어진 집이라면 지역 토지관리과에 매설물에 관한 기록이 있지만, 오래된 집이라면 시간이 흐르면서 추가된 매설물들은 기록되어 있지 않을 수 있다.

우리나라 울타리 설치 관련 법규

울타리는 담장으로 보아 담장 설치 규정을 준용하면 된다.

담장이나 옹벽은 2 m를 넘으면 공작물에 해당하므로 해당 구청에 신고하여 관리대장에 등재되어 관리를 받게 된다.

건축선은 도로와 대지의 경계선으로 볼 수 있다. 대지경계선에서는 민법상 인접대지 경계선 이격거리 50 cm를 띄어야 하며, 도로경계선에서는 띄는 거리는 없으나 도로폭이 4 m 미만인 경우에는 도로 중심에서 2 m를 띄어서 4 m를 만들어야 한다.

건축법 시행령 제118조 제1항 법 제83조 제1항에 따라 공작물을 축조(건축물과 분리하여 축조하는 것을 말한다.)할 때 특별자치도지사 또는 시장·군수·구청장에게 신고를 하여야 하는 공작물은 다음 각호와 같다.
5. 높이 2미터를 넘는 옹벽 또는 담장
민법 제242조(경계선 부근의 건축) ① 건물을 축조함에는 특별한 관습이 없으면 경계로부터 반미터 이상의 거리를 두어야 한다.
② 인접지 소유자는 전항의 규정에 위반한 자에 대하여 건물의 변경이나 철거를 청구할 수 있다. 그러나 건축에 착수한 후 1년을 경과하거나 건물이 완성된 후에는 손해배상만을 청구할 수 있다.

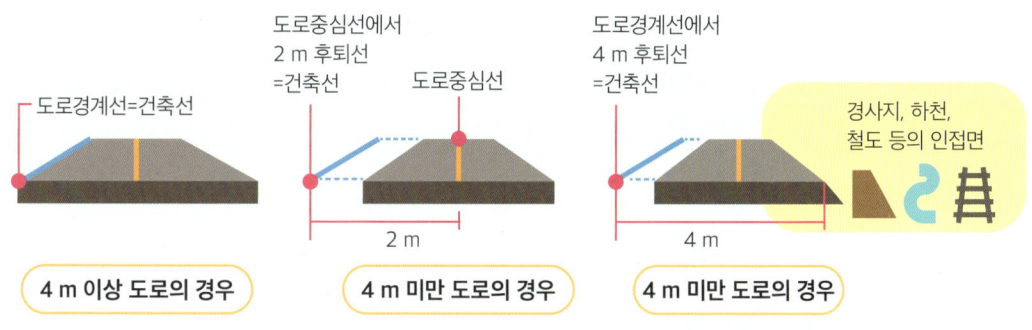

출처: 서울도시계획 포털(http://urban.seoul.go.kr)

기둥 기초

기둥은 주로 다진 흙이나 자갈 또는 콘크리트를 부은 자갈에 세운다. 너무 점성이 없거나, 모래질이거나, 유실 또는 동결 팽창의 위험이 있는 지반이 아니라면, 그리고 울타리 기둥에 많은 하중이 가해지지 않는다면, 기둥 주위에 흙과 자갈을 채우면 된다. 기둥에 널을 댄 울타리, 격자 울타리, 간격이 있는 피켓 울타리, 1.5 m 이하의 울타리는 모두 흙과 자갈 채움으로 기둥을 지지할 수 있을 만큼 가볍다.

점성이 매우 낮거나 모래 비율이 높을 때는 횡방향 안정성을 높이기 위해 19×89 mm 방부목 쐐기를 기둥 아래에 부착한다. 하지만 장기간 안정적으로 사용하거나, 어떤 종류든 가축을 가둘 정도의 강도를 확보해야 한다면 콘크리트가 좋다.

숙련된 울타리 설치 업자들은 기둥 주위에 콘크리트를 부은 다음 기둥을 수직으로 세우고 가새를 설치한다. 하지만 우리는 콘크리트를 붓기 전에 기둥을 수직으로 세우고 각 기둥을 단단히 고정해 두어야 한다. 그렇게 해야 받침대를 세우면서 콘크리트를 건드리거나 흙을 뒤엎지 않을 수 있다.

홈을 파거나, 장부맞춤으로 난간을 끼워넣거나, 미리 제작된 울타리 패널을 부착할 때처럼 기둥 사이의 간격을 정확히 맞춰야 한다면, 기둥마다 난간이나 패널을 설치하면서 순차적으로 설치해야 한다. 이런 방법으로 울타리를 만들 때는 빠르게 굳는 콘크리트를 사용한다.

기둥을 고정하기 위해 콘크리트를 사용하지 않는다면 자갈 기반으로 뒤채움을 하더라도 잘 다지는 것이 중요하다. 15~30 cm 두께로 재료를 넣은 후에 38×89 mm 목재로 기둥 주위의 뒤채움을 다지는 것이 가장 좋다.

> **Tip** 땅 파기가 힘든 상황에서는 펜스 기초, 펜스 콘크리트 받침대를 구매하여 사용한다.

뒤채움 종류

보통 다음과 같은 기본적인 네 가지 방법 가운데 하나를 이용해 울타리 기둥을 세운다. 단단한 흙에 깊이 묻은 기둥에 가벼운 울타리가 쳐져 있다면 주춧돌이 필요하지 않을 수 있다. 그러나 모퉁이의 기둥이나 무거운 문, 격자, 다른 추가적인 구조물을 지지하는 기둥은 최대한 견고하게 설치해야 한다.

흙

자갈
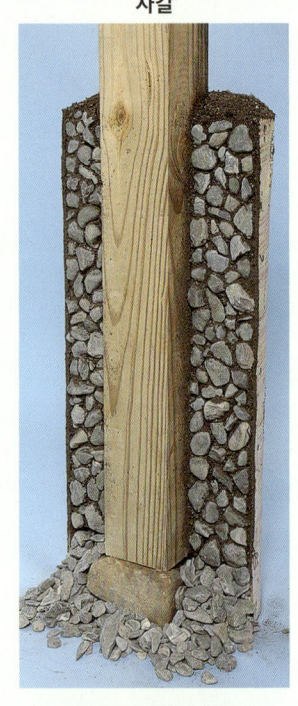

자갈과 쐐기

콘크리트와 자갈

기둥 설치하기

도구	재료
망치	나무 말뚝
구멍 삽	줄
줄자	스프레이 페인트
배합통	자갈
괭이	나무 기둥
삽	지지대로 쓸 목재
수평계	콘크리트
드릴 드라이버	
흙손	

나무 기둥을 설치할 때 가장 어려운 일은 구멍을 파는 것이다. 지반이 부드럽거나 모래질이라면 구멍 삽으로 기둥 구멍을 팔 수 있다. 기둥을 여러 개 설치할 때는 전동 굴착기를 사용하면 일이 훨씬 줄어든다. 하지만 암석 지반은 문제가 있다. 강철봉으로 암석을 부수고 구멍 삽을 이용하면 대부분 암석 지반에 구멍을 뚫을 수 있지만, 트랙터 굴착기를 이용하는 것이 좋다.

1 울타리의 최종 위치에 맞춰 기둥 배치를 나타내는 줄을 설치한다. 모퉁이를 직각으로 만들고 싶다면 줄이 90° 각도로 교차하는지 확인한다. 교차점에 말뚝을 박아 모퉁이 기둥을 어디에 설치해야 하는지 표시한다.

2 줄을 기준으로 삼아 스프레이 페인트나 분필로 X자를 그려 기둥의 위치를 모두 표시한다. 표시한 후에 줄과 말뚝을 제거한다.

3 부드럽고 모래질이 많은 땅이라면 집게형 삽으로 구멍을 판다. 암석이 많거나 점성이 높은 땅에는 전동 굴착기를 사용해야 한다. 설치할 울타리 수가 많다면 트랙터 굴착기를 이용하는 것이 좋다.

기둥 설치하기

4

겨울에 어는 깊이보다 15 cm 더 깊은 곳까지 땅을 판다. 이러한 과정이 필요 없을 만큼 기온이 내려가지 않는 지역도 있지만, 추운 곳에서는 기둥을 너무 얕게 설치하면 기둥이 솟아올라 완성된 울타리가 뒤틀리거나 망가지게 된다.

5

기둥을 세울 안정적인 기초를 만들고, 기둥 끝에 물길을 내기 위해 구멍마다 바닥에서 15 cm가량 자갈로 채운다.

6

정확히 어느 위치에 기둥을 설치할지 알 수 있도록 배치 안내선을 다시 친다. 울타리를 완성한 다음에 정확한 길이로 다듬을 수 있도록 필요한 길이보다 30 cm 정도 길게 기둥을 자른다. 사진과 같이 가새를 설치하고, 인접한 두 면에서 기둥을 살펴 수직으로 세웠는지 확인한다.

7

기둥 주위를 콘크리트로 채운다. 건재상에서 판매하는 미리 배합해 놓은 배합 콘크리트를 구입해 배합통이나 수레에서 괭이를 이용해 물과 섞는다. 10개 이상의 기둥을 설치할 때는 교반기를 빌리는 것도 고려한다.

8

삽을 이용해 기둥 주위의 구멍에 콘크리트를 붓는다. 흙을 섞으면 콘크리트가 약해지기 때문에 구멍 주위의 무른 흙이 흘러나오지 않도록 주의해서 작업한다.

타격봉이 있는 굴착기

손에 들고 사용하는 전동 굴착기에 뿌리나 큰 암석이 닿으면 손으로 느낌이 전해진다. 더 편하게 작업하기 위해서는 유압식 굴착기를 사용할 수 있다. 경첩으로 연결된 봉에 굴착기가 연결되어 손과 팔 대신 충격을 흡수하므로 기둥 구멍을 여러 개 팔 때 큰 도움이 된다. 사진과 같은 굴착기가 없는 경우 농업용 굴착기를 사용할 수 있다. 비트 100 mm, 150 mm 등이 있다.

9

긴 막대나 삽 손잡이를 이용해 콘크리트 속의 공극을 모두 제거한다. 막대를 위아래로 내려찍어 공기층을 없앤다.

10

작은 흙손을 이용해 콘크리트 윗면에 비스듬한 덮개를 만든다. 물이 기둥에서 흘러나갈 수 있도록 경사를 충분히 준다. 콘크리트가 마르면 덮개와 기둥 사이의 틈을 실리콘으로 메운다.

기둥에 홈 파기

도구	재료
줄자	나무 기둥
보안경	나무 난간
이동각자	
이동식 지지대	
둥근톱	
망치	
끌	
목공용 먹줄	
라인 수평계	

대부분 울타리는 기둥 표면에 난간을 못으로 고정해 만든다. 하지만 난간 몇 개를 넓은 간격으로 배치하는 형태의 울타리라면 가로 판자를 기둥에 끼워넣어 만들 수 있다. 이 작업에는 둥근톱을 이용하는 것이 가장 좋다. 기둥 겉면에 반복적으로 톱자국을 내서 나무토막을 제거해 난간의 크기와 딱 맞는 홈을 남기면 난간이 기둥 표면과 평평하게 수평을 이루게 된다.

1
난간을 기둥과 평평하게 하려면 기둥에 홈을 파야 한다. 난간의 두께에 맞춰 톱날의 깊이를 조정하고, 난간의 너비에 맞추어 기둥에 홈의 위아래 선을 표시한다. 두 선의 중심에 맞춰 수직으로 톱질한다.

2
앞서 낸 두 톱자국 사이에 3~6 mm 간격으로 톱질을 반복한다. 6 mm 이상의 조각을 남기지 않도록 한다.

3
잘린 목재 조각을 옆면에서 망치로 두드려 홈에서 떼어낸다. 조각의 두께가 1 cm 이상이면 사이에 톱질을 한 번 더 하고 떼어내는 것이 좋다.

기둥 모서리 비스듬히 자르기

기둥 꼭대기를 예쁜 모양으로 꾸미고 싶다면 둥근톱을 이용해 모서리를 비스듬히 자른다. 모서리를 따라 작은 사면을 만들거나 경사면을 넓게 만들고 싶다면 톱을 더 깊이 넣어 자른다. 쉬운 작업은 아니지만 연습하면 기둥 꼭대기를 피라미드 모양으로도 만들 수 있다. 모서리를 살짝만 경사지게 만들고 싶다면 블록대패를 사용한다.

4

망치와 날카로운 끌을 이용해 홈 바닥을 부드럽게 다듬는다. 난간에 사용할 자재의 자투리를 홈에 미리 맞춰보고, 홈이 너무 좁으면 톱질을 한두 번 더 한다.

5

기둥을 구멍에 내려놓고 목공용 먹줄과 라인 수평계를 이용해 다른 기둥과 홈의 위치가 잘 맞는지 확인한다. 배치가 만족스러우면 기둥을 수직으로 세우고 가새를 설치한다.

난간 연결 방법

맞대기 이음에 못 박기 / 모서리에 못 박기 / 브래킷 사용하기 / 홈에 끼워넣기

피켓 울타리 설치하기

도구	재료
드릴 드라이버	19×89 mm 피켓
클램프	38×89 mm 난간
다림추	89×89 mm 기둥
줄	간격 조정에 쓸 자투리 목재
톱	1½인치 외장용 나사
망치	
라인 수평계나 1.2 m 수평계	
줄자	

피켓 울타리는 가축을 가두기에는 적당하지 않지만, 정원이나 과수원을 분리하는 예쁜 울타리로는 제격이다. 기둥을 세우고 원하는 높이로 다듬기만 하면 된다. 손대중으로 피켓 하나와 같은 너비의 간격으로 피켓을 댈 수 있지만, 울타리가 뻗은 방향을 따라 피켓을 균등하게 배치하려면 간격을 조정해야 한다. 완성된 울타리의 피켓 간격을 결정하기 위해 먼저 기둥 사이의 거리를 잰 후, 그 거리를 피켓 하나와 간격 하나를 더한 너비로 나눈다. 딱 떨어지는 수가 나오지 않는다면 피켓 사이 간격을 약간 늘리거나 줄인다. 피켓을 설치할 때 간격 조정자로 사용할 19 mm 두께 목재를 자른다. 피켓을 몇 개 설치할 때마다 수직으로 잘 세웠는지 확인한다.

1 난간을 설치한다. 기둥에 홈을 팠다면(74~75쪽 참고) 난간을 끼워 클램프로 고정한다. 파일럿 홀을 뚫고 외장용 나사나 못을 박아 기둥에 고정한다. 75쪽에 있는 다른 난간 연결 방법을 이용해도 된다.

2 피켓을 울타리 난간에 고정할 때 윗면의 정렬을 맞추기 위해 안내선을 설치한다. 울타리의 꼭대기나 바닥 면 중 더 편리하다고 느껴지는 쪽에 줄을 친다. 줄을 팽팽하게 당기고 라인 수평계로 수평을 확인한다. 이 선 바로 위에 오도록 피켓을 설치한다.

3 적당한 피켓 사이 간격을 결정한 후 간격 조정자로 쓸 자투리 목재를 자른다. 목재를 이용해 피켓을 순차적으로 설치하고, 1½인치 외장용 나사로 피켓을 고정한다.

다양한 기둥 윗면 모양

기둥을 사각형으로 자르는 것 외에 여러 가지 모양으로 윗면을 마감할 수 있다. 장식 효과가 있으면서 물을 흘려보낼 수 있는 것이 좋다. 결을 따라 공극이 있는 목재 끝 면에 물이 고이면 목재가 썩어 기둥의 수명이 줄어들 수 있다.

가장 쉬운 방법은 기둥 윗면을 비스듬히 자르는 것이다. 윗면의 모서리를 비스듬히 깎는 모따기도 도움이 된다. 모서리를 딴 덮개나 비스듬한 덮개 난간을 울타리 전체에 올리면 울타리 강도도 더 높아진다.

비스듬한 윗면

모서리를 딴 윗면

모따기 한 평면 덮개

비스듬한 덮개

피켓 모양

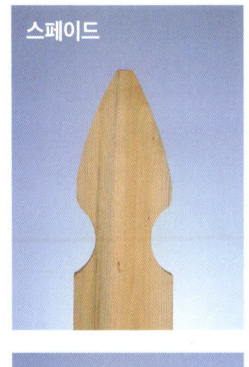
스페이드

사선

창

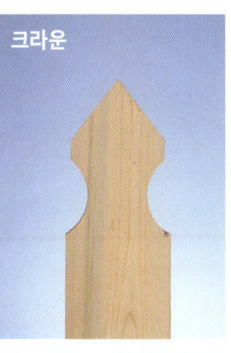
크라운

크라운과 볼

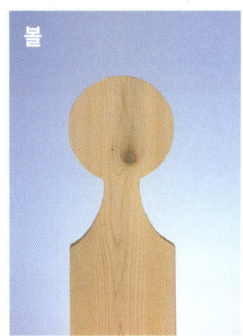
볼

평면

전원풍

반원

삼각

가로 널 울타리의 종류

가장 기본적인 가로 널 울타리는 89×89 mm 크기의 기둥을 중심 간 간격 2.4 m로 배치하고 2개 또는 그 이상의 19×140 mm 난간을 대는 형식으로 만든다. 3~4개의 가로 난간을 써서 외형이나 기능을 완전히 바꾸는 방법도 있다. 필요하다면 기둥 가운데에 19×140 mm 크기의 세로 널을 붙여 가로 난간을 보강해 휘어짐을 최대한 줄일 수도 있다. 이 외에도 반복되는 무늬를 만들기 위해 다양한 너비의 판을 조합하는 방법과, 바닥 근처에 가장 넓은 판을 붙이고 위쪽으로 갈수록 점점 얇은 판을 사용하는 방법이 있다.

널 울타리 위에 덮개 난간을 부착할 수도 있다. 덮개는 살짝 기울어진 것이 제일 좋은데, 그러려면 기둥 꼭대기를 일정한 각도로 잘라야 한다. 기둥을 비스듬히 자르지 않고 덮개 난간을 부착한다면 물이 흘러나갈 수 있도록 굽은 면이 위를 보도록 놓는다.

난간이나 덮개를 설치할 때는 울타리 진행 방향에 있는 접합부를 서로 엇갈리게 배치한다. 거칠게 켠 목재나 집의 외장재로 사용한 판자를 이용해도 된다.

다양한 가로대 모양

기본형 네 줄 울타리는 가장 비용이 적게 들고 설치하기도 쉽다. 더 튼튼하게 만들려면 이 기본형에 가운데 널을 대거나, 좁은 간격으로 널을 몇 개 더 추가한다.

변형형으로 서로 다른 너비의 판자를 이용해 패턴을 만드는 방법이 있다. 또한 전형적인 울타리 형태로 위아래 난간과 기둥 사이에 X자 모양으로 널을 대는 방법도 있다.

패턴이 있는 울타리

기본형 네 줄 울타리

X자 널 울타리

가로 널 울타리 설치하기

도구	재료
목공용 먹줄	19×140 mm 난간
라인 수평계	89×89 mm 기둥
줄자	2인치 외장용 나사
보안경	
톱	
망치	
끌	
드릴	
블록대패	

1. 먼저 작업대나 이동식 지지대 위에서 모퉁이 기둥에 홈을 파고 모퉁이 기둥을 설치한다. 일정한 깊이로 기둥 구멍에 넣어 설치하기 위해 임시로 가로대를 붙여 이용한다(작은 사진 참고). 목공용 먹줄에 라인 수평계를 매달아 다른 기둥에 홈 위치를 표시할 때 기준선으로 이용한다. 74~75쪽에서 설명한 방법으로 홈을 파고 기둥을 세운다.

가로 널 울타리는 흔히 볼 수 있는 가장 단순한 형태의 울타리 중 하나로, 전형적인 통나무 울타리에서 파생되었다. 빠르게 설치할 수 있도록 기둥 사이 간격이 넓으며 난간이 없어서 적은 비용으로 설치할 수 있다. 가로 널 울타리는 대체로 땅의 오르내림을 그대로 따라 만들며, 작은 가축들을 가둘 수 있도록 철망을 치기도 한다(81~82쪽 참고).

2. 울타리 널을 기둥 홈의 가운데에 맞춰 접합한다. 널빤지가 쪼개지지 않도록 파일럿 홀을 뚫는다. 목재의 너비와 두께가 약간씩 다를 수 있으므로 널빤지가 기둥의 홈보다 약간 크다면 홈에 맞아 들어갈 때까지 블록대패로 몇 번 다듬는다.

3. 외장용 나사로 널빤지를 고정한다. 판 하나에 나사 2개씩이면 충분하다. 널이 휘어 있거나 홈에 평평하게 들어가지 않으면 나사를 추가로 박아 밀어넣는다.

세로 널 울타리 설치하기

도구	재료
줄자	38×89 mm 난간
망치	19×140 mm 판자
수평계	난간 연결 철물
보안경	2½인치 아연 도금된 못
톱	1½인치 아연 도금된
무선 드릴 드라이버(선택)	박스 못
	외장용 나사(선택)

울타리를 이용해 공간을 어느 정도 분리하고 싶다면, 그리고 옆으로 일렬로 늘어선 판자가 주는 벽 같은 느낌이 싫지 않다면, 세로 널 울타리를 설치해 본다. 울타리 각 면에서 판자 방향을 바꾸면 벽이지만 적당한 개방감을 유지할 수 있다. 여기에서는 난간을 설치할 때 연결 철물을 이용했다. 연결 철물을 이용하면 난간을 빠르게 설치할 뿐 아니라 기둥의 정중앙에 설치할 수 있다. 이 울타리는 정확하게 만들지 않아도 괜찮다. 겹치는 부분이 조금씩 달라도 눈에 띄지 않는다.

1 아래쪽 난간의 높이를 정하고, 난간 연결 철물을 기둥 가운데에 맞추어 2½인치 아연 도금된 못으로 고정해 설치한다. 난간을 길이에 맞게 잘라 연결 철물에 밀어넣는다. 기둥 사이에 놓은 난간의 수평을 맞추고, 연결 철물에 부착하기 위해 못을 박을 위치를 표시한다. 과정을 정리하면, 난간 연결 철물을 설치하고, 난간을 밀어넣고, 수평을 확인한 후, 1½인치 아연 도금된 박스 못으로 난간을 고정한다.

2 같은 방법으로 기둥 위쪽에 난간 연결 철물을 설치한 후, 난간을 밀어넣고 수평계로 수평을 확인한다. 만족스럽게 배치되면 난간을 연결 철물에 못으로 고정한다.

3 적당한 세로 널 사이의 간격을 계산하고, 자투리 판자를 간격 하나와 같은 너비로 자른다. 이렇게 만든 간격 조정자를 세로 널의 위치를 표시하는 도구로 사용한다. 배치한 널빤지를 1½인치 아연 도금된 박스 못으로 고정한다.

4 한쪽 면에 널빤지를 모두 설치한 다음 반대편 널을 붙인다. 세로 널을 4개 정도 설치할 때마다 수평계로 수직을 확인한다. (못보다 나사가 좋다면 드릴 드라이버와 외장용 나사를 못 대신 사용해도 된다.)

나무 기둥에 철망 치기

도구	재료
삽	¾인치 U형 스테이플
망치	2인치 나사
드릴 드라이버	철망
전기공용 플라이어	기둥 덮을 19 mm 목재
	19×140 mm 방부목
	스커트 몰딩

기둥과 난간 위에 용접 철망이나 직조 철망을 치면 뒷마당에 딱 알맞은 효율적인 울타리가 된다. 기둥을 높이면 기어오르는 덩굴식물을 지지할 격자 구조물로도 쓸 수 있다. 난간 없이 철망을 치면 설치 단계와 재료를 줄일 수 있지만, 철망을 팽팽하게 하는 기술이 필요하다(86~89쪽 참고).

용접 철망은 여러 가지 메시 크기와 철사 굵기로 제작되는데, 1.0, 1.2, 1.8 m 높이에 한 롤의 길이가 1.5 또는 3 m인 것이 일반적이다. 얇은 철망은 쉽게 변형되고 녹슬기도 쉬우므로 구할 수 있는 가장 두꺼운 치수의 철망을 선택한다. 나무 울타리에는 50×50 mm 또는 50×100 mm 격자 크기의 아연 도금 철망이나 PVC 코팅 철망을 사용한다.

1.2 m 이하의 철망은 아래위 난간 2개로도 버틸 수 있지만, 철망을 더 높이 안정되게 설치하려면 가운데 난간이 더 필요하다. 울타리 강도는 두 가지 부착물로 강화할 수 있는데, 물을 흘려보내고 철망 끝을 가려주는 비스듬한 덮개와 울타리 아래로 기어다니는 동물을 막아주는 방부목 스커트 몰딩이 그것이다. 바닥 몰딩 주위는 겉흙으로 메워야 한다.

1. 들짐승을 막기 위해 도랑을 파서 철망을 묻는다. 정원을 확실히 보호하려면 울타리를 30 cm 정도 묻는다.

2. 바닥에서 위쪽 난간의 꼭대기까지 철망 전체를 사용하도록 설계한다. 이렇게 하면 바닥 면을 따라 철망을 자르지 않아도 되고, 철망의 끝 부분을 꼭대기 난간에 맞추므로 기둥 사이의 철망이 처지지 않는다.

들짐승 막기

고라니와 같은 들짐승을 막으려면 나무 기둥과 난간 뼈대에 권장 높이 2.4 m로 철망을 설치한다. 고라니는 한 번에 높이, 멀리 뛰지 못하므로 바깥쪽으로 45° 기운 1.8 m 높이 울타리도 마찬가지 효과를 줄 수 있다. 전기 울타리도 도움이 되는데, 땅콩버터로 고라니를 유혹해 한두 번 전기 충격을 주어 울타리를 피하도록 학습시키면 더욱 좋다(96~100쪽 참고).

나무 기둥에 철망 치기

3 첫 번째 기둥에 ¾인치 U형 스테이플을 이용해 철망의 시작 부분을 고정한다(위 사진 참고). 같은 스테이플로 철망의 윗부분을 위쪽 난간에 고정한다(아래 사진 참고). 철망의 끝을 난간 꼭대기에 맞춘다.

4 철사 절단기나 전기공용 플라이어로 마지막 난간의 바깥면과 평평하게 철망을 자른다. 철망 여러 롤을 이어야 한다면 기둥에서 연결하고 철망 한 칸을 겹친다. 스테이플을 아끼지 말고 많이 박아 튼튼하게 접합한다.

5 철망 연결 부위를 보강해야 할 때는 19 mm 두께의 방부목 판자로 기둥을 덮는다. 판자를 붙일 때는 외장용 나사를 사용한다. 외관의 통일성을 유지하고 싶다면 모든 기둥을 같은 종류의 판자로 덮으면 된다.

6 울타리 아랫면을 따라 스커트 몰딩을 덧대어 아래쪽 난간과 도랑으로 뻗어 들어가는 철망을 보강한다. 이렇게 하면 굴을 파고 들어오는 동물들을 막을 수 있다. 몰딩을 설치하고 나면 몰딩 아래를 흙으로 다시 메운다.

걸쇠 설치하기

농장은 가능한 잠그고 다니는 것이 좋다. 전에는 철사 쪼가리를 걸쇠 대신 사용했지만, 요즘은 선택할 수 있는 것들이 매우 많다. 자주 사용하는 문에 달면 불편할 수 있는 기본적인 갈고리와 원형 고리로 이루어진 걸쇠에서부터, 맹꽁이자물쇠를 걸어 잠글 수 있는 넓적 걸쇠에 이르기까지 종류가 다양하다. 가장 유용한 것은 밀어 잠그는 빗장과 고전적인 방법으로 돌려서 거는 걸쇠이다. 문을 닫고 걸쇠를 잠그기 위해 스프링이 달린 경첩을 함께 조합해 설치할 수도 있다.

자신만의 맞춤 걸쇠를 만드는 방법도 있다(수제 목재 걸쇠에 관해서는 95쪽 참고). 여기서 소개하는 걸쇠는 19×38 mm 소나무 목재로 만든, 빗장걸이 3개와 이를 가로지르는 빗장으로 구성된다. 빗장걸이 2개는 문에 부착하고, 하나는 문 옆의 기둥에 단다. 문에 설치한 빗장걸이 2개 사이에 장부촉이나 다른 손잡이를 달아, 빗장을 앞뒤로 밀어 기둥에 부착된 빗장걸이에 걸 수 있다. 손잡이가 돌출되어 있으므로 빗장이 밖으로 빠지지 않는다.

빗장 만들기

1. 반원을 그려 빗장의 끝부분을 둥글게 만든다. 빗장을 밀어넣을 때 걸리지 않도록 모서리를 매끈하게 다듬는다.

2. 세이버톱을 이용해 빗장 끝의 호를 따라 자른다.

3. 빗장걸이의 덮개에 드릴 구멍을 뚫고 빗장과 같은 두께의 블록 위에 고정해 빗장걸이를 조립한다.

4. 빗장걸이를 문에 2개, 기둥에 1개 수평을 맞춰 부착한다. 빗장 판을 밀어넣은 다음 장부촉 손잡이를 단다.

피켓 문 만들기

도구	재료
드릴 드라이버	피켓
보안경	ㄱ자 금속 브래킷
드라이버 비트	38×89 mm 목재
줄자	2½인치 외장용 나사
끈	1½인치 외장용 나사
둥근톱	
직각자	

기둥이 서로 평행하게 수직으로 세워져 있다면 피켓 문의 뼈대를 만드는 작업은 간단하다. 먼저 사각형 프레임을 만들고 그 안에 대각선 브레이싱을 추가한다. 기둥이 서로 평행하지 않고 수직으로 서 있지 않다면 비틀어진 틈에 맞춰 문을 만들지 말고, 대신 가운데가 처진 케이블을 설치해 기둥의 정렬을 맞추거나 기둥을 다시 세운다.

1 85쪽의 프레임 모서리 접합 방법 중에서 하나를 선택하여 둥근톱으로 프레임의 옆면 부재를 자른다. 접합부를 맞추고, 겹쳐 올리는 목재에 파일럿 홀을 2개 뚫은 다음, 2½인치 외장용 나사로 고정한다.

2 아연 도금된 ㄱ자 브래킷으로 모서리를 보강한다. 먼저 브래킷의 한쪽 다리를 프레임의 옆면에 고정하고 직각자를 모서리에 대고 각 면을 정렬한 다음, 브래킷의 남은 다리를 고정한다.

3 38×89 mm 목재를 대각선 길이보다 조금 길게 자르고 프레임의 한쪽 모서리 중심에서 반대쪽 모서리 중심까지 닿도록 올려놓는다. 사재의 양쪽 끝에 V자로 자를 부분을 그린 후, 표시된 부분을 자르고 프레임 안에 맞춰 넣는다.

4 두 사재가 만나는 가운데 부분에 반턱이음을 설계한다. 접합부를 쇠톱과 끌로 자른 다음, 사재 2개를 모두 문의 프레임에 끼워넣는다.

5 외장용 등급의 건축용 접착제를 접합부 양쪽에 발라 사재를 접합한다. 파일럿 홀을 뚫고 접합부 중심에 2½인치 외장용 나사를 박는다.

6 피켓이나 다른 판자를 문의 뼈대 위에 배열해 피켓 사이 간격을 정한 다음, 1½인치 외장용 나사로 피켓을 붙인다. 나사를 박기 전에 파일럿 홀을 뚫어 목재가 쪼개지지 않도록 한다.

프레임 모서리 접합 방법

문의 프레임을 만들 때 다음 세 가지 접합 방법 중 하나를 사용한다. 왼쪽의 단순한 맞대기이음이 가장 쉽고, 아래 왼쪽의 반턱이음이 가장 튼튼하다. 보기 좋게 만들려면 아래 오른쪽의 연귀맞춤을 선택한다.

철망 당기기

뒷마당 일거리 중에서 울타리 치기는 가장 꺼려지는 작업일 수 있다. 기둥 구멍 파기부터 철망과 씨름하는 것까지 피곤한 작업의 연속이다. 전기 울타리는 일거리를 줄일 수 있는 대안이 될 수 있다(96~100쪽 참고). 하지만 소유한 땅의 경계 면에 칠 울타리나 여러 종의 가축들을 가둘 장벽으로는 철망이 더 알맞다.

기둥 구멍을 잘 파서 기둥을 곧게 세우고 콘크리트로 단단히 굳혔다면(70~73쪽 참고), 울타리를 잘 세우는 것은 전적으로 철망을 팽팽하게 잘 당기는 일에 달려 있다. 힘으로만 철망을 펼치려 한다면 역부족일 수 있다. 철망을 잘못 펼치면 가운데가 처지고, 옆으로도 휘고, 땅에서 너무 높이 설치되기도 하여 모든 노력이 헛수고가 될 수 있다.

이제부터 소개할 방법은 베테랑 농부들이 하는 검증된 방법이다. 이 기술의 핵심은 장선기라고 불리는 도구다. 이 도구는 강력한 견인력으로 케이블이나 체인을 끌어당겨 덤불 뽑아내기, 벽면 바로 세우기, 눈에 빠진 차 견인하기도 가능하다. 특히 수 미터의 철망을 고르고 단단하게 잡아당겨 고정하는 데 있어 탁월하다.

주의 장선기 사용 시 위험할 수 있다. 울타리 양쪽 끝 경계의 기둥이 튼튼하게 잘 고정되어 있는지 반드시 확인한다. 당길 때 철망이 찢겨 나오지 않도록 잘 고정해야 한다. 또한 장선기를 사용할 때는 변형이 생기는지 살피면서 천천히 다룬다.

도구	재료
장선기	철망
갈고리가 있는 체인 2개	울타리 스테이플
커다란 C 클램프 2개	튼튼한 노끈
망치	1.2 m 길이 38×89 mm
줄자	목재 2개
펜치	지지대로 쓸 목재
니퍼	수평 맞출 때 쓸 목재
바이스 플라이어	

❶ 작업에 쓸 도구와 재료들을 필요할 때마다 하나씩 사러 가지 말고 미리 모두 장만하여 모아둔다. 철망을 팽팽하게 당겨주는 강력한 장선기는 핵심 도구이다.

❷ 손수레는 필요한 잡동사니들을 전부 담아 나르기에 유용하다. 어떤 작업을 하든 필요할 것으로 예상되는 것들을 전부 담아둔다.

철망 당기기

1

철망을 기둥 열을 따라 펼친다. 철망을 쉽게 세울 수 있도록 마지막 기둥 너머까지 철망을 계속 굴려 편다.

2

기둥 너머에 10 cm 정도 여분을 남기고 철망의 한쪽 끝을 고강도 스테이플로 단단하게 박아 고정한다. 스테이플 위로 남은 철망을 구부려 접어 겹치고 중간 크기의 스테이플로 더 박는다. 기둥 위에서 아래로 이동하며 작업하고, 철망의 모든 가로선을 같은 방법으로 고정한다.

3

철망을 기둥에 임시로 묶어 세워둔다. 기둥 두세 개마다 튼튼한 노끈으로 철망을 묶으면 된다. 울타리를 따라가며 작업한다.

4

철망을 38×89 mm 목재 사이에 끼우고 커다란 C 클램프로 집는다. 38×89 mm 목재가 철망을 손상하지 않으면서 꽉 잡아준다. 남은 철망은 작업에 방해가 되지 않게 치운다.

철망 당기기

5 클램프 주변에 체인을 건다. 다른 체인은 반대편 기둥에 감아 장선기를 고정한다. 나중에 기둥 사이에 문을 설치할 것이기 때문에 기둥이 철망을 잡아당기기 편한 위치에 있다.

6 기둥을 보강하는 지지대를 설치한다. 여기서는 기둥 꼭대기 사이에 38×89 mm 목재로 다리를 놓는데, 맞은편 기둥이 없는 경우라면 38×89 mm 목재를 사선으로 대서 지지해야 한다. 장선기를 단단한 기초에 확실히 고정할 수 있도록 한다.

7 철망이 펴질 때까지 장선기를 돌린다. 울타리를 따라 걸으면서 변형이 생긴 곳이나 헐거워진 곳이 있는지 확인하면서 장선기를 돌린다.

8

철망을 가능한 팽팽하게 당긴 다음에 스테이플로 고정한다. 철망을 퉁기면 진동하는 것을 알 수 있다. 첫 번째 기둥에 철망의 가로선마다 스테이플을 단단하게 박고, 나머지 철망도 기둥마다 스테이플을 박아 고정한다.

9

땅에 지렛대를 박아 철망을 밀어 기둥에 밀착한 다음 스테이플을 박는다. 바닥이 평평하지 않을 수 있으므로 철망을 바닥에 가깝게 당겨 내리려면 발로 밟아 누른다.

10

마지막 기둥에서는 철망을 기둥 주위에 감는다. 각 가로선으로 기둥 주위를 전부 감을 수 있을 정도로 여유를 두고 철망을 자른다. 철선 끝부분을 모두 구부려 갈고리 모양으로 만들고 고정된 철망에 걸어 집는다.

11

철망이 양쪽 끝 기둥에 고정되면 기둥마다 철망의 위아래 그리고 그 사이에 30 cm마다 스테이플을 박는다. 철망을 완전히 고정하고 나면 장선기를 풀고 임시로 설치했던 지지대를 모두 제거한다.

문 설치하기

농장의 문은 아이들이 타고 놀 수 있을 만큼 튼튼해야 하지만, 그렇다고 문을 단 기둥이 휠 정도로 무거워서는 안 된다. 즉 구조적 온전함과 내구력 사이에서 적당한 균형을 찾아야 한다는 의미다. 여기서 소개하는 문은 그 균형을 정확히 맞춘 것이다.

38×89 mm 목재로 만든 뼈대에 140×16 mm 삼나무 울타리 판자를 붙여 만드는 이 문은 몇 시간이면 완성할 수 있다. 그리고 38×89 mm 목재로 Z자 브레이싱을 붙이고, 뼈대와 판자가 겹치는 곳마다 아연 도금된 박스 못을 4개씩 박아 넣어 튼튼하다.

문을 설치할 때 먼저 기둥이 깊게 박혀 있는지, 지지가 잘 되어 있는지 반드시 확인한다. 기둥 구멍의 깊이가 최소한 1 m가 되어야 한다. 둥근 기둥보다 89×89 mm 각재 기둥이 경첩을 달기에 더 편하다. 걸쇠를 다는 기둥에는 울타리를 치고, 경첩을 부착하는 기둥은 울타리 없이 경첩을 단단히 고정할 수 있도록 남겨둔다. Z자 브레이싱을 댄 문을 만들 때는 반드시 사재가 가장 위쪽 경첩 부분에서 시작해 반대편 모서리까지 닿도록 한다. 그렇게 해야 문 구조물이 위쪽 경첩으로 지지가 된다.

도구	재료
줄자	140×16 mm 삼나무 울타리 판자
둥근톱	38×89 mm 목재
직각자	38×38 mm 목재
망치	1¾인치 아연 도금된 박스 못
클램프	3인치 외장용 나사
드릴 드라이버와 비트	문 걸쇠
세이버톱(선택)	철물 경첩

거의 모든 종류의 목재를 사용할 수 있지만, 문이 너무 무거워지지 않도록 주의한다. 여기서 사용한 140×16 mm 삼나무 울타리 판자는 가격이 저렴하고 구조적 변형이 거의 없으며 가볍고 단단하다. 삼나무는 자르기 쉽지만, 판자 테두리 5 cm 이내에 못이나 나사를 박을 때는 반드시 파일럿 홀을 뚫어야 한다.

아래에 보이는 문은 몇 시간이면 완성할 수 있지만, 일단 완성되면 오랫동안 가축들을 우리 안에 가두는 역할을 할 수 있다. 38×89 mm 목재로 만든 Z자 브레이싱으로 구조적 하중을 잘 견딜 수 있다. 140×16 mm 삼나무 울타리 판자로 문을 마감하였다.

문 설치하기

1
문을 설치할 두 기둥의 위와 아래 사이 간격을 잰다. 측정한 길이가 다를 수 있는데, 짧은 길이보다 2~3 cm 정도 작은 치수로 문의 크기를 정한다.

2
38×89 mm 목재를 치수에 맞게 자른다. 매끈한 바닥에 38×89 mm 목재를 놓고 그 위에 울타리 판자를 놓는다. 울타리 판자 사이의 간격을 대강 맞추기 위해 간격 조정용 판자를 이용한다. 1.2 m 길이는 대부분 가축을 가두기에 적당하다.

3
뼈대 밖으로 연장되는 판자의 길이를 결정한다. 여기서는 위아래로 15 cm씩 연장했다. 첫 판자와 마지막 판자를 배치한 다음, 두 판자가 뼈대와 겹치는 곳에 1¾인치 아연 도금된 박스 못을 박는다.

4
문을 반듯한 직사각형으로 만들기 위해 대각선의 길이를 잰다. 두 대각선의 길이가 같아야 한다(작은 사진 참고). 조정해야 할 곳을 모두 확인한 후, 양 끝 판자와 뼈대가 만나는 곳에 못을 3개씩 더 박는다.

문 설치하기

5
38×89 mm 목재를 기준 잣대로 이용해 나머지 판자를 높이를 맞춰 붙인다. 콘크리트 블록으로 받치면 잣대로 사용하는 목재가 움직이지 않는다.

6
높이 기준 잣대와 간격 조정용 판자를 함께 사용해 울타리 판자를 뼈대에 부착한다. 뼈대와 판자가 만나는 곳마다 1¾인치 못을 박는다. 뒤틀리거나 휜 판자에서 생기는 오차가 계속 쌓이지 않도록 작업 중간에 확인한다(작은 사진 참고).

7
목재가 쪼개지지 않도록 옹이를 피해 파일럿 홀을 뚫고 못을 박는다. 목재의 결을 따라 못을 박지 않고 엇갈리게 배치해 금이 가지 않도록 한다. 판자와 뼈대의 접합부마다 못을 4개 박아 고정한다.

8
38×89 mm 브레이싱을 뼈대 위에 두고 직각자를 이용해 자를 부분을 표시한다.

피켓 문 장식하기

적당한 크기의 캔이나 페인트 통 같은 것을 사용해 부채꼴 모양 장식을 그린 후, 세이버톱을 이용해 자른다. 모서리를 따거나 삼각형 모양으로 뾰족하게 자르거나 대각선으로 비스듬히 잘라도 된다. 판자 윗부분을 둥글게 자르고 싶다면 커다란 통조림 캔을 사용한다.

9

38×89 mm 목재의 끝을 비스듬히 자른다. 곧게 자르기 위해 판자를 클램프로 집고 작업한다.

10

브레이싱을 38×89 mm 뼈대 목재에 3인치 나사 2개를 박아 고정한다. 단단히 고정하기 위해 나사를 비스듬히, 즉 나사마다 다른 각도로 박아야 한다(작은 사진 참고).

문 설치하기

11 목재가 쪼개지지 않도록 간격을 두고 사재(경사진 보강재)와 울타리 판자가 겹치는 곳마다 못을 4개씩 박는다. 브레이싱의 끝부분에는 못을 하나만 박는다(작은 사진 참고).

12 뼈대 위를 덮는 판자에 경첩을 붙인다. 38×89 mm 뼈대 목재가 쪼개지지 않도록 파일럿 홀을 비스듬히 뚫는다.

13 문 경첩을 기둥에 부착한다. 자투리 목재를 사용해 높이를 맞추되, 문과 바닥 사이 거리는 최소 5 cm, 최대 15 cm가 되게 한다. 경첩마다 나사를 하나씩 조이고, 문을 여닫을 때 방해되는 것이 없는지 시험해 본다.

14 땅이 높게 솟은 부분이 있다면 괭이로 파고 문을 다시 여닫아 본다. 문을 더 높게 설치해도 된다.

15

걸쇠를 부착할 기둥에 3인치 데크스크류를 이용해 38×38 mm 스토퍼를 설치한다. 나사를 조이기 전에 문의 앞면과 기둥의 앞면이 평평하게 놓이도록 스토퍼의 위치를 정한다.

수제 목재 걸쇠

아래 목재 걸쇠는 쉽게 풀고 잠글 수 있으며, 밀어넣는 빗장이 아니므로 습기가 많은 날이나 추운 날에 서로 엉겨붙지 않는다. 걸쇠가 쉽게 잠기도록 38 mm 두께 목재로 만든 스토퍼에 회전 걸쇠를 달았다.

16

잠금장치를 문에 대고 빗장이 빗장걸이에 쉽게 걸리도록 위치를 정한다. 빗장을 먼저 문에 부착한 다음 빗장걸이를 기둥에 붙인다.

17

경첩의 끝을 망치로 두드려 기둥을 따라 구부린 다음, 경첩 구멍에 나사를 박는다.

태양광 전기 울타리 설치하기

전기 울타리는 동물을 가두는 간단하고 효과적인 방법이다. 동물들이 불쾌한 철망을 피하는 법을 빠르게 습득하기 때문에 주로 심리적 장벽으로 작용한다. 전기 울타리는 일반적인 울타리만큼 튼튼하게 지을 필요가 없다. 즉 기둥 구멍을 파고, 철망을 늘리고, 모서리를 보강하지 않아도 된다는 뜻이다.

금속 기둥과 철선 몇 가닥을 사용해 전기 울타리를 빠르게 설치할 수 있다. 여기서 소개하는 태양광 전기 울타리를 설치할 때는 지하 케이블이나 납축전지를 이용해 울타리로 전기를 끌어올 필요가 없어 전기 울타리 설치에서 가장 복잡한 과정을 생략할 수 있다. 도랑을 파 케이블을 묻는 대신, 태양광 패널이 부착된 발전기를 울타리 기둥에 설치하기만 하면 된다.

하지만 한계도 있다. 닭이나 돼지 등 다양한 동물을 가두기에는 적합하지만, 길거리나 이웃집으로 넘어가는 최후의 경계 장벽이 될 수는 없다. 실제 경계면에서는 전기 울타리와 일반적인 울타리를 결합해 이중으로 울타리를 설치해야 한다.

전기 울타리를 설치하면 염소처럼 영리한 동물들을 안전하게 가둘 수 있다. 철망에 선 몇 가닥만 추가하면 안전한 울타리로 사용할 수 있다. 마당을 가로질러 전기가 흐르는 전선을 배치하고 건너편에 먹이를 미끼로 놓아 동물들이 전기 울타리를 피하도록 가르치기도 한다. 동물들은 몇 번 따끔한 전기 충격을 받으면 쉽게 울타리를 피하는 법을 배운다.

전기 울타리를 설치할 때는 접지를 잘해야 한다. 대기가 건조한 곳, 겨울에 몹시 추운 곳, 지반이 암석질인 곳에서는 접지 효율이 떨어진다. 이러한 조건에서 접지 막대를 추가로 설치해야 하는지 확인한다.

태양광 장치는 일반적인 전기 울타리보다 유지 관리 면에서 조금 더 신경써야 한다. 예를 들어 목초지에서는 먼지가 쌓일 수 있으므로 주기적으로 태양광 패널을 확인하고 필요하면 깨끗이 닦는다. 흐린 날씨가 이어지면 태양광 패널로 배터리가 충전되지 않을 수 있다. 디지털 전압측정기로 배터리가 충전되어 있는지 확인하고, 필요하다면 배터리를 빼내 제조사의 설명에 따라 세류 충전기로 재충전한다.

도구	재료	
기둥 박는 기계	강철 T 포스트	클립이 달린 2~2.5 m
줄자	플라스틱 브래킷	길이의 10~16 mm
무선 드릴 드라이버와 비트	14게이지 아연 도금된 강선이나 구리 선	아연 도금된 강이나 구리 접지봉
래칫 소켓 렌치와 소켓	절연 피복	태양광 발전기
전기공용 플라이어	나사를 박을 수 있는 절연된 전선 클립	전선 연결 슬리브(선택)
제초기		

태양광 패널을 완전히 남쪽을 향하도록 배치한다. 그늘을 만드는 나무나 건물에서 멀리 떨어진 장소가 좋다.

태양광 전기 울타리 작동 방법

태양광 패널이 발전기 안에 있는 배터리를 충전한다. 동물이 전기 울타리를 건드리면 발전기가 아주 짧은 고전압 전기파를 방출하여 감전을 일으키는 전류가 동물을 통해 울타리의 접지선이나 땅으로 흐르게 된다. 최종적으로 접지봉으로 전류가 흘러들어가고 다시 발전기로 전도되어 회로를 완성한다.

태양광 전기 울타리 시스템에 꼭 필요한 부품: 알루미늄 전선, 나무 기둥에 사용할 나사 달린 절연된 전선 클립, 강철 기둥에 끼워서 부착할 수 있는 전선 클립, 태양광 발전 패널

태양광 전기 울타리

전선 여러 가닥을 사용하는 전기 울타리에는 아주 건조한 조건에서도 전기 충격을 줄 수 있도록 접지선이 함께 들어 있다. 닭이나 돼지 등 동물의 종류에 맞추어 전기 울타리를 설치할 수 있다.

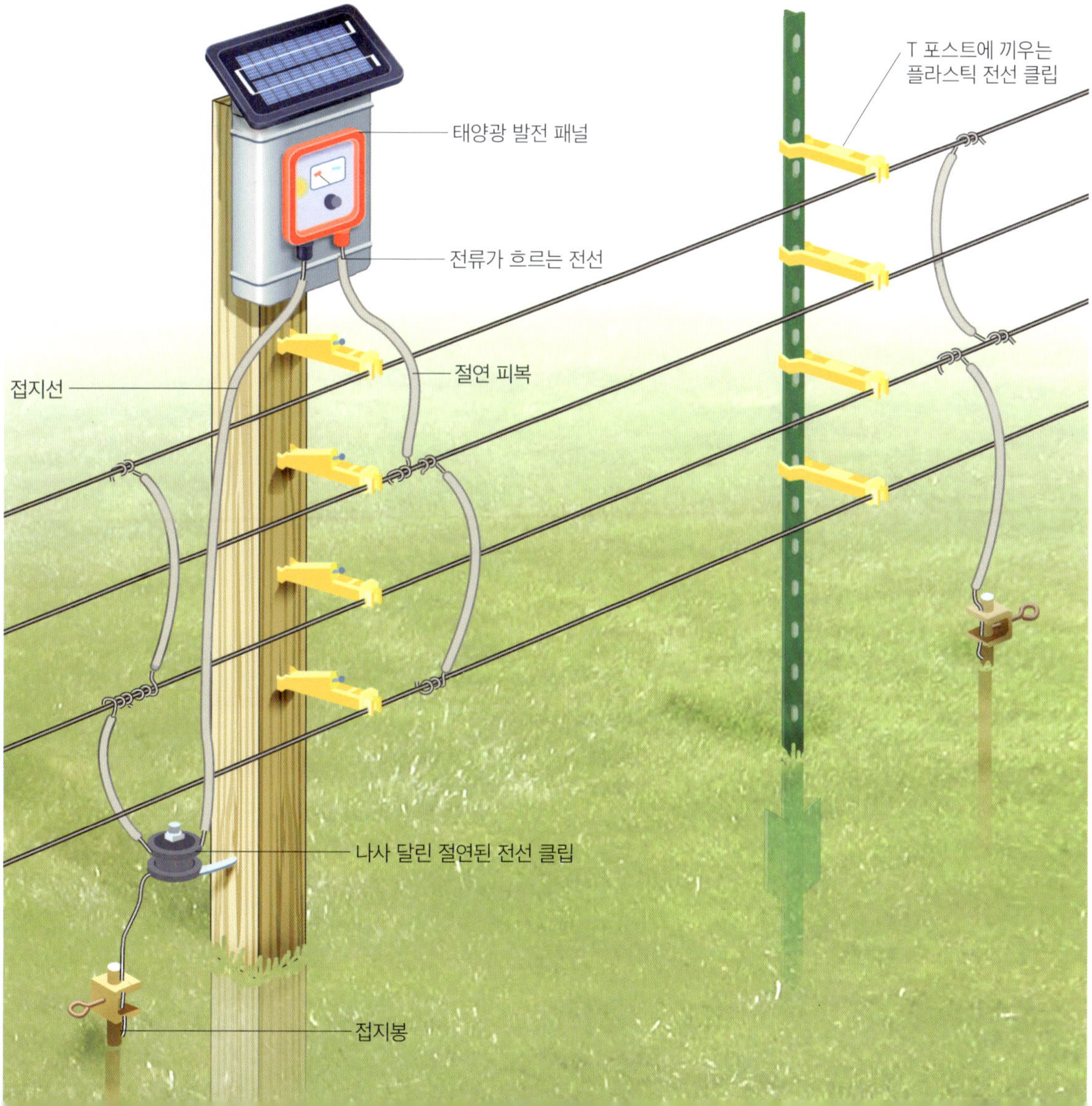

- 태양광 발전 패널
- 전류가 흐르는 전선
- T 포스트에 끼우는 플라스틱 전선 클립
- 절연 피복
- 접지선
- 나사 달린 절연된 전선 클립
- 접지봉

태양광 전기 울타리 설치하기

1

강철 T 포스트의 뾰족한 끝을 땅에 박는다. 포스트의 요철 부분이 플라스틱 전선 클립을 꽂으려는 방향을 향하도록 한다(2단계 참고). 사진과 같이 기둥 박는 기계를 사용하면 빠르고 쉽고 또 안전하게 작업할 수 있다. 포스트를 땅속 30 cm 이상 박는데, 포스트 간격은 3~15 m 사이로 한다.

접지의 중요성

전기 울타리의 성능은 접지력에 달려 있다. 접지를 하려면 2~2.5 m 길이의 10~16 mm 구리봉 또는 아연 도금된 강봉을 땅에 박고 발전기와 직접 또는 간접적으로 연결해야 한다. 토양이 심하게 암석질이거나 단단하다면 제조사의 설명서를 확인하고 접지봉 몇 개를 어떤 각도로 박아 서로 연결해야 하는지 결정한다. 토양이 건조한 곳에서는 더 많은 접지봉을 좁은 간격으로 설치해야 한다. 전선을 접지봉에 연결할 때는 14게이지 전선과 나사 형태의 연결 재료를 사용한다.

2

플라스틱 전선 클립을 T 포스트의 옆면에 건 다음(작은 사진 참고) 딸깍 소리가 나게 채워 설치한다. 가두려는 동물의 코 위치에 전선이 오도록 한다. 여러 종류의 동물을 키울 계획이라면 전선을 하나 이상 배치한다.

3

전선을 수직으로 밀어넣은 다음 클립에 끼운다.

금속 전선 클립으로 선 연결하기

보통 마당 안쪽에서 구획을 나눌 때는 강철 포스트에 전기 울타리를 치고, 소유지 경계면에서는 목조 기둥 철망에 전기 울타리를 보강한다. 전선의 장력이 너무 커서 플라스틱 전선 클립을 사용할 수 없는 곳에는 나사가 달려 있고 절연된 금속 전선 클립이 필요할 수 있다(100쪽 4단계 참고). 전선이 90° 꺾이는 모퉁이와 발전기를 설치하는 기둥에도 일반적으로 금속 클립이 필요하다. 이미 설치되어 있는 울타리의 효율성을 높이기 위해 전선을 추가할 때도 나사 달린 금속 클립이 필요할 수 있다. 장력이 작은 곳에서 전선을 곧바로 연결할 때는 플라스틱 클립을 사용한다.

1. 필요한 높이에 클립을 꽂을 파일럿 홀을 뚫는다. 클립 나사의 산보다 약간 작은 지름의 드릴 비트를 고른다.

2. 플라이어나 망치의 노루발을 이용해 전선 클립을 박는다. 절연체와 너트를 끼워넣는다.

3. 소켓 렌치로 절연체를 고정한다.

태양광 전기 울타리 설치하기

4

전선이 직선으로 이어지거나 장력을 받지 않는 부분이라면 나사가 달린 플라스틱 전선 클립을 사용한다. 전선을 설치한 다음에는 시스템이 방전되지 않도록 잡초를 제거한다. 제초기를 사용하면 빠르게 일을 끝낼 수 있다.

5

발전기에 최종적으로 연결할 충전 전선과 접지선을 전선에 연결한다. 연결선을 전선과 교차되도록 구부리고 사진과 같이 연결부를 절연 피복으로 감싼다. 전선과 연결선을 서로 꼬아서 연결하거나 사진과 같이 전선 연결 슬리브를 사용한다. 접지선을 고정하기 위해 발전기를 설치한 기둥에 나사 달린 전선 클립 2개를 부착한다(작은 사진 참고).

6

발전기 뒤에 있는 나사 구멍에 나사를 박아 발전기를 설치한다. 스위치를 끄고 발전기의 빨간 전극에 전선을 연결한 다음, 전선을 연결축 주위에 감아 단단하게 조인다.

7

발전기의 검정 전극에 접지선을 연결한다. 동물들을 초원에 풀어놓기 전에 배터리를 충전하기 위해 5일 동안 햇빛을 받게 하거나 세류 충전기를 이용해 충전한다.

PVC 닭 우리 만들기

132~141쪽에서 설명하는 온전한 크기의 치킨 트랙터가 필요 이상으로 과하다고 느껴진다면 간단한 PVC 닭 우리를 고려해본다. 만들기도 쉽고 가벼워 닭장(113~131쪽)에서 방목장까지 닭들을 안에서 천천히 따라 걷게 하면서 끌고 갈 수 있다. 닭들이 쉽게 드나들도록 밀어 여는 덮개와 햇살과 비를 막아줄 방수포도 부착한다.

여기에는 가벼운 그물이 필요한데, 새그물은 너무 약하고 대신 가볍고 질긴 플라스틱 그물망을 선택한다.

PVC 관으로 작업하는 것은 쉽고 간단하다. 톱날이 미세하다면 어떤 톱으로도 관을 자를 수 있고, 프라이머와 시멘트로 연결관을 용접할 수 있다. 프라이머와 시멘트가 함께 작용하면 PVC 관의 표면을 분해하고 녹이며, 마르고 나면 연결구와 관을 단단하게 결합하기 때문에, PVC 관은 매우 훌륭한 배관시설 재료로 사용된다.

PVC 닭 우리는 정밀하게 만들지 않아도 된다. 정확하게 조립하지 않더라도, 즉 오차가 좀 있어도 괜찮다.

도구	재료
줄자	3 m 길이 13 mm PVC 관 8개
검정 사인펜	13 mm T형 연결관 14개
톱날이 촘촘한 톱(쇠톱도 가능)	13 mm 90° 앨보 연결관 4개
연귀상자	13 mm 십자 연결관 1개
거친 사포	PVC용 프라이머(가능하면 보라색이 아닌 투명한 것)
삼각자	PVC 시멘트
자유자	2인치 아이볼트와 너트 2개씩
드릴 드라이버와 비트	0.9×4.5 m 플라스틱 그물망 3롤
스크류 드라이버(선택)	150 mm 케이블타이 140개
멍키스패너	1.5×1.8 m 이상 비닐 방수포
항공가위나 강력 가위	2½인치 길이 가는 나사 3개
니퍼	
아일렛 세트	

PVC 닭 우리는 닭들을 산책시키는 훌륭한 장치가 될 수 있다. 닭장 옆에 우리를 세워두고 닭들을 우리 안으로 유인하여 우리와 닭 전체를 원하는 방목장으로 천천히 밀고가면 된다.

닭 우리 분해조립도

닭 우리를 만들 때 다음 조립도를 참고한다. 접합부가 잘못 만들어지기 쉬우므로 부품을 용접하기 전에 두 번 확인한다. 서로 섞이기 쉽기 때문에 필요한 조각만 잘라서 사용하는 것이 좋다.

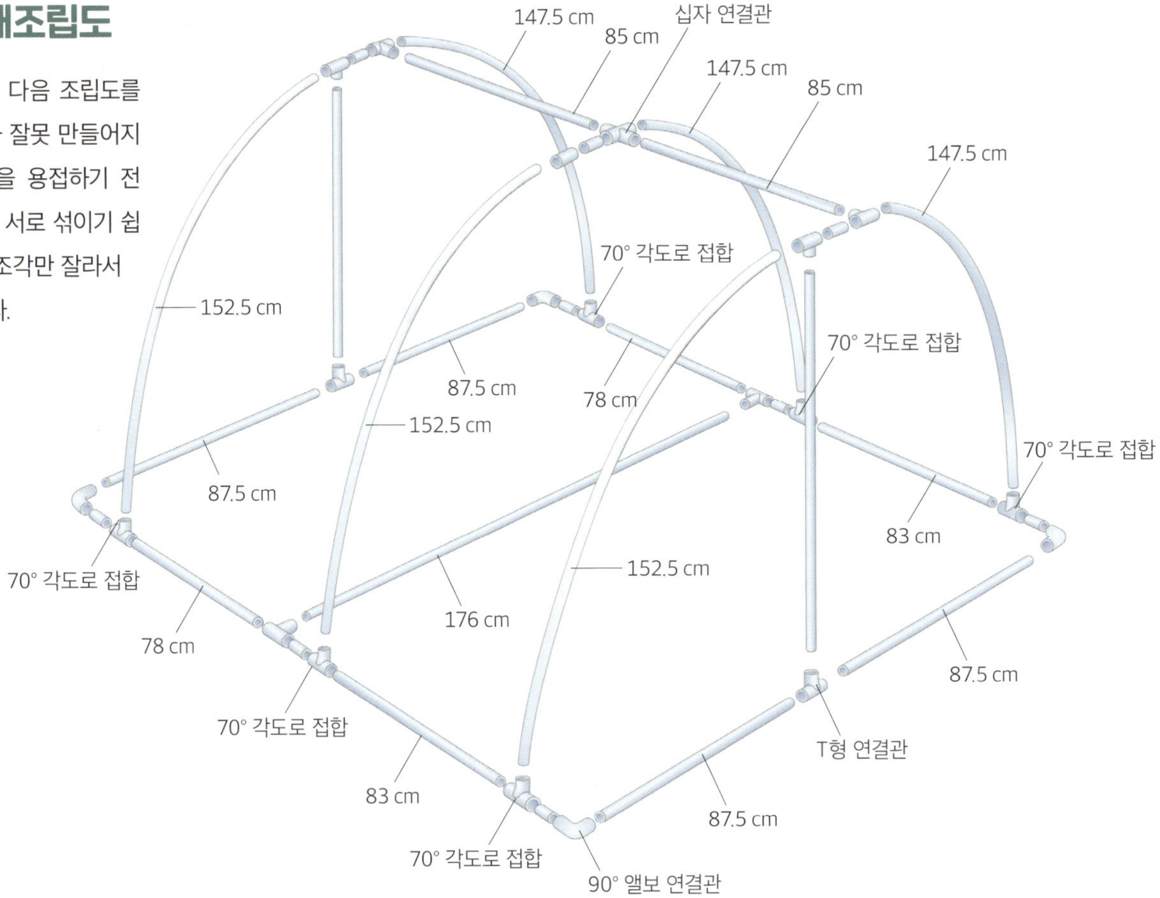

PVC 관 용접 방법

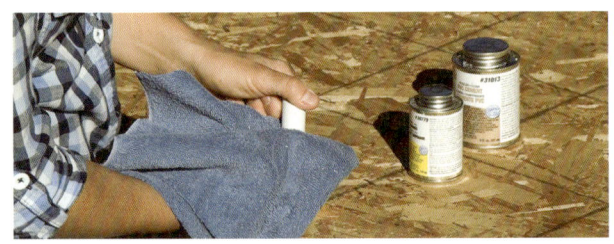

1. PVC 관과 연결관을 깨끗이 닦는다.

설명한 대로 잘 접합하면 PVC 연결부가 관만큼 튼튼해진다. 프라이머와 시멘트가 파이프와 연결관을 완전히 부드럽게 녹이기 때문에 마르고 나면 두 부재가 하나인 것처럼 연결된다. 이 기술이 PVC 용접으로 불리는 이유이다. 용접 방법은 간단하다. 깨끗이 닦고, 프라이머와 시멘트를 바른 다음, 밀어넣고 돌리면 된다.

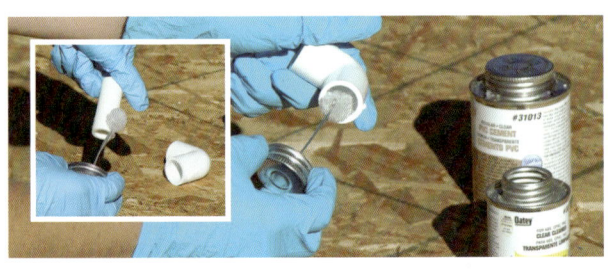

2. 접착제 바르는 솔로 관의 바깥 면과 연결관의 안쪽 면에 프라이머를 고르게 바른다. 프라이머가 마르기 전에 시멘트를 PVC 관과 연결관 안쪽에 바른다(작은 사진 참고).

3. 연결관에 PVC 관에 끼우고 90° 돌린다. 중요한 접합부는 몇 시간 이상 굳힌다.

PVC 닭 우리 만들기

1 먼저 연결관을 조립할 때 사용할 PVC 관을 5 cm 길이로 9개 자른다. 길이를 재고 자를 선을 검정 사인펜으로 표시한, 다음 연귀상자를 사용해 깔끔하게 자른다.

2 거친 사포로 표면이나 경계의 까칠한 부분을 제거한 후, 깨끗한 헝겊으로 잔해를 닦아낸다.

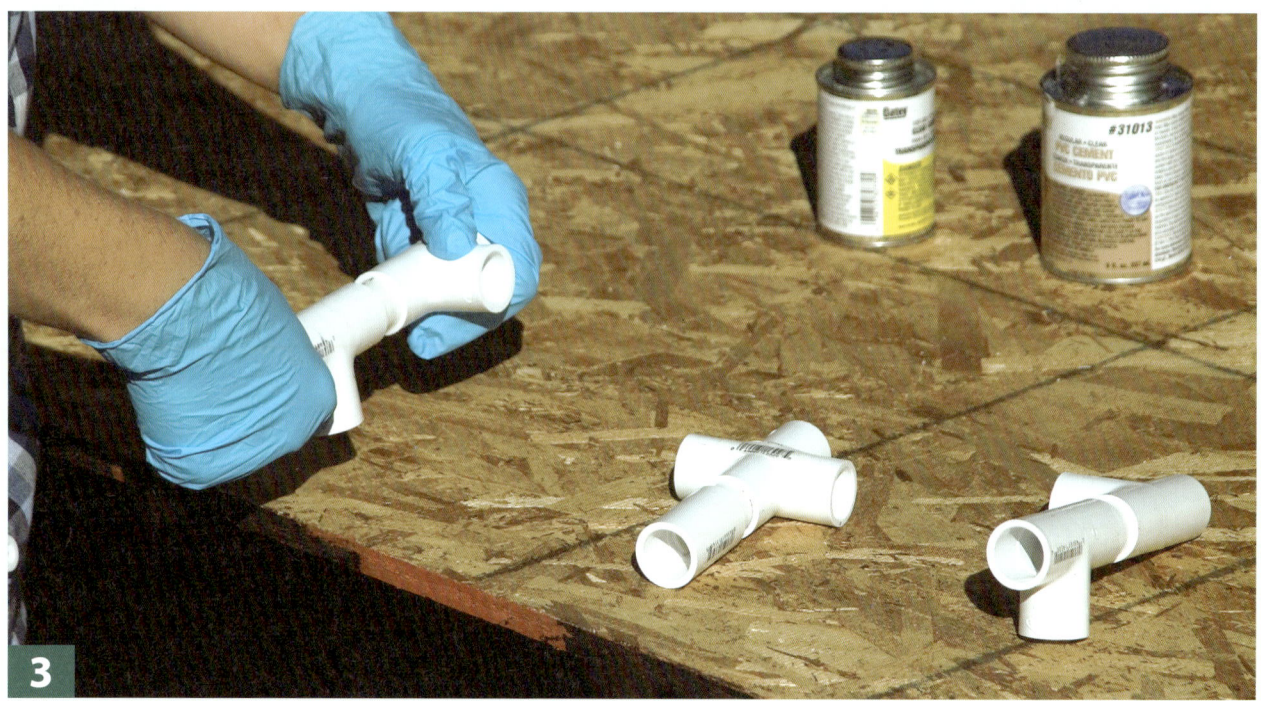

3 102쪽 조립도를 참고해 T형 연결관 2개와 5 cm PVC 관을 용접해 대칭인 지붕의 앞뒷면 부재 2개를 만든다. 직선 연결관과 십자 연결관을 연결해 지붕 중앙 부재를 만든다. 102쪽 'PVC 관 용접 방법'에서 설명한 PVC 접합 방법으로 재료를 용접한다.

PVC 닭 우리 만들기

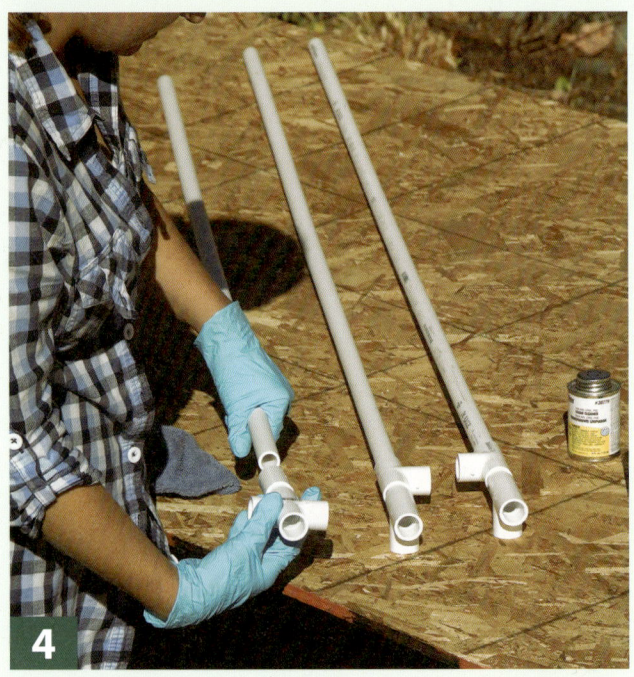

4 3 m PVC 관에서 147.5 cm 부재를 잘라내 3단계에서 조립해 놓은 부품에 접합한다.

5 남은 3 m 관에서 152.5 cm 부재를 잘라 완성된 조립품 3개의 반대편에 각각 연결한다.

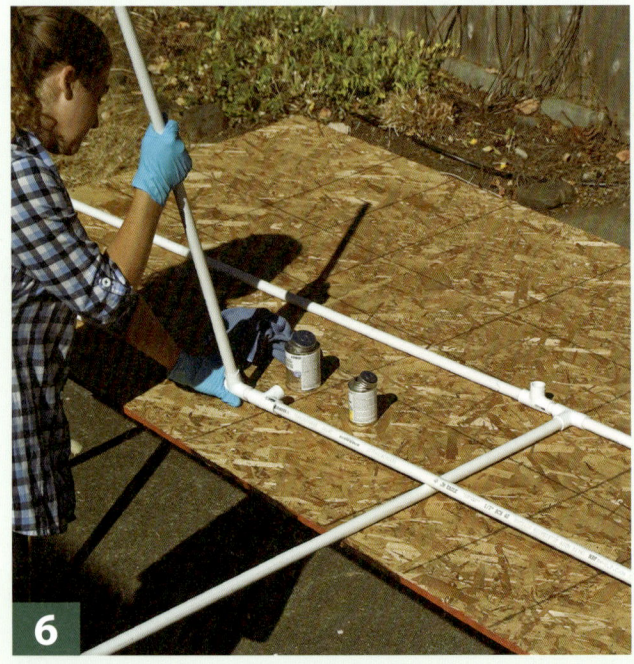

6 108.5 cm 관 2개를 잘라 5단계에서 만든 닭 우리의 앞뒷면에 해당하는 조립품에서 아래를 향하는 T형 연결관에 접합한다.

7 T형 연결관, 5 cm PVC 관, 90° 앨보 연결관을 결합해 바닥 면 모퉁이에 들어갈 부품을 만든다. 삼각자를 이용해 자유자의 각도를 70°로 맞춘다. T형 연결관을 용접할 때 자유자에 대고 빠르게 각도를 확인한다(작은 사진 참고).

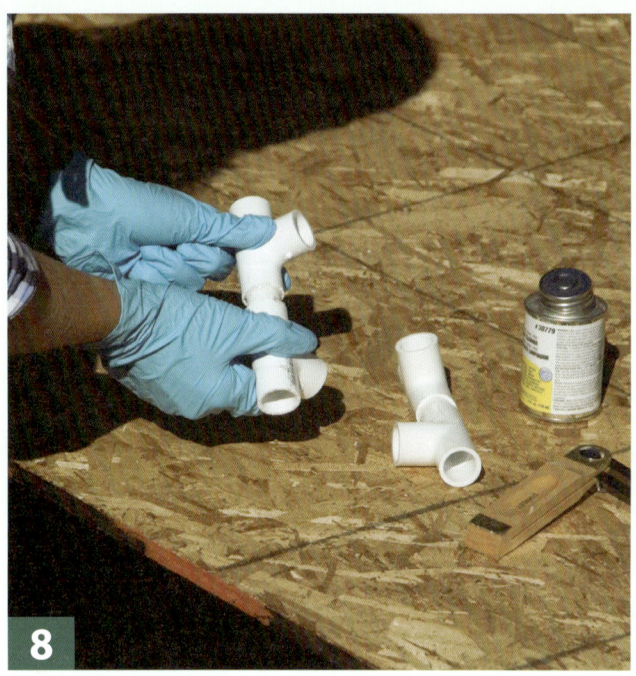

8 T형 연결관 2개를 5 cm PVC 관에 용접해 가운데 아치를 연결할 바닥면 부품을 조립한다. 모퉁이 부품과 마찬가지로 T형 연결관 하나를 70° 각도로 맞춘다. 조립품 2개가 서로 대칭이어야 한다.

9 바닥의 옆면 부재인 78 cm PVC 관 한 쌍을 잘라 바닥 틀을 조립한다. 가운데 연결 부품을 결합할 때 주의해서 각도를 맞춘다. 그물망 하나를 이용해 옆면의 간격이 망을 치기에 적당한지 확인한다.

10 83 cm PVC 관 한 쌍을 잘라 가운데 연결 부품과 모서리 부품에 용접해 바닥 옆면을 완성한다.

11 87.5 cm PVC 관 2개에 T형 연결관을 접합해 바닥의 앞뒷면을 조립한다. 조립을 마치면 그중 하나를 잣대로 사용해 바닥 틀 가운데를 가로지르는 부재를 자른다.

PVC 닭 우리 만들기

9, 10, 11단계에서 만든 조립품들을 서로 용접해 바닥 면을 완성한다. 앞뒷면의 T형 연결관이 반드시 위를 보도록 조립한다. 38×89 mm 자투리 목재를 수직을 맞추는 기준대로 사용하면 편리하다. **주의** 지금까지 만든 조립품 전체를 2시간 이상 말려야 한다.

5, 6단계에서 만든 부품의 한쪽 끝을 바닥 틀에 접합해 둥글게 구부린다. 앞뒷면 아치를 수직 부재를 바닥 틀에 맞춰 정렬한다. 가운데 아치는 용접한 후에 십자 연결관이 반드시 바닥과 수평으로 놓여야 한다.

아치를 구부리고 접합한다. 이 과정이 힘든 단계이다. 접합부를 준비하고 시멘트가 마르기 전에 빠르게 조립해야 한다. 구조의 특성상 접합부를 비틀 수 없게 되어 있으니 그냥 밀어넣는다.

15

85 cm PVC 관 2개를 윗면에 연결해 닭 우리의 뼈대를 완성한다. 윗면 부재는 접합하면서 충분히 맞춰넣고 비틀 수 있다.

16

PVC 관을 아치 높이보다 2~3 cm 짧게 잘라 한쪽 끝에 여닫이문을 만든다. 아치 위에 2½인치 볼트로 고정해 나사를 중심으로 회전하게 만든다. 볼트를 끼울 때 너트 2개와 와셔를 사용한다.

잘못 만들었을 때

조립 과정에서 뭔가 잘못할 수 있다. 직선 연결관 몇 개를 여분으로 준비해 놓으면 작업하던 것을 잘라서 조정이 필요한 부분을 고치고 다시 조립할 수 있다. 이렇게 하면 결과물은 원래 의도한 것과 거의 비슷해진다.

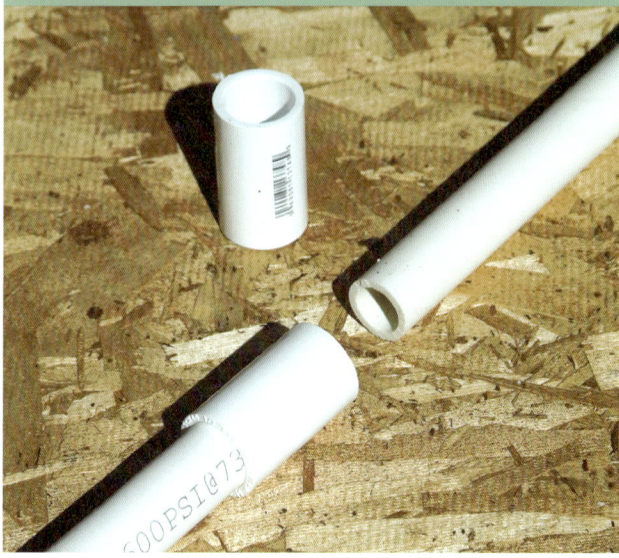

PVC 닭 우리 만들기

17
우리에 플라스틱 그물망을 친다. 꼭대기에서 시작하고 한쪽으로 그물망을 굴려 내린다. 15~20 cm마다 그물망 사이로 케이블타이를 통과시켜 PVC 관 주위에 묶는다. 플라스틱 그물망은 항공가위나 강력 가위로 자른다(작은 사진 참고).

18
닭 우리의 절반 또는 햇빛과 비를 피할 공간을 주고 싶은 만큼 방수포를 자른다. 우리 위에 방수포를 올려서 크기를 정하고 탄성이 있는 밧줄을 이용해 설치한다. 필요한 곳에 아일렛을 달려면 아일렛 펀치와 리벳을 사용한다.

19
여닫이문 기둥과 아치의 옆면에 플라스틱 그물망을 붙여 문을 만든다. 우리 아래에는 그물망을 설치하지 않는다. 케이블타이의 남는 부분을 잘라낸다.

20
닭 우리의 왼쪽(정면에서 봤을 때 오른쪽)에 닭이 들어가거나 나갈 때 문을 고정할 볼트를 박는다. 문을 닫아둘 때 잠글 수 있도록 볼트를 하나 더 박는다.

PVC 허들 만들기

영국 양치기들에게서 유래한 '허들hurdle'은 이동식 울타리 패널로 가축을 우리에 몰아넣을 때 매우 유용하다. 옛날에는 쪼갠 나무로 허들을 만들었다(111쪽 '옛날에 사용한 전통 허들' 참고). PVC로 변형한 허들은 가볍고 보관하기도 쉬워 가금류를 몰기에 좋다.

넓고 평평한 작업 공간이 있으면 연결관들을 배열하기가 훨씬 쉽다. 여기서 소개하는 허들 작업 중 까다로운 부분은 앨보, T형, 십자 연결관을 정확한 방향으로 놓는 것뿐이다. 허들은 3 m 길이의 13 mm PVC 관 2개를 거의 남기지 않고 만들었다. 더 큰 허들을 만들 수 있지만, 길어질수록 PVC 관이 휘어질 수 있다.

시작하기 전에 먼저 102쪽 'PVC 관 용접 방법'에서 PVC 용접의 기본 기술을 살펴본다.

도구	재료
줄자	3 m 길이의 13 mm PVC 관 2개
검정 사인펜	13 mm T형 연결관 2개
톱날이 촘촘한 톱	13 mm 90° 앨보 연결관 4개
연귀상자	13 mm 십자 연결관 1개
거친 사포	13 mm 마개 2개
직각자	PVC용 프라이머(가능하면 보라색이 아닌 투명한 것)
항공가위나 강력한 가위	PVC 시멘트
니퍼	0.9×1.2 m 크기 13 mm 플라스틱 그물망 1롤
	200 mm 케이블타이 20개
	2½인치 길이 가는 나사 3개

가볍고 작은 PVC 허들은 전통 허들을 새롭게 변형한 것으로 가금류를 몰기에 적당하다.

PVC 허들 분해조립도

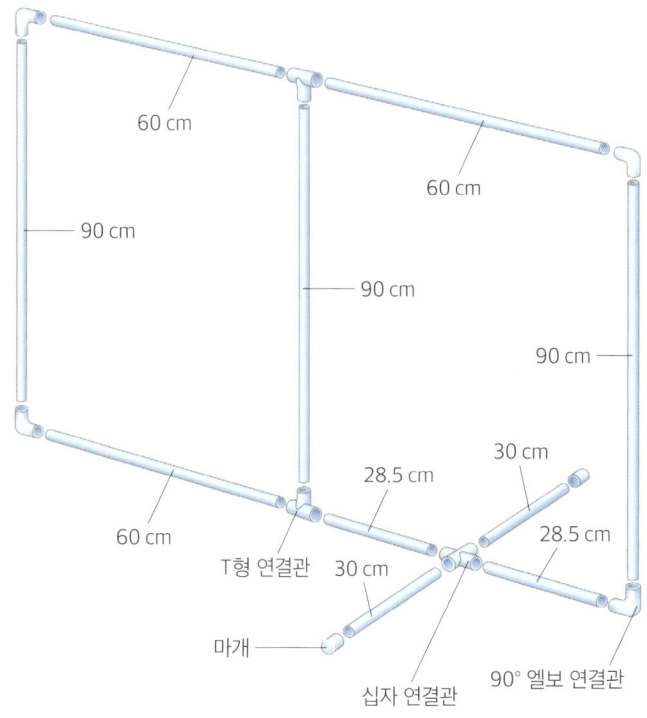

109

PVC 허들 만들기

13 mm PVC 관을 연귀상자와 톱날이 촘촘한 톱을 이용해 90 cm 길이로 잘라 3개를 만든다. 90 cm 길이 관 2개 양쪽에 각각 90° 앨보 연결관을 붙인다. 나머지 관의 양쪽 끝에는 T형 연결관을 연결한다. 각 조립품을 만들 때 연결관이 서로 정확하게 같은 방향을 향하게 한다.

13 mm PVC 관을 28.5 cm 길이로 잘라 2개를 만든다. 십자 연결관 양쪽에 자른 관을 접합한다.

30 cm 관을 잘라 2개를 만들고 십자 연결관의 남은 부분에 용접한다. 마개를 씌워 허들의 다리를 만든다.

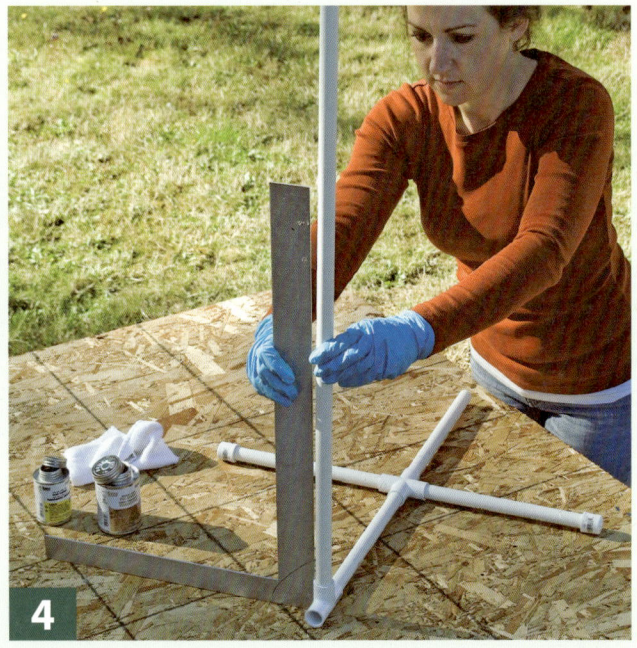

T형 연결관을 부착한 90 cm PVC 관을 십자 연결관에 접합된 29 cm 부재에 연결한다. 두 부재를 연결하면서 직각자를 이용해 재빨리 접합부를 수직으로 세운다. 잘못 연결했다면 부재를 자르고 직선 연결관을 이용해 다시 이어준다(107쪽 참고).

5

작업물을 옆면으로 뉘어놓고 남은 부품들을 연결한다. 허들을 평평한 면에 뉘어놓으면 허들이 곧게 세워지고 다리가 90°를 이룰지 확실하게 확인할 수 있다.

옛날에 사용한 전통 허들

수직 말뚝 주위에 길게 쪼갠 개암나무를 엮어 만든 전통 허들은 한때 많은 사람들이 양을 가두기 위해 사용했다. 견고하고 오래 사용할 수 있는 허들을 만들려면 기술이 필요하지만, 개암나무나 버드나무, 또는 곧고 탄력 있는 다른 목재가 있다면 한번 만들어볼 만하다.

6

13 mm 플라스틱 그물망을 펼친다. 38×89 mm 목재로 그물망이 다시 말려오지 않도록 잡아둔다. 대략 30 cm마다 200 mm 케이블타이로 그물망을 고정한다. 연결하고 남은 자투리는 니퍼로 잘라낸다.

3 닭장 만들기

114 닭집이 있는 닭장 만들기

132 삼각형 치킨 트랙터 만들기

알을 낳는 암탉들은 뒷마당 농장에서 키우기 좋다. 암탉들은 공간을 적게 차지하고, 조용하며, 닭장을 깨끗이 해주면 냄새도 별로 나지 않고, 또 알을 낳기 때문에 매우 생산적이다.

닭장을 만들 생각이라면 얼마나 많은 닭을 키울 것인지, 키우는 곳에 제한 사항은 있는지부터 고려해야 한다. 큰 도시나 아파트가 아니라면 암탉을 서너 마리 키우는 것은 어렵지 않다. 여기서는 작은 크기의 닭장을 만들고자 한다. 닭장의 위치도 중요하게 고려해야 한다.

인적 요인

닭을 기를 때 닭에게 필요한 것이 있다(아래 '닭을 기를 때 필요한 것' 참고). 하지만 닭은 키우는 사람에게도 필요한 것이 있으므로 닭장을 설계할 때 인적 요인도 고려해야 한다. 닭장에서 손이 많이 가는 부분을 지면에서 떨어뜨리는 것이 가장 중요하다. 닭장이 낮은 곳에 있어서 불편하다면, 즉 모이, 물, 깔개를 보충하거나 달걀을 꺼낼 때마다 바닥에 무릎을 꿇어야 한다면 자주 일을 하지 않게 된다. 지면에서 몇 미터 위에 닭집을 설치하면 암탉들을 보살피는 일이 즐거워진다. 모이, 모래, 지푸라기, 굴 껍데기 등 필요한 것들이 손 닿는 위치에 있다면 더욱 좋다.

닭장 틀(뼈대) 재료 고르기

사람의 주거지를 만들 때는 38×89 mm 목재 뼈대에 12 mm 합판을 씌우고 외장재를 한 겹 덧붙이지만, 닭장은 굳이 그럴 필요가 없다. 예를 들어 날씨가 온화해 꼭 단열 처리를 하지 않아도 되는 지역에서는 합판 상자로 만든 닭장도 괜찮다(117쪽 참고). 단열이 되도록 벽 사이에 틈을 두고 싶다 하더라도 19×89 mm 목재로 뼈대를 만들면 충분하다. 닭장을 가볍게 만들면 비용이 덜 들고, 우리를 옮길 경우에도 일을 상당히 줄일 수 있다.

그렇다면 왜 사람들은 곧바로 38×89 mm 목재를 떠올릴까? 한 가지 이유는 작업하기 쉽기 때문이다. 못질하기가 어려워 공간을 많이 두어야 한다면 38×89 mm 목재가 크고 좋은 재료가 된다. 그리고 제작 기술이 조금 부족한 경우 가벼운 구조물에서 결함이 더 쉽게 드러나기 때문이다. 목공에 처음 입문했다면 과하게 짓는 것이 솔직히 일이 더 쉽고 성공할 가능성도 크다. 따라서 자신의 목공 기술이 어느 정도인지 생각하고 그에 따라 뼈대 재료를 고른다.

닭 기를 때 필요한 것

- **독립된 공간**: 30×30×30 cm 둥지상자
- **걸터앉을 공간**: 한 마리당 횃대 20 cm
- **먹이 공급**: 한 마리당 모이통 10 cm
- **돌아다닐 공간**: 한 마리당 실내 또는 실외 공간 0.4 m²
- **보안**: 닫을 수 있는 문이 있는 닭장
- **가림막**: 비와 바람을 막을 수 있는 닭장
- **환기**: 날씨가 더울 때 닭장을 식힐 방법
- **깨끗한 물과 먹이**: 공중에 매달 물통과 모이통
- **먹이를 구할 공간**: 야외 방목장
- **깨끗한 깔개**: 깔개를 교체하기 편안한 통로

닭집이 있는 닭장 만들기

서너 마리의 암탉을 키울 계획이고 사료 저장고가 설치되어 있는 옮기기 쉬운 닭장을 찾는다면 여기에서 소개하는 방법대로 만들어보자. 둥지상자는 밖으로 드러나지 않도록 안쪽에 두었고, 문이나 출입구는 만들지 않아도 된다.

이 닭장은 1.2×2.4 m 외장용 합판 3장만 있으면 된다. 독립된 구조여서 합판 상자가 밤중에도 암탉들을 잘 지켜준다. 38×89 mm 목재 뼈대가 닭장의 외골격을 이룬다. 38×64 mm 목재를 구할 수 있다면 마찬가지로 뼈대 역할을 할 수 있고 무게도 줄일 수 있다. 더 큰 닭장을 원한다면 합판 크기를 2.4×2.4 m로 늘리고 그에 따라 닭장의 치수를 조정하면 된다.

닭장을 만들 때는 길고 곧게 목재를 자르고, 합판 가운데 목재를 따낼 수 있도록 둥근톱을 능숙하게 사용할 수 있어야 한다(119쪽 4단계 참고). 톱을 사용할 때는 항상 보안경과 귀마개를 착용한다.

이 닭장은 거의 모든 기후에 적합하다. 주름진 플라스틱 지붕과 합판 지붕 사이에 공간이 있어 여름에는 태양열을 막아주고, 겨울에도 냉기를 약간 막아준다. 추운 지역에서는 닭장에 단열 처리를 하거나 눈의 무게를 버틸 수 있도록 금속 골판을 이용해 지붕을 만드는 것을 고려해 볼 수 있다. 닭장 내 공간을 넓게 하고 싶거나 내부에 횃대를 더 추가하고 싶다면 사료 저장고를 만들지 않는 것이 좋다.

깔끔해 보이는 이 닭장은 밤을 대비한 안전한 쉼터가 된다. 망이 쳐진 풀밭은 2 m² 정도 크기의 방목지가 되며, 다른 곳으로 옮길 수도 있다. 즉 뒷마당 농장의 배치를 바꿀 경우 닭장을 다른 장소로 끌어다 놓을 수 있다.

❶

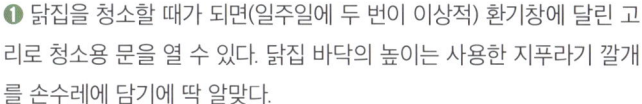

❶ 닭집을 청소할 때가 되면(일주일에 두 번이 이상적) 환기창에 달린 고리로 청소용 문을 열 수 있다. 닭집 바닥의 높이는 사용한 지푸라기 깔개를 손수레에 담기에 딱 알맞다.

❷ 창을 접어 내리면 달걀을 꺼내기 쉽고 둥지상자를 청소하기도 쉽다. 둥지상자와 닭집 바닥은 필요할 때 들어낼 수 있어 청소하기 좋다.

❸ 날이 더울 때 환기창을 열어놓으면 공기 순환에 도움이 된다. 갑자기 비가 쏟아져도 창이 비스듬하게 기울어져 있어 내부로 들이치는 비를 막아준다.

합판 재단 방법

바닥: 88.8 cm, 34.4 cm
둥지상자: 30 cm, 87.5 cm
저장고: 12.5 cm, 12.5 cm, 6 cm, 30 cm, 87.5 cm, 30 cm
180 cm, 둥지상자 창, 60 cm, 90 cm, 150 cm
30×30 cm, 30×30 cm, 둥지상자

옆면: 88 cm, 120 cm, 88 cm
환기창: 6 cm, 6 cm, 23 cm
문: 83.8 cm, 88 cm
30×30 cm, 30×30 cm, 둥지상자

뒷면: 90 cm, 150 cm
지붕: 92.5 cm, 86.3 cm
둥지상자 테두리 87.5×7.5 cm
경사로 140×15 cm
문 패널 64×25 cm, 25 cm

위 재단 방법을 이용하면 합판 3장을 알뜰하게 사용할 수 있다.
합판에 자르는 선을 표시할 때 톱날에 의해 제거되는 폭 3 mm를 여분으로 둔다.

도구

- 합판용 톱날 및 12~24날 카바이드 팁 톱날이 장착된 둥근톱
- 세이버톱
- 이동식 지지대
- 줄자
- 무선 드릴 드라이버 (2개 있으면 좋음)
- 드릴과 드라이버 비트
- 쇠지렛대
- 망치
- 쇠톱
- 대형 T자
- 삼각자
- 직각자
- 스퀴즈 클램프
- 자유자(선택)
- 컴퍼스
- 굵은 줄
- 25 mm와 38 m 홀쏘
- 항공가위

재료

- 외장용 등급의 12 mm 또는 15 mm 두께 1.2×2.4 m 합판 3장
- 2.4 m 길이 38×89 mm 방부목 6개
- 3.6 m 길이 38×89 mm 방부목 4개
- 2.4 m 길이 38×38 mm 방부목 2개
- 2.4 m 길이 38×38 mm 목재 2개
- 2.4 m 길이 12×19 mm 나무 졸대
- 0.6×2.4 m 플라스틱 골판 2장
- 12 mm 격자 플라스틱 그물망 1.2×8 m 1롤
- 건축외장용 접착제
- 시멘트 코팅된 1½인치 못
- 1¼인치 외장용 나사
- 2인치 외장용 나사
- 3인치 외장용 나사
- 1인치 루핑 나사 100개
- 스테이플
- 1인치 브래드
- 5 cm 길이 빗장형 잠금장치 4개
- 60 mm 경첩 8개
- 100 mm 경첩 2개
- 평면형 와이어 잠금 클립
- 300×300 mm 아크릴판
- ¾인치 냄비 머리 나사 4개
- 5 mm 와이어 4 m
- 갈고리 걸쇠와 걸쇠 고리 3개
- 모이통과 물통에 걸 커다란 갈고리 2개
- 2.4 m 길이 19 mm 전선관
- 횃대 만들 나뭇가지

닭장 정면도

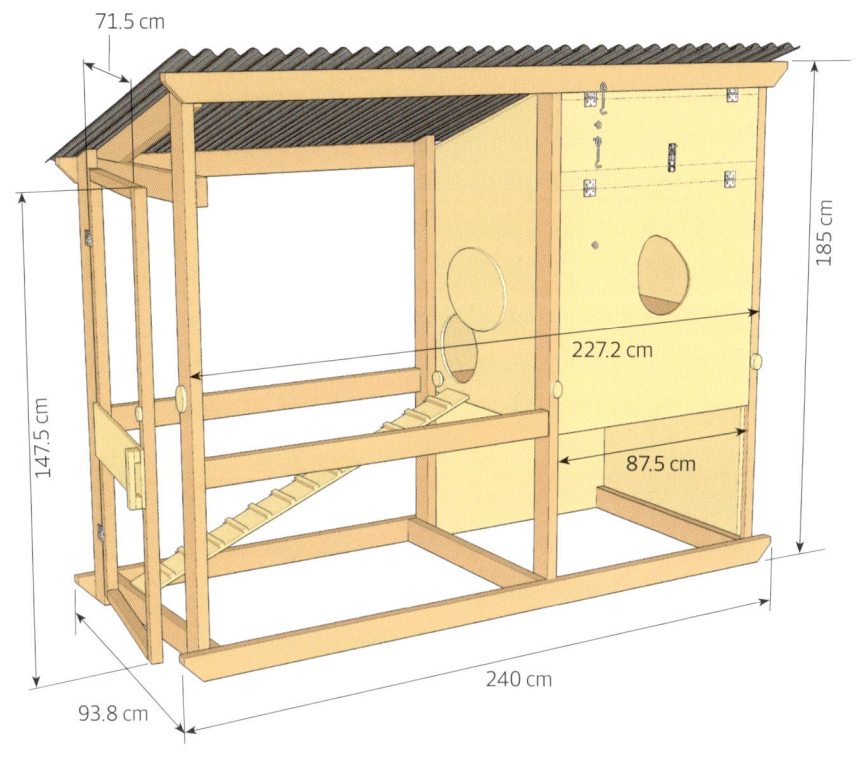

닭장 배면도

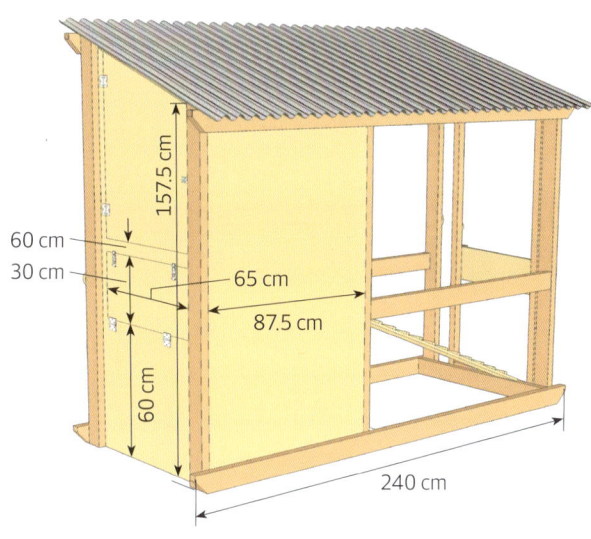

닭장 분해조립도

정면도와 배면도의 치수를 기준으로 하되, 조립할 때 치수가 안 맞을 수 있으므로 모든 부재를 한꺼번에 자르지 않는 것이 좋다. 치수를 한 번 더 확인하고 필요할 때마다 그때그때 자른다.

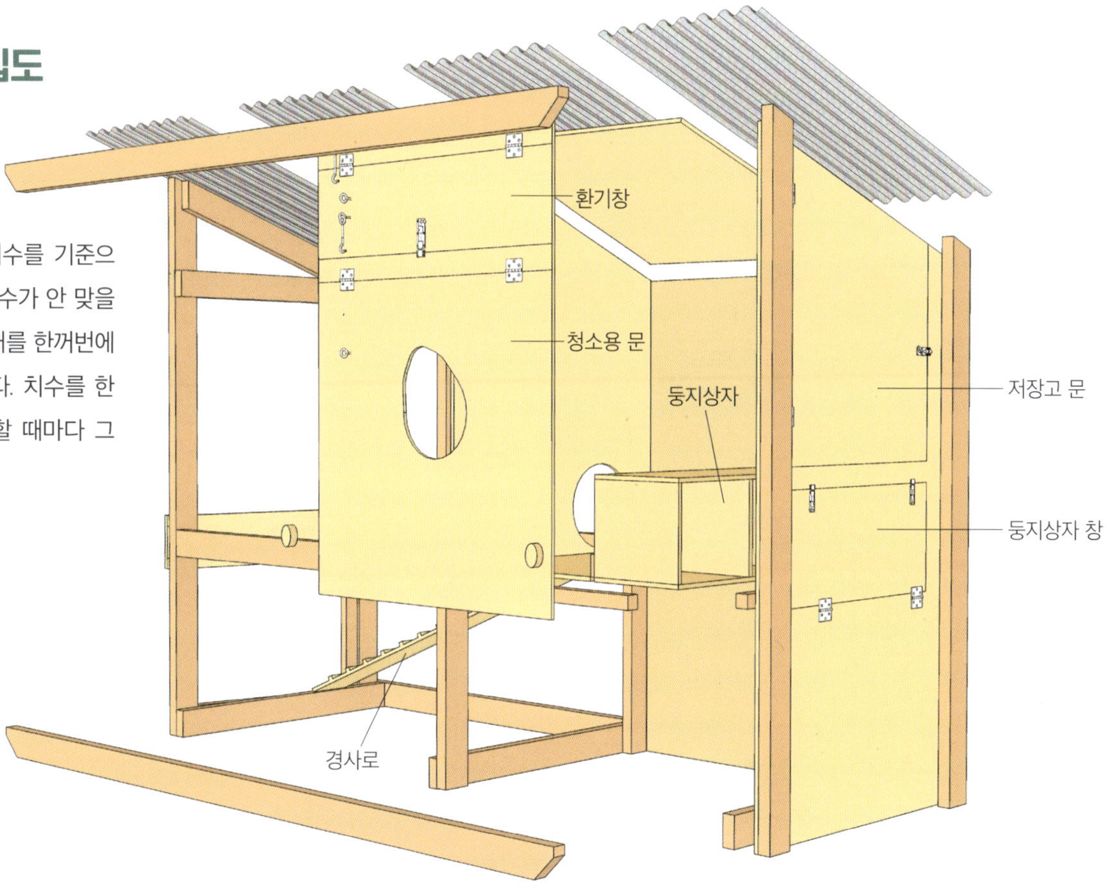

- 환기창
- 청소용 문
- 둥지상자
- 저장고 문
- 둥지상자 창
- 경사로

닭집이 있는 닭장 만들기

1
작업 공간을 마련한다. 이동식 지지대를 몇 개 준비해 2.4 m 길이의 38×89 mm 목재 2개를 놓고 그 위에 널빤지나 OSB Oriented-Strand Board 를 올리면 합판을 자를 때 훨씬 편하다.

2
116쪽 재단 방법에 따라 합판에 자를 위치를 표시한다. 한 번에 한 면씩 표시하고, 문이나 창 등의 외곽선을 모두 그린다. 지붕 아래 부재를 사선으로 자르기 위해 지붕의 가장 아래 면에 해당하는 위치에서 수평으로 선을 긋고 30 cm 위 점을 찾은 다음, 직선 잣대를 이용해 사선을 표시한다. 합판 아래에 톱질할 때 합판을 받칠 수 있도록 38×89 mm 목재 조각을 놓는다.

3

경첩이나 걸쇠를 붙이고 합판을 자르면 나중에 번거로운 일을 훨씬 줄일 수 있다. 부재를 자른 후에 철물을 제거하고 가운데 절단선을 따라 톱질하고 철물로 다시 연결한다. 이렇게 하면 모든 절단면에 거의 완벽한 간격이 생긴다.

4

목재 가운데 창을 따내려면 톱날을 자를 선 위에 두고 톱의 바닥 면이나 슈shoe의 앞부분을 합판에 닿게 한다. 이때 칼날이 합판에 닿지 않도록 주의한다. 그런 다음 톱을 켠다. 톱날이 절단선 위에 있는지 지켜보면서 천천히 날을 아래로 내린다. 톱의 바닥 면을 합판 위에 완전히 내려놓은 다음 모퉁이 꼭짓점까지 톱을 앞으로 민다.

5

가운데 창을 완전히 잘라낸다. 톱날이 둥근 모양이라 모서리 끝까지 자를 수 없기 때문에 잘라낼 부분들이 떨어지지 않고 매달려 있다. 철물들을 다시 원래 위치에 고정한다. 그런 다음 쇠톱이나 세이버톱으로 조심스럽게 모서리 부분을 끝까지 자른다(작은 사진 참고).

닭집이 있는 닭장 만들기

가압식 도구 사용하기

합판 모서리에 망치로 못을 박으면 시간이 많이 들고 합판이 쪼개질 수도 있다. 압축 공기를 사용하는 타정기를 사용하면 더 빠르게 그리고 쪼개짐 없이 작업을 할 수 있다. 모이통, 여물통, 벌집 등 뒷마당에 필요한 것들을 제작할 때 언제나 유용하다. 또한 손수레의 타이어 공기압을 채울 때도 압축기가 유용하게 사용된다. 하지만 한 가지 주의할 점이 있다. 접착제와 함께 사용할 때는 접착제가 굳은 다음에 타정기를 사용해야 고정이 잘 되고, 곧바로 작업해야 한다면 나사나 시멘트 코팅된 못이 더 낫다. 사진에 보이는 팬케이크 모양의 압축기, 호스, 타정기를 포함하는 기본 세트가 자주 사용된다.

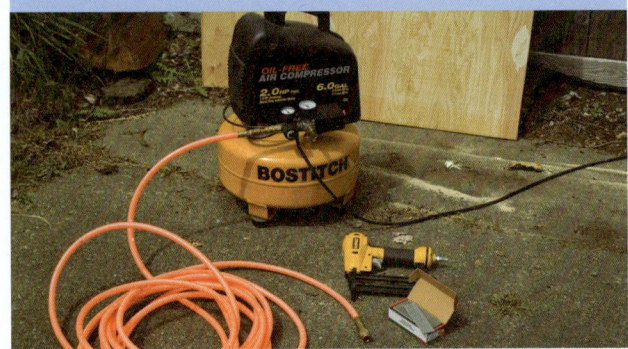

6 옆면을 완전히 잘라낸다. 삼각자를 이용해 톱질을 시작해서(작은 사진 참고) 둥근톱이 완전히 합판 위에 올라갈 때까지 톱을 앞으로 민다. 톱은 그 자리에 두고 대형 T자를 알맞은 위치에 클램프로 집어 고정한다. 톱을 다시 뒤로 당겼다가 작동시켜 끝까지 자른다.

7 닭집 입구를 동그랗게 잘라낸다. 암탉들이 드나들 출입구를 20 L짜리 양동이를 놓고 따라 그린 다음(작은 사진 참고), ½인치 크기의 톱날 구멍을 뚫고 세이버톱을 이용해 동그랗게 자르면 된다. 반대쪽 면에 있는 출입구와 창도 모두 잘라낸다. 반대쪽 면과 폭이 서로 같아야 하므로 치수를 잴 때 다시 한번 확인한다.

8 닭집을 조립한다. 사진과 같이 혼자서 작업하려면 38×89 mm 목재 몇 개를 작업대에 고정하고, 모퉁이 접합부를 맞추기 쉽게 자투리 목재를 한쪽 면에 집어둔 채 두 부재에 접착제를 바르고 못을 박아 접합한다. 가장 긴 모서리, 즉 저장고와 둥지상자가 들어가는 면과 뒷면이 만나는 모서리부터 시작한다. 건축외장용 접착제와 1½인치 시멘트 코팅된 못을 사용한다.

9 남은 면을 연결할 때는 접합부를 연결하는 동안 옆면의 위치를 맞출 수 있도록 임시로 다리를 단다. 앞면에 있는 경첩이 달린 가느다란 살 뒤에 38×38 mm 목재를 덧대 보강한다.

부식 방지 처리하기

외장용 등급의 합판이라도 모서리는 습기에 부식되기 때문에 보호 처리를 하지 않으면 노출된 모서리는 결국 얇은 층으로 쪼개져 썩게 된다. 목재 보존제로 모서리에 습기가 들어가지 않게 막은 후, 석고보드에 사용하는 J형 플라스틱 몰딩을 씌운다. 몰딩을 길이에 맞게 자르고 안쪽 면에 실리콘 코킹을 넉넉하게 바른 다음, 합판 모서리에 밀어넣는다.

닭집이 있는 닭장 만들기

10 지붕을 올린다. 지붕은 여름에 햇빛을 막아 암탉들을 보호하고, 겨울에는 주름진 플라스틱 지붕 아래에 공기를 머금어 단열층을 만들어준다. 지붕이 둥지상자 안쪽 면에 맞게 들어가도록 자른다. 미리 크기를 맞춰본 후에 접착제를 바르고 못을 박는다. 모서리 네 군데에 윗면에서 1 cm 정도 떨어뜨려 못을 박아두면 조립하는 동안 지붕판을 제자리에 고정해 둘 수 있다.

11 닭집 내부에 바닥 면과 둥지상자를 지지할 38×38 mm 목재를 댄 다음, 바닥 면과 둥지상자를 설치한다. 바닥을 자르고 미리 크기를 맞춰본다. 바닥 면과 둥지상자는 고정하지 않는다. 바닥과 둥지상자를 들어낼 수 있으면 닭장을 청소하기가 더 쉽다.

둥지상자 만들기

1. 둥지상자의 앞면과 뒷면을 잘라 표시한다. 합판을 30×87.5 cm 크기로 2개 자른 다음, 앞뒷면을 나란히 놓고 직각자를 이용해 옆면을 부착할 위치를 표시한다.

2. 30×30 cm 크기의 옆면 4개를 자르고 앞면과 뒷면에 못을 박는다. 긴 부재 중 하나를 뒤집어놓고 사진과 같이 못을 박을 자리를 표시한다. 상자를 조립하기 전에 못을 모두 꽂는다. 옆면 가장자리를 따라 파일럿 홀을 뚫는다.

3. 둥지상자에 접착제를 바르고 못을 박는다. 상자 조립을 도와줄 사람이 있다면 괜찮지만, 도와줄 사람이 없다면 접착제를 바르고 못을 박는 동안 사진과 같이 스프링 클램프를 이용해 옆면을 수직으로 세워둔다. 공기 압축 타정기를 사용하면 빠르게 작업할 수 있다(작은 사진 참고).

12 닭장의 뼈대를 만들 수직 기둥이 닭집 지붕보다 5 cm 정도 높이 올라오도록 치수를 잰다. 합판을 사선으로 자르고 남은 자투리를 이용해 기둥 끝에 기울기를 표시하거나, 자유자를 이용해 합판의 각도를 재서(작은 사진 참고) 기둥에 옮긴다.

닭집이 있는 닭장 만들기

13
닭장 앞면에 쓸 수직 기둥 3개, 뒷면에 쓸 기둥 3개를 자른다. 세트별로 3개 기둥의 길이와 꼭대기 면의 각도가 같아야 한다. 방부목을 자를 때는 보안경, 귀마개와 더불어 마스크까지 착용한다.

14
닭장 뼈대의 가로 부재를 자른다. 가로 뼈대를 만들기 위해 2.4 m 길이의 곧게 뻗은 38×89 mm 목재 4개를 골라 끝부분마다 윗면에서 2.5 cm를 재서 45° 각도로 자를 선을 긋는다.

15
3인치 데크스크류를 이용해 뼈대를 조립한다. 모서리마다 나사를 하나씩만 박고 직각자를 이용해 직사각형 모양을 만든다. 뼈대가 틀어지지 않게 하려면 자투리 목재를 윗면 모퉁이 한쪽에 대각선 브레이싱으로 댄다. 모서리마다 나사를 하나씩 더 박는다. 이 단계에서 가운데 수직 기둥은 조립하지 않는다.

16 닭집 안쪽에서부터 1½인치 데크스크류를 박아 닭집에 뼈대를 붙인다. 가운데 수직 기둥과 가로대를 설치하는데, 이때도 닭집 안쪽에서부터 나사를 박는다(작은 사진 참고). 38×89 mm 목재끼리 만나는 곳에는 3인치 데크스크류를 사용한다.

17 닭장 출입문을 만든다. 기둥 사이 간격을 재고 문 양쪽에 0.6 cm 여유를 주기 위해 1.2 cm를 뺀다. 문을 열었을 때 땅과 간격이 3~4 cm 정도 있어야 한다. 문을 만들 목재에 파일럿 홀을 뚫고 모서리 접합부마다 3인치 데크스크류를 2개씩 박아 조립한다.

18 문 뼈대를 직각으로 조정해 다듬고, 문이 처지지 않도록 가운데 지지판을 덧붙인다. 지지판은 양쪽 끝에 1¼인치 나사를 2개씩 박아 고정한다.

닭집이 있는 닭장 만들기

19 문 양쪽에 0.6 cm 틈이 유지되도록 문을 클램프로 고정한다. 경첩을 정렬하기 쉽도록 삼각자도 클램프로 집는다. 경첩 2개를 모두 고정한다.

20 문 잠금쇠를 설치한다. 갈고리 걸쇠와 걸쇠 고리를 대체할 잠금장치를 만들려면 38 mm 홀쏘hole-cutting saw를 이용해 잠금장치의 받침을 만든다. 7.5×3.8 cm 크기의 달걀 모양 잠금장치를 손으로 그린다.

21 세이버톱으로 달걀 모양 빗장을 자른 다음, 1½인치 외장용 나사와 와셔를 이용해 달걀 빗장과 받침을 부착한다.

22 잘라낸 달걀 모양을 따라 그려 잠금장치를 더 만든다. 마음에 드는 달걀 모양을 만들었다면, 사진과 같이 청소용 문에 달 수 있도록 달걀 빗장을 2개 더 만든다. 달걀 모양 빗장을 다른 철물 잠금쇠로 대체해도 된다.

23 19×38 mm 목재를 18 cm 길이로 자르고, 38×38mm 나뭇조각을 2개 잘라 문 손잡이를 만든다.

24 건축외장용 접착제를 바르고 조각들을 붙여 클램프로 집는다. 접착제가 마르면 손잡이 양 끝에 구멍을 뚫는다. 페인트칠을 할 수 있도록 옆으로 치워둔다.

25 달걀 모양의 닭집 문을 만들 때는 20 L 양동이 윗면(아랫면 아님)을 따라 그리는 것으로 시작한다. 그려놓은 원과 10 cm 정도 겹치도록 4 L 페인트 통을 올려두고 따라 그린 다음, 두 원을 잇는 부드러운 곡선을 그려 예쁜 달걀 모양을 만든다. 문을 잘라낼 때는 세이버톱을 사용한다(작은 사진 참고).

닭집이 있는 닭장 만들기

26
달걀 모양 문을 멋지게 완성한다. 완벽한 달걀 모양을 만들기가 쉽지 않다. 불완전한 부분을 부드럽게 다듬으려면 사진과 같이 굵은 줄을 사용하거나 또는 벨트형 연마기를 사용한다.

27
위쪽으로 연결된 줄로 닭집 문을 열 수 있도록 1½인치 외장용 나사(앞뒤에 와셔를 끼움)를 중심에서 5 cm 벗어난 위치에 박는다(작은 사진 참고). 25 mm, 38 mm 원판을 자르고, 지름 25 mm 원판 앞뒤에 와셔 2개를 댄 후, 1½인치 외장용 나사와 와셔로 원판을 겹쳐 고정한다.

28
경사로를 만들기 위해 길이 140 cm, 폭 15 cm로 합판을 자른다. 경사로의 한쪽 끝은 닭집의 달걀 문을 닫을 때 걸리지 않도록 문 아래에 놓여야 하고, 반대편 끝은 닭장 문 옆 가로대에 닿게 한다. 19×19 mm 나무막대를 15 cm 길이로 잘라 15 cm 간격으로 접착제를 발라 붙인 후 못으로 고정한다. 청소할 때 들어낼 수 있도록 바닥 쪽 경사로 밑에 2½인치 나사를 2개 박는다.

도색 여부에 따른 차이

도색을 하지 않은 닭장을 원한다면 합판에 곧바로 보존제를 바른다. 방부목으로 만든 뼈대는 보존제를 바르지 않아도 수십 년간 부식되지 않고 버틸 수 있다. 닭집에 도색을 하기로 했다면 청소하기 쉬운 외장용 반광택 페인트를 사용한다. 여러 색상으로 칠하고 싶다면 깔끔하게 칠하기 위해 문과 창을 분해한 후 작업하는 것이 좋다.

주의 합판이 휘지 않도록 양면에 모두 페인트를 칠한다. 휘발성 유기화합물(VOC) 함량이 적은 페인트와 보존제를 사용하는 것이 좋다.

29

12×12 mm 격자 그물망을 자른다. 닭장 뼈대를 감싸려면 120 cm, 60 cm 너비의 그물망이 필요하다. 그물망이 자꾸 튀어올라 자르기가 쉽지 않은데, 보안경을 끼고 항공가위를 사용해 길이에 맞게 그물망을 자른다. 그물망이 펴지도록 뒤집어서 거꾸로 말아 펴고, 위아래 가로 뼈대 뒷면에 맞춰 넣을 수 있게 홈을 낸다.

30

1인치 루핑 나사를 이용해 그물망을 고정한다. 루핑 나사의 좋은 점은 목재에 나사골을 만들어 목재를 쪼깨지 않을 수 있고, 수리할 경우 나사를 다시 빼낼 수 있다는 것이다. 지붕에도 사용할 것이므로 미리 넉넉히 준비해 두면 좋다. 드릴 드라이버로 박으려면 5/16인치 육각 비트가 필요하다.

닭집이 있는 닭장 만들기

31 항공가위로 지붕을 만들 플라스틱 골판을 자른다. 직각자를 대고 2.4 m 플라스틱 골판에 중간점을 표시한다. 눈이 많이 내리는 지역에서는 금속 지붕재가 필요할 수 있다. 금속판을 자를 때는 카바이드 팁 톱날이 장착된 둥근톱이 필요하다.

32 1인치 루핑 나사로 지붕을 고정한다. 골 3~4개마다 나사를 하나씩 박는다. 지붕재의 주름을 한두 개 겹치면 닭장을 완전히 덮을 수 있다.

33 달걀 모양 창에 아크릴판을 붙인다. 아크릴판에서 보호 비닐을 떼내기 전에 직선자와 커터칼을 이용해 사진과 같이 아크릴판을 창문 구멍보다 10 cm 정도 더 크게 자른다. 자를 선을 따라 칼날로 금을 여러 번 그은 다음 작업대의 모서리 위에 올린다. 목재 조각을 자르는 선을 따라 놓고 단단히 눌러 고정한 다음, 필요 없는 조각을 부러뜨려 떼어낸다. ¾인치 냄비 머리 나사를 박을 구멍을 미리 뚫는다.

마무리 작업

한쪽 갈고리는 구부러진 못으로, 다른 쪽 고리는 굵은 노끈으로 대체해도 되지만, 사진과 같이 철물을 사용하면 더 오래 사용할 수 있다.

위 사진과 같이 환기창에 갈고리 걸쇠를 걸고 청소용 문에 걸쇠 고리를 달면 깔개를 치우거나 모이를 채워야 할 때 문을 열어둘 수 있다.

❶ 전선관은 물통과 모이통을 매달 수 있는 저렴하고 튼튼한 재료이다. 닭장 뼈대와 닭집에 뚫은 19 mm 구멍으로 전선관을 지지한다.

❷ 닭집 문에 달아놓은 나사와 와셔 주위에 와이어를 감아 연결하면 닭장에 들어가지 않고 닭집의 문을 여닫을 수 있다. 꼭대기 부근에 나사 달린 고리를 박아 와이어가 위를 향하게 한다. 닭장 앞면에 있는 갈고리 걸쇠와 걸쇠 고리로 문을 열어둘 수 있다(작은 사진 참고).

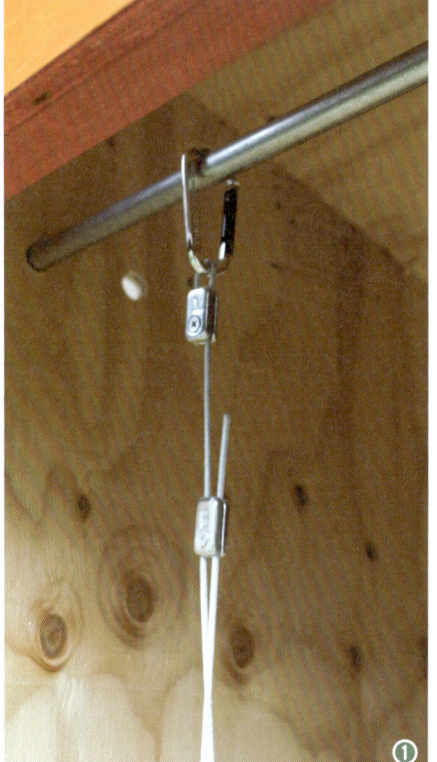

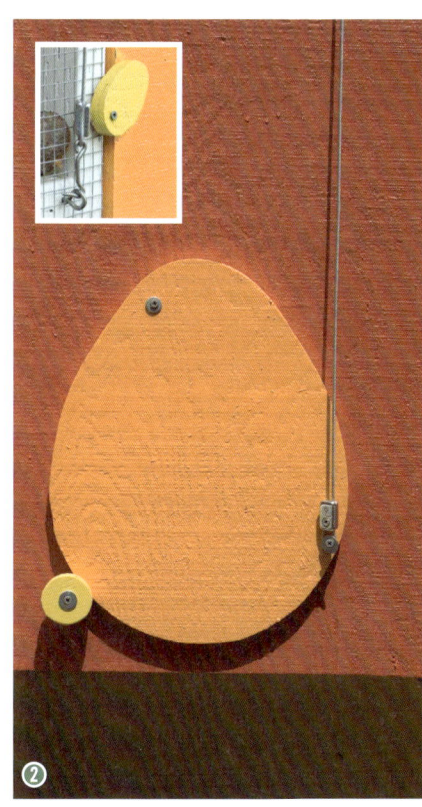

삼각형 치킨 트랙터 만들기

치킨 트랙터가 있으면 암탉들을 통제된 형태로 방목하여 마음껏 풀, 벌레, 유충들을 먹게 할 수 있다. 하루 동안 방목한 다음 다른 영역으로 쉽게 자리를 옮길 수 있기 때문이다.

이 트랙터는 이동할 수 있는 하나의 패키지 안에 그늘막, 둥지상자, 환기구, 먹이와 물 등 필요한 모든 편의시설을 갖추고 있다. 1.8×2.4 m 크기의 트랙터에는 암탉 네 마리가 쾌적하게 살 수 있고, 정식 닭집이나 여름 나들이용 이동식 그늘막 등으로도 사용할 수 있다.

이 트랙터는 특히 사용자 친화적이다. 방향키를 움직일 때 쓰는 경운기와 비슷한 수평 손잡이가 있어 트랙터를 들어올리고 조종하기 쉽다. 뒷면 출입구가 둥지상자로 통하고, 상자는 청소하기 쉽게 드러낼 수 있다. 경첩이 달린 통풍구는 더운 날 닭집을 식혀주며, 트랙터 문이 넓게 열려 암탉들을 닭장 안으로 몰기 좋다.

또한 견고한 38×38 mm 삼각 뼈대 덕분에 가벼운 것이 특징이다. 삼각형 2개가 합판으로 된 닭집의 뼈대를 이루는데, 트랙터 문은 세 번째 뼈대에 경첩으로 연결된다. 합판 닭집이 있으므로 복잡한 브레이싱 없이도 전체 구조가 튼튼하게 연결된다. 구하기 쉬운 재료를 사용했고 만들기도 쉬워서 초보자용 작업으로 안성맞춤이다.

참고 트랙터의 바퀴는 38×89 mm 목재에 래그스크류로 부착했기 때문에, 저렴하고 편리한 방법이지만 울퉁불퉁한 바닥에서 오는 강한 충격은 버티지 못할 수 있다. 거친 초원에서 사용할 경우에는 더 큰 바퀴와 절단면이 없는 강철 차축을 이용하는 것이 좋다.

정식 닭장으로 사용하든 임시 닭장으로 사용하든 상관없이 이 트랙터는 가볍기 때문에 매일 또는 며칠마다 풀이 무성한 초원으로 쉽게 옮길 수 있다. 닭집 뒷면 통로에는 열 수 있는 환기창이 있어 여름철 열기에 대응할 수 있다.

도구	재료
12~24날 카바이드 팁 톱날이 장착된 둥근톱	외장용 등급의 12 mm 두께 1.2×2.4 m 합판 3장
세이버톱	3.6 m 길이 38×38 mm 방부목 6개
이동식 지지대	2.4 m 길이 38×38 mm 방부목 6개
줄자	3 m 길이 24×89 mm 방부목 데크 1개
무선 드릴 드라이버 (2개 있으면 좋음)	2.4 m 길이 24×89 mm 방부목 데크 2개
드릴과 드라이버 비트	2.4 m 길이 12×19 mm 나무 졸대
쇠톱	0.6×2.4 m 플라스틱 골판 2장
대형 T자	1.2 m 너비 12 mm 격자 플라스틱 그물망
삼각자	1인치 루핑 나사 60개
클램프	스테이플
블록대패나 굵은 줄	2½인치 외장용 나사
멍키스패너	1½인치 외장용 나사
망치	1.8 m 삼나무 울타리 판자
항공가위	1.2 m 길이 19×19 mm 목재 1개
	바퀴 2개
	5인치 래그스크류와 바퀴에 끼울 와셔 2세트
	스트랩 경첩 2개
	큰 경첩 2개
	작은 경첩 2개
	갈고리 걸쇠와 걸쇠 고리 4개
	간격 조정자로 쓸 3 mm 하드보드 조각
	10~15 cm 너비 알루미늄판

치킨 트랙터 입면도

먼저 1.8×1.8×1.8 m 뼈대 3개를 조립하는 것부터 시작한다. 그다음에 1.2×1.2 m 크기의 12 mm 합판으로 닭집 옆면을 붙이고 바닥 면을 조립한다. 뼈대를 이용해 닭집의 앞면과 뒷면이 될 삼각형을 합판에 그린다. 닭집에는 문이 2개 있는데, 하나는 닭들이 드나드는 통로이고, 다른 하나는 달걀을 꺼내고 닭집을 청소하기 위한 창구이다. 편하게 트랙터를 들어올리고 조종할 수 있는 위치에 3 m 길이의 데크용 목재를 붙인다.

둥지상자 분해조립도

횃대를 부착해 둥지상자를 들어낼 수 있게 만들었기 때문에 쉽게 청소를 할 수 있다. 둥지 2개가 닭 4마리에 딱 적당하다.

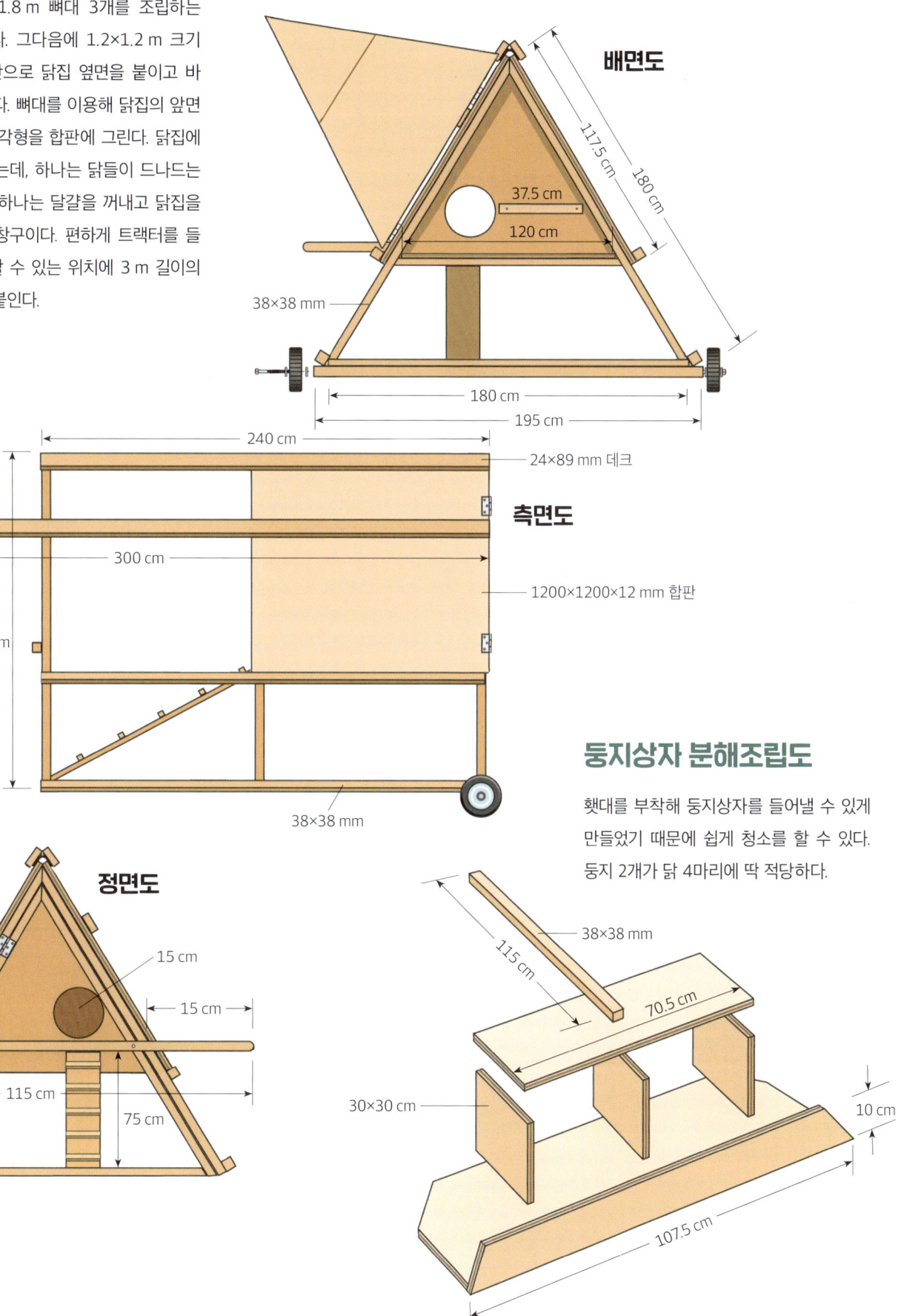

삼각형 치킨 트랙터 만들기

1 38×38 mm 목재를 1.8 m 길이로 9개 자른다. 두 모서리를 클램프로 집어두고 세 번째 모서리를 맞춘다. 모서리 위치를 맞출 때는 겹치는 목재 바깥으로 목재 끝이 나가지 않도록 한다(작은 사진 참고).

2 38×38 mm 목재를 겹쳐놓고 삼각자나 직선자를 이용해 삼각형 뼈대의 꼭짓점이 될 부분에 자를 선을 표시한다.

3 둥근톱을 이용해 목재를 비스듬히 자른다. 톱날을 최대한 연장해 사용한다. 위쪽 목재 조각은 완전히 잘려나갈 것이다. 아래쪽 목재는 톱날 자국을 따라 자른다.

4 똑같은 삼각형 뼈대 3개를 조립한다. 목재가 쪼개지지 않게 하려면 나사를 목재의 모서리에서 얼마간 떨어뜨리고 파일럿 홀을 비스듬히 뚫는다. 위 꼭짓점에는 2½인치 외장용 나사 2개를 사용하고, 아래쪽에는 하나씩 사용한다.

5
12 mm 두께의 1.2×2.4 m 합판을 반으로 자른다. 그리고 삼각형 뼈대를 거꾸로 뒤집어 합판의 모서리에서 12 mm 띄운 위치에 놓는다. 사진과 같이 삼각 뼈대를 1½인치 외장용 나사로 고정한 다음, 두 번째 뼈대도 반대쪽 모서리에 마찬가지 방법으로 부착한다.

6
두 번째 지붕 합판의 모서리를 삼각형 뼈대의 윗면과 나란하게 맞춰 붙인다. 도와줄 사람이 없다면 합판을 설치하는 동안 삼각형 뼈대를 안전하게 지지할 수 있도록 대략 1.2 m 길이의 목재를 클램프로 집어둔다.

7
120×117.5 cm 크기로 닭집의 바닥 판을 자른다. 바닥 위치에 놓아보고 38×38 mm 뼈대가 들어갈 홈 위치를 표시한다. 기울어진 38×38 mm 뼈대가 통과할 수 있으려면 홈의 길이가 44 mm여야 한다. 둥근톱으로 홈을 파고 사진과 같이 쇠톱으로 마무리한다.

8
닭집 바닥을 1½인치 외장용 나사로 제자리에 고정한다. 목재가 쪼개지지 않도록 파일럿 홀을 뚫는데, 나사로 목재들을 단단히 고정할 수 있게 구멍을 비스듬히 낸다. 20~25 cm 간격으로 나사를 박아 바닥 면과 지붕을 연결한다.

삼각형 치킨 트랙터 만들기

바닥 면 아래에 맞춰 넣을 지지대를 재단한다. 사진과 같이 목재를 뼈대에 대고 자를 위치를 표시한다. 한쪽 끝을 자른 다음 미리 맞춰본다. 필요하면 수정해서 다음 반대쪽 끝에 자를 곳을 표시하고 선을 따라 자른다.

2½인치 나사를 비스듬히 박아 지지대를 삼각 뼈대에 고정한다. 지지대를 부착할 위치에 클램프로 집어두면 작업이 수월하다. 지지대의 양쪽 끝을 뼈대에 부착한 뒤, 20~25 cm마다 1½인치 나사를 박아 바닥면 합판을 지지대에 고정한다.

1.2×2.4 m 합판을 반으로 자르고 판 하나를 삼각형 뼈대에 클램프로 집어 고정한 다음, 삼각형의 앞뒤를 표시하고 잘라 닭집의 앞뒷면을 만든다. 지붕을 따라 선을 긋고 합판을 뒤집어 자른다. 자른 판을 다시 닭집에 올려놓고 아랫면을 그린다. 그리고 지붕 부재들과 잘 맞도록 아랫면을 자른다. 남은 판도 같은 방법으로 자른다.

닭집 앞면에 구멍을 뚫어 닭이 드나들 수 있는 입구를 만든다. 20 L 양동이의 바닥 면을 이용해 지름 35 cm의 원을 그린다. 입구의 바닥 면이 닭집 바닥보다 10 cm 정도 위에 오도록 한다. 톱날 구멍을 뚫고 세이버톱으로 출입구를 잘라낸다.

닭집의 뒷면, 즉 청소용 문에 꼭짓점에서 약 30 cm 아래 지점에 수평선을 그어 환기창을 만든다. 환기창을 자르고 다시 정렬한 다음 작은 경첩을 붙인다. 잘린 면 바로 아래에 회전 막대를 달아 환기창을 사용하지 않을 때는 닫을 수 있도록 한다.

문틈을 확보하기 위해 3 mm 간격 조정판을 끼워둔 후에 청소용 문에 스트랩 경첩을 단다. 문의 모서리에 너무 가깝게 나사를 박지 않으려면 경첩에 추가로 구멍을 뚫어야 할 수도 있다.

삼각 뼈대를 만들 때와 같은 방법으로 닭장 문을 만든다. 뼈대와 크기를 맞추기 위해 사용하지 않고 남아 있는 뼈대에 3 mm 간격 조정판을 대고 뼈대 안쪽에서 문을 조립한다. 문을 여닫을 때 마당 풀에 걸리지 않으려면 뼈대 바닥보다 문 바닥이 적어도 2 cm는 높이 있어야 한다. 접합부마다 2½인치 나사를 2개씩 박는다.

문을 닫을 때 바깥 뼈대에 걸리지 않도록 위쪽 꼭짓점의 뒷면을 사포나 톱으로 깎는다. 간격을 확보하려면 문을 꽤 깊이 깎아내야 한다.

삼각형 치킨 트랙터 만들기

17 문에 경첩을 달고 뼈대에 붙인다. 시험 삼아 미리 여닫아 본다. 뼈대를 쉽게 통과해 닫히게 하려면 문의 윗면 모서리를 더 깊게 깎아야 할 수도 있다.

18 조립한 닭장의 바닥과 가운데 지점에 2.4 m 길이의 38×38 mm 수평 뼈대를 2½인치 나사로 고정한다.

19 38×38 mm 수평 뼈대에 파일럿 구멍을 뚫고 2½인치 나사를 박아 문이 달린 삼각 뼈대를 붙인다.

20 문에 가로대를 붙인다. 먼저 경첩이 달린 쪽에 맞춰 목재를 비스듬히 자른다. 가로대를 문에 맞춰 대고 경첩 반대편에 20 cm 손잡이가 남도록 재단한다. 끝을 둥글게 다듬는다. 파일럿 구멍을 뚫고 가로대를 부착한다.

21 지붕 꼭대기를 따라 알루미늄판을 붙인다. 꼭대기의 각도를 맞추려면 알루미늄판을 구부려야 한다. 길이 방향을 따라 알루미늄판 가운데에 19 mm 두께 목재를 클램프로 집고 평평한 면에서 판을 구부린다.

22 2.4 m 길이 24×89 mm 데크용 목재 2개를 꼭짓점 양면에 각각 붙인다. 데크와 알루미늄판을 통과하도록 파일럿 구멍을 뚫고 2½인치 나사로 38×38 mm 삼각형 뼈대에 고정한다.

23 3 m 길이 24×89 mm 데크용 목재의 끝을 둥글게 다듬고 치킨 트랙터의 왼쪽, 정면에서 볼 때 오른쪽에 부착한다. 트랙터를 들어올리고 조종하기 위한 장치이므로 사용하는 사람에게 알맞은 위치에 부착한다.

암탉 몰기

암탉들은 마음대로 돌아다니는 것을 좋아한다. 닭들을 뒷마당에 풀어놓고 돌아다니게 하면 보는 재미도 있다. 하지만 닭장에 다시 가두는 일은 쉽지 않다. 적어도 어른 2명이 붙어야 닭장으로 몰아넣을 수 있을 정도로 닭들이 약삭빠를 때도 있다.

암탉을 몰아넣는 아주 좋은 묘책이 있다. 정원 호스의 물을 틀고 물줄기를 하늘로 쏘아 올려 닭들 뒤에 빗줄기를 만들면 된다. 닭들은 비를 싫어하므로 닭장의 그늘막으로 몰아넣을 수 있다. 서너 번 물을 뿌리면 닭들을 쉽게 문 안으로 몰아넣을 수 있다.

삼각형 치킨 트랙터 만들기

24 123쪽에서 설명한 방법으로 둥지상자를 만든다. 닭집을 청소할 때 들어내기 쉽도록 여유롭게 크기를 맞춘다.

25 둥지상자 위에 38×38 mm 목재로 횃대를 단다. 닭집 앞면에 횃대를 받치는 지지대를 설치한다(작은 사진 참고).

26 바퀴가 자유롭게 회전하는 두께의 5인치 래그스크류와 와셔를 바퀴 양쪽에 끼워 바퀴를 연결한다. 38×89 mm 목재의 양쪽 끝에 볼트의 원통부 지름보다 3 mm 정도 작은 크기의 구멍을 뚫는다.

27 삼각 뼈대와 바퀴 축이 겹치는 곳에 2½인치 나사를 박아 38×89 mm 바퀴 지지대를 닭집 아래, 트랙터의 끝에 부착한다.

참고 거친 초원에서 사용할 경우라면 비용을 더 들여서 큰 바퀴와 강철 차축을 마련한다.

28

1인치 루핑 나사나 울타리 스테이플로 12 mm 격자 플라스틱 그물망을 친다. 미끄럼 방지용 발판을 붙인 경사로를 설치한다(128쪽 28단계 참고). 사진에서 보이는 경사로는 1.8 m 길이 삼나무 울타리 판자로 만들었다.

29

앞문과 뒷문을 잠글 수 있도록, 그리고 필요할 때 열어둘 수 있도록(작은 사진 참고) 갈고리 걸쇠와 걸쇠 고리를 단다.

암탉 운반하기

암탉들은 어떻게 운반하는 것이 좋을까? 먼저 케이지가 생각나겠지만, 너무 열린 구조라 주위가 엉망이 될 수 있다. 닭들이 너무 붐비지 않게 서 있을 수 있는 큰 종이 박스를 찾아본다. 입구를 자르고 암탉들을 가둘 수 있으면서 공기도 충분히 유입되는 무언가를 찾아 입구를 덮는다. 사진의 경우에는 유아용 계단 안전문을 사용하였다. 닭들이 이리저리 미끄러지지 않도록 오염방지 천이나 비닐을 넣어주면 더 좋다.

마무리 작업

닭장을 오래 쓰고 싶다면 합판에 보존제를 바르거나 페인트를 칠한다. 닭집 안쪽에 보존제를 바른다면 오랫동안 말린 다음 암탉들을 들여보내야 한다. 방부목은 보존제를 바르지 않아도 되지만, 끝부분에 보존제를 바른다고 해서 손해볼 것은 없다.

여름에 날씨가 몹시 덥거나 비가 많이 오는 지역이라면 플라스틱이나 유리섬유 골판으로 닭집을 덮는 것도 좋은 방법이다. 닭집 양면 위에 38×38 mm 목재를 추가로 대고 지붕 골판을 붙이면 골판과 합판 사이에 갇힌 공기가 태양열을 받을 때 상당한 단열 효과를 준다(130쪽의 설치 방식 참고).

4 헛간 만들기

144 건축 기본
152 소금통형 헛간
178 염소 헛간
190 다양한 지붕재
194 뒷마당 작업실 차리기

닭, 염소 등 가축들은 난방 장치나 단열 장치가 없어도 악천후와 추운 날씨에도 잘 견딜 수 있다. 하지만 바람과 비를 피할 공간은 모든 동물에게 필요하다. 몸을 쇠약하게 만드는 저체온증에 걸리지 않게 하려면 마른 보금자리가 있어야 한다. 즉 안전하고 튼튼한 헛간이 필요하다. 헛간을 만드는 일에 완벽한 목공 기술이 필요한 것은 아니며, 튼튼하고 실용적이면 된다.

도구와 비품들도 반드시 비바람에 노출되지 않는 곳에 보관해야 한다(57쪽의 도구 보관 방법 참고). 먹이는 습하지 않고 해충을 막을 수 있는 곳에 두어야 한다. 말뚝, 기둥, 울타리 판자 등 자재들과 많은 물건들을 청결하고 사용하기 쉽게 보관할 장소도 필요하다. 또한 식물 모종을 만들려고 한다면 모종 전용 헛간이 있어야 한다.

헛간을 하나 또는 여러 개 만들려면 부지부터 정해야 한다. 먼저 토지이용규제법을 확인한다. 이 법은 새로 짓는 헛간이 이웃의 삶의 질이나 부동산 가치를 떨어뜨리지 않도록 규제하기 위해 존재한다. 토지이용규제법은 일반적으로 다음과 같이 요약된다.

토지이용규제법(요약)
- 건축선 후퇴는 지으려는 헛간과 이웃의 대지경계선 사이에 간격을 띄우는 것으로, 일반적으로 3.6 m이지만 더 긴 곳도 있다.
- 건폐율은 대지면적 중 구조물과 포장으로 덮인 공간의 비율이다. 대부분 토지이용규제법은 대지의 반 이상이 열린 공간으로 남아있도록 규제한다.
- 지역권은 공공시설의 경로를 보호하기 위한 통행권을 의미한다. 따라서 이 경로에 헛간을 세우면 안 된다.

헛간에 전기나 물이 필요하다면 어떻게 전기와 물을 끌어올지 생각해야 한다. 대부분 지자체에서는 전기선을 매달아 연결하면 보기에 좋지 않고 폭풍이 칠 때 떨어질 수도 있어서 선을 공중으로 연결하지 못하게 한다. 따라서 위치에 따라 45~100 cm 깊이의 도랑을 만들어야 한다. 또한 수도관은 반드시 동결 현상으로 파괴되지 않을 깊이에 도랑을 따로 파서 묻어야 한다.

설계기준과 건축허가

우리나라의 경우 지방에서는 부동산 계약 조항과 토지이용규제뿐 아니라 건축 설계기준도 도시보다 덜 제한적이다. 따라서 자신의 토지에 헛간을 짓는다면 헛간 디자인이 설계기준과 토지이용규제법으로 제한될 일은 거의 없다. 하지만 설계기준이 시공 실습할 때 참고할 수 있는 가장 훌륭한 안내서이며 최소한 만족해야 할 설계표준이라는 점을 기억해 두자. 도시나 지방 건축과에 문의하여 따라야 할 설계기준에 대해 알아본다.

건축허가를 받을 때는 기본적인 건축계획을 제출해야 하며, 허가가 나기까지 며칠에서 일주일까지 시간이 걸릴 수 있다. 건축용도 변경까지 신청한다면 시간이 더 오래 걸릴 수 있고, 공청회를 거치고 공고문을 작성해야 할 수 있다.

건축허가를 받지 않고 성급하게 작업을 시작하는 것은 지양해야 한다. 최악의 상황에는 헛간을 철거하라는 명령이 있을 수 있다. 하지만 작은 구조물이라면 사후에 벌금을 내고 허가를 받을 수 있다.

건축 기본

헛간 만들기는 목공 기술을 연마하기에 아주 좋다. 기본적으로 동물을 보호하거나 도구를 보관할 목적으로 만드는 농가형 목조 건물인 헛간을 만들 때 조그만 외형적인 실수는 중요하지 않다. 하지만 헛간이 쓰러지지 않게 하고 자산이 되게 하려면 건축의 기본기들을 짚고 넘어갈 필요가 있다.

헛간 바닥을 만들 때는 먼저 구조물 크기에 해당하는 프레임을 만들고, 38×89 mm나 38×140 mm 크기의 목재로 프레임 안쪽에 장선을 중심 간 간격 40 cm로 설치한다. 여기서는 이러한 바닥 면을 기초 블록 위에 올려놓고 헛간을 만들었다. 구조물 무게 덕분에 바닥 면이 움직이지 않는다.

바닥 뼈대 만들기

1. 슬래브와 벽 기초가 있는 토대, 또는 사진에 보이는 작은 헛간용 기둥 기초에 올린 들보 위에 림 조이스트rim joist를 놓는다.

2. 프레임이 직각을 이루는지 확인한다. 림 조이스트와 헤더 조이스트header joist를 살짝 고정하고 모퉁이 접합부에 직각자를 대고 대략 90°로 맞춘다. 그런 다음 한쪽 모서리에서 반대쪽 모서리까지의 대각선 길이를 잰다. 두 대각선의 길이가 정확히 일치해야 한다. 필요하면 프레임을 수정한다.

3. 3½인치 일반 못 3개로 림 조이스트와 헤더 조이스트를 고정한다. 조이스트가 밑의 토대에 단단히 밀착되어 있는지 확인한다. 모서리와 가까운 곳에 못을 칠 때는 목재가 쪼개지지 않도록 미리 못 구멍을 뚫어야 한다.

4. 반대쪽 헤더 조이스트에 중심 간 간격이 40 cm가 되도록 장선의 배치도를 그리는데, 장선 간격은 구조물 폭과 하중을 고려해 정한다. 장선을 설치하기 전에 양쪽 판에 똑같은 배치도를 그린다.

5. ½인치 시멘트 코팅된 못이나 3인치 데크스크류를 이용해 헤더 조이스트를 통과해 장선 끝부분을 고정한다. 장선을 설치할 때 아연 도금된 금속 장선 걸이를 함께 사용한다.

벽

현장에서 시공하는 벽은 구조물의 강성과 벽 안팎에 피복 재료를 부착할 공간을 확보하기 위해 모듈식 디자인을 사용해 제작한다. 창이나 문의 개구부가 모듈식 뼈대의 배치와 정확하게 일치하는 일은 거의 없으므로 창문이나 문을 내려면 보통 스터드(샛기둥)를 추가로 설치해야 한다.

벽면의 기초를 이루는 38×89 mm(혹은 38×140 mm) 수평재를 밑깔도리라 한다. 밑깔도리는 기둥의 하중을 받기 위해 기둥 밑에 추가로 설치하는 수평재를 말한다. 일반적으로 중심 간 간격 40 cm로 스터드가 밑깔도리 위에 올라간다. 벽 윗부분을 마감하는 2개의 38×89 mm 수평재는 윗깔도리와 이중 윗깔도리라 한다.

대부분 벽에는 세 가지 종류의 스터드가 있다. 밑깔도리에서 윗깔도리까지 닿는 전체 높이 스터드는 킹 스터드이다. 잭 스터드는 트리머라고도 불리는데, 밑깔도리에서 킹 스터드를 따라 개구부까지 이른다. 잭 스터드의 윗면은 창문이나 문의 헤더를 지지한다. 크리플 스터드 또는 반스터드라 불리는 짧은 38×89 mm 기둥은 개구부 위아래의 공간, 예를 들면 밑깔도리에서 개구부 틀까지와 같은 빈 곳을 채운다. 여기서는 모듈식 배치를 유지하고 피복 재료나 외장재를 붙일 공간을 확보할 수 있도록 스터드를 배치했다.

벽 조립하기: 벽을 만드는 가장 효율적인 방법은 바닥에서 부재들을 조립하고 기울여 세우는 것이다. 윗깔도리와 밑깔도리에 다른 부재의 위치를 표시하는 것으로 벽 조립을 시작한다. 표시가 정확하게 일치하도록 두 부재를 나란히 놓고 살짝 못으로 고정하거나 클램프로 집는다. 중심 사이 간격이 40~60 cm가 되도록 스터드의 위치를 표시한다. 그런 다음 창문과 문을 지지할 잭 스터드와 반스터드의 위치를 표시한다. 2.4 m 길이의 표준 목재 대신

벽 용어

현장에서 제작하는 벽은 가로 부재 하나로 된 밑깔도리와 가로 부재 2개를 겹친 윗깔도리(윗깔도리와 이중 윗깔도리), 그리고 그 사이에 있는 38×89 mm나 38×140 mm 목재로 만든 세로 부재, 스터드로 구성된다. 창과 문의 틀은 헤더와 전체 길이 스터드를 대신하는 잭 스터드, 반스터드로 구성된다. 문이 무거울 수 있으므로 전체 스터드와 잭 스터드 2개가 문의 뼈대를 이루는 것이 좋다. 헛간을 만들 때는 창문 옆면에 잭 스터드를 겹칠 필요가 없을 수도 있다.

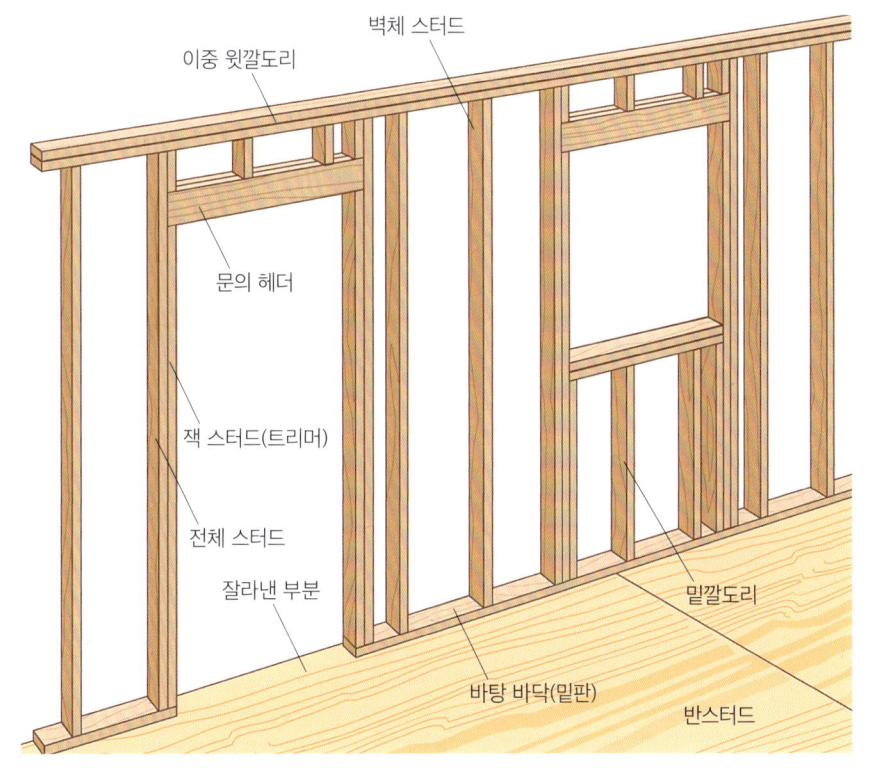

2.3 m 길이로 재단된 스터드 목재를 구매하면 목재를 자르는 수고를 덜 수 있다. 재단된 부재를 사용하면 벽면의 높이가 정확히 2.4 m가 되므로 1.2×2.4 m 판을 붙이기에 완벽하다.

벽 모서리 직각으로 맞추기: 벽을 일으켜 세우기 전에 모서리가 직각을 이루는지 확인하고, 세운 후에 다시 한 번 확인한다. 대각선 길이를 재면 벽이 반듯한 직사각형이라면 그 길이가 같을 것이다. 벽면을 따라 사재를 대 고정하면 벽 모서리의 위치를 고정하기 좋다.

벽 세우기

벽을 세우기 전에 밑바닥이나 슬래브에 분필(초크)로 밑깔도리의 안쪽 경계선을 맞출 기준선을 그린다. 벽을 세울 때 벽이 데크에서 미끄러져 떨어지지 않도록 헤더 조이스트 바깥 면에 38×89 mm 목재를 박아 밑바닥 위에 쐐기를 몇 개 설치한다. 도움을 받아 함께 벽을 들어올리고 기준선 가까이에 세워질 위치까지 벽을 밀어 옮긴다. 벽을 세우고 분필선에 맞춰 정렬한다.

1.2 m 기포수준기氣泡水準器를 이용해 벽을 가능한 한 수직으로 세운다. 접하는 벽을 세울 때 정밀하게 수직을

벽 설계하기

벽면의 밑깔도리와 윗깔도리를 설계하기 위해 38×89 mm나 38×140 mm의 곧은 목재 한 쌍을 벽 길이만큼 자른다. 밑깔도리를 밑바닥에 못으로 살짝 고정하고 윗깔도리를 가지런히 놓는다. 설정한 스터드의 중심 간 간격보다 1.9 cm 가까운 위치(38.1 cm 또는 58.1 cm 떨어진 위치)에 첫 번째 선을 긋고 그 선을 지나도록 X자를 그린다. 여기에 모서리에서 40 cm 또는 60 cm 떨어진 첫 번째 스터드의 중심이 오게 된다. 밑깔도리와 윗깔도리를 따라 계속 길이를 재고 40 cm 또는 60 cm 간격으로 전체 길이 스터드가 들어갈 곳마다 X자를 그린다. 반스터드(C)와 잭 스터드(O)의 위치도 재서 표시한다.

이동각자를 이용해 스터드 위치를 맞출 때 쓸 수직선을 그린다. (그리는 방법을 강조해서 보이기 위해 사진에는 플레이트 하나만 보였다. 아래 설계도에서 볼 수 있는 것처럼 동시에 두 판에 함께 표시한다.)

수직선을 그리고 나면 X자로 스터드의 위치를 표시한다. 스터드의 전체 폭을 표시하기 위해 폭이 3.8 cm인 직각자의 짧은 잣대를 이용할 수 있다.

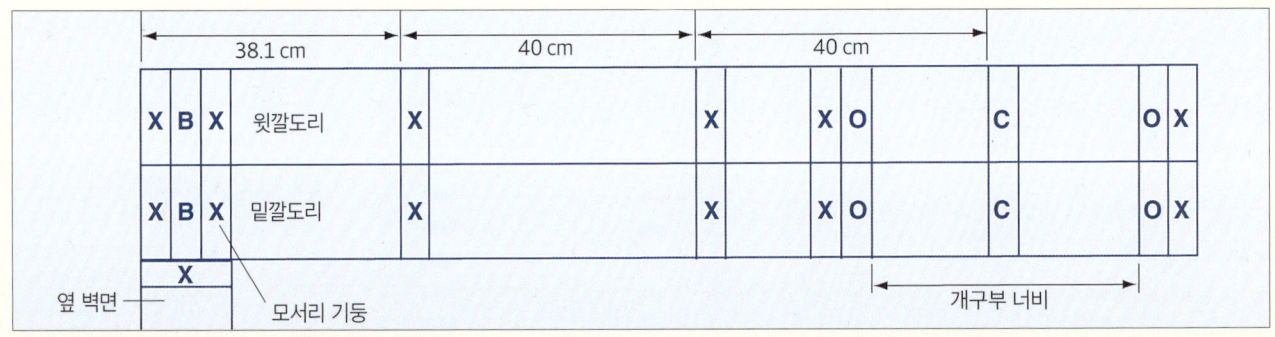

위와 같이 모서리와 개구부의 위치를 설계한다. 전체 길이 스터드의 위치를 X자로 표시했고, 잭 스터드(트리머)는 O, 모서리 충진재는 B, 반스터드는 C로 나타냈다.

맞출 수 있다. 선택한 스터드와 밑바닥이나 모서리에 설치한 쐐기 사이에 가새를 설치한다(오른쪽 '가새(버팀대) 사용하기' 참고).

벽이 수직으로 서면 다른 사람의 도움을 받아 가새를 쐐기에 고정하고, 도와줄 사람이 없다면 바닥의 쐐기에 경사 부재를 부착하고 벽면과는 클램프로 집어 고정한다. 수직을 확인하고 필요한 만큼 위치를 조정해 클램프로 다시 집은 뒤, 가새를 못으로 고정해 벽면을 수직으로 세운다. 6 m 정도의 긴 벽에서는 각 모서리와 내부 스터드 몇 개에 가새를 설치한다. 벽면 바닥의 밑깔도리가 올바른 위치에 놓이면 바닥 면의 헤더 조이스트, 림 조이스트, 장선 등에 3½인치 못을 박아 벽면을 고정한다.

벽이 수직인지 확인하기 위해 60 cm나 그보다 긴 수평계를 똑바로 선 38×89 mm 목재에 댄다. 모서리는 특별히 더 주의해서 작업한다. 벽이 안쪽이나 바깥쪽으로 기울었다면 가새를 모두 풀고 벽의 위치를 다시 조정한다. 벽을 바깥쪽으로 밀려면 가새에 힘을 가해 눌러 고정한다. 벽을 안쪽으로 당기려면 벽과 바닥에 부착된 두 쐐기 사이에 납작하고 탄력 있는 가새를 연결하고, 38 mm

가새(버팀대) 사용하기

현장에서 벽을 제작할 때 가새가 유용하게 쓰인다. 벽을 고정하거나 기울어진 벽을 수직으로 세우는 힘을 가하는 용도로 가새를 사용한다.

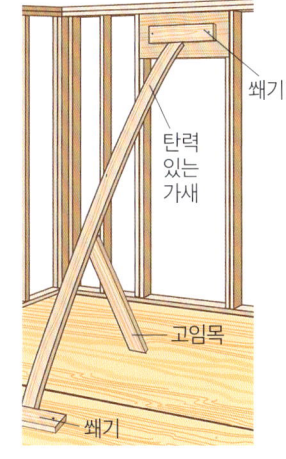

모서리 가새를 대기 위해 먼저 38×89 mm 목재로 벽면을 고정한다. 전체 벽이 모두 완성될 때까지 가새를 그대로 둔다. 작업에 방해가 되지 않도록 벽면 프레임의 바깥쪽에 못으로 고정한다.

휘어진 스터드 벽체를 바로 잡기 위해서는 탄력 있는 가새를 사용한다. 2.4 m 이상의 납작한 목재를 바닥과 벽의 쐐기에 고정하고, 벽이 수직으로 서도록 힘을 가한다.

모서리 스터드의 배치

안쪽 벽을 마감하지 않는 작은 헛간에는 이중 스터드로 모서리 기둥을 구성해도 괜찮다. 하지만 헛간의 안쪽 벽면을 마감할 계획이라면 합판이나 패널 같은 마감재를 고정할 수 있도록 모서리 기둥에 못을 박을 곳이 있어야 한다. 스터드 사이에 나무 블록을 끼운 모서리 기둥은 재료가 많이 들지만 가장 튼튼하다. 스터드를 3겹으로 대서 모서리 기둥을 만들면 시간을 절약할 수 있고 충진재가 필요하지 않으므로 재료도 아낄 수 있다.

이중 스터드 모서리
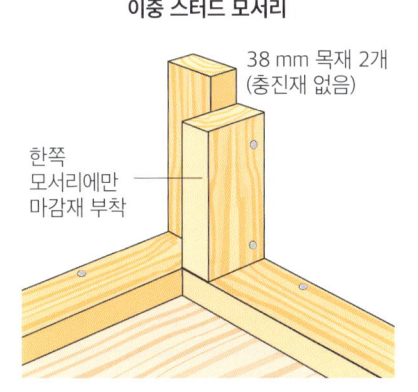

충진재를 넣는 스터드 모서리
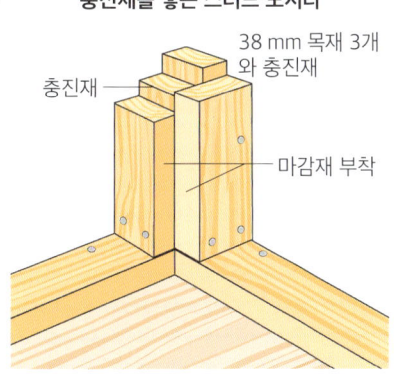

삼중 스터드 모서리
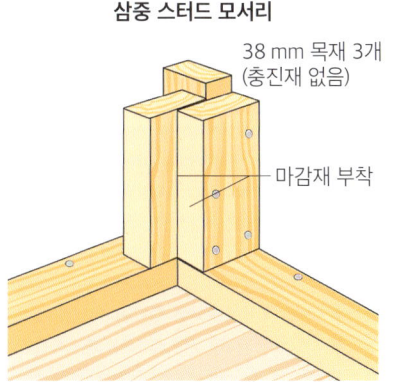

두께 목재를 가새 아래에 괴어 가새를 휘게 만들고 벽을 안쪽으로 당기게 만든다.

건물 바깥쪽에 말뚝을 박아 경사 부재를 설치해도 된다. 벽을 올바른 위치에 세워둘 수 있도록 가새를 고정한다.

윗깔도리: 인접한 벽이 모두 올바르게 세워졌다면 두 번째 윗깔도리(이중 윗깔도리)를 올리고 벽을 하나로 연결한다. 한쪽 벽의 이중 윗깔도리가 인접한 벽의 윗깔도리 위에 겹친다. 칸막이 벽과 건물 바깥쪽 내력 벽이 만나는 곳에서는 칸막이 벽의 이중 윗깔도리가 외벽의 윗깔도리 위를 덮어야 한다. 겹치는 부분을 3½인치보다 긴 못으로 고정한다.

창과 문

벽에 창이나 문을 설치할 개구부를 만들 때는 스터드 배치가 가장 중요하다. 제품 주위의 12~19 mm 고임목 두께까지 포함한 개구부의 크기가 창이나 문의 제품 사양서에 기재된다. 이 공간을 확보하면 벽이 조금 완벽하지 않더라도 창이나 문을 수직으로 세우고 평평하게 놓을 수 있다. 개구부 양옆에는 전체 길이의 스터드가 있고, 그 안쪽에 전체 길이보다 짧은 잭 스터드가 있다. 고임 공간을 포함하는 잭 스터드와 잭 사이의 거리가 개구부의 크기

개구부 만들기

1. 개구부에 인접한 전체 길이의 스터드와 밑깔도리에 못을 박아 개구부 양옆 면에 잭 스터드를 설치한다. 38×89 mm 목재로 만든 벽일 경우 단단히 고정하기 위해 30cm 간격으로 3인치 못을 2개씩 박는다.

2. 창문 개구부의 양옆 면을 따라 다음 잭 스터드를 연결한다. 이 뼈대 부재는 개구부 위를 가로지르는 헤더에서 전달되는 하중을 분담해 준다. 작은 헛간이라면 잭 스터드를 생략해도 괜찮을 수 있다.

3. 38×140 mm 또는 38×89 mm 목재 2장 사이에 헤더의 두께를 벽 두께만큼 늘려줄 12 mm 합판을 끼워 헤더를 만든다. 개구부가 클수록 헤더가 커져야 한다.

4. 헤더 위와 틀 아래에 중심 간격을 맞춘 벽면 스터드 배치를 유지하면서 반스터드를 설치한다. 반스터드는 하중을 지지하고 외장재 아래에 있는 못치기판이 된다.

이다.

창문을 만들 때는 짧은 길이의 잭 스터드가 틀sill을 지지하는 것을 도와준다. 틀에서 헤더까지 이르는 잭 스터드도 설치한다. 대부분 헛간에는 창문 위에 148쪽 사진에 보이는 것과 같은 두꺼운 헤더를 설치할 필요가 없다. 보통은 38×89 mm 목재를 이중으로 대 창문의 뼈대를 만들어도 되지만, 건축감리사에게 해당 지역의 규정을 확인하는 것이 좋다.

문에는 바닥에서 헤더까지 닿는 긴 잭 스터드 2개가 필요하고, 그 위에는 반스터드가 올라간다. 잭 스터드를 밑깔도리에 설치해도 되고, 합판 바닥까지 내려 고정해도 된다.

박공지붕 뼈대 만들기

178~189쪽에 소개하는 염소 헛간처럼 간단하게 한 면으로 된 외쪽지붕을 만들 생각이라면 이 부분을 통째로 건너뛰어도 된다. 하지만 삼각형 모양의 박공지붕을 올린 헛간을 지을 계획이라면 설계와 재료 구매를 위해 기본적인 구조에 대해 되짚어봐야 한다.

서까래 길이나 지붕 마루와 처마 끝의 각도를 계산하는 것은 벽면의 뼈대를 만드는 것보다 훨씬 더 복잡하다. 하지만 일을 작고 쉬운 단계로 나누어 계산하면 쉽게 진행할 수 있다.

박공지붕을 만들 때는 중앙의 마룻대에 서까래를 하나씩 걸 수도 있고, 바닥에서 삼각형 모양의 트러스를 조립해 올려놓을 수도 있다. 어떤 목재소에서는 기본적인 지붕 너비와 경사도에 맞춰 트러스를 미리 제작해 놓고 팔기도 한다.

박공지붕의 서까래는 모두 똑같으므로 하나만 재단해서 미리 맞춰보고 그것을 기본으로 사용하면 된다. 서까래를 만들 때는 보통 세 번 톱질이 필요하다. 서까래가 마룻대와 만나는 마루 부분에서 수직 자르기, 지붕 아래쪽 모양을 만드는 끝부분에서 수직 자르기, 서까래가 외벽 위에 얹히는 곳에서 걸침턱 자르기가 그것이다. 톱질을 네 번 할 때도 있는데, 처마나 처마반자를 만들 때 주로 필요한 지붕 아랫면 수평 자르기가 그것이다.

박공지붕의 뼈대

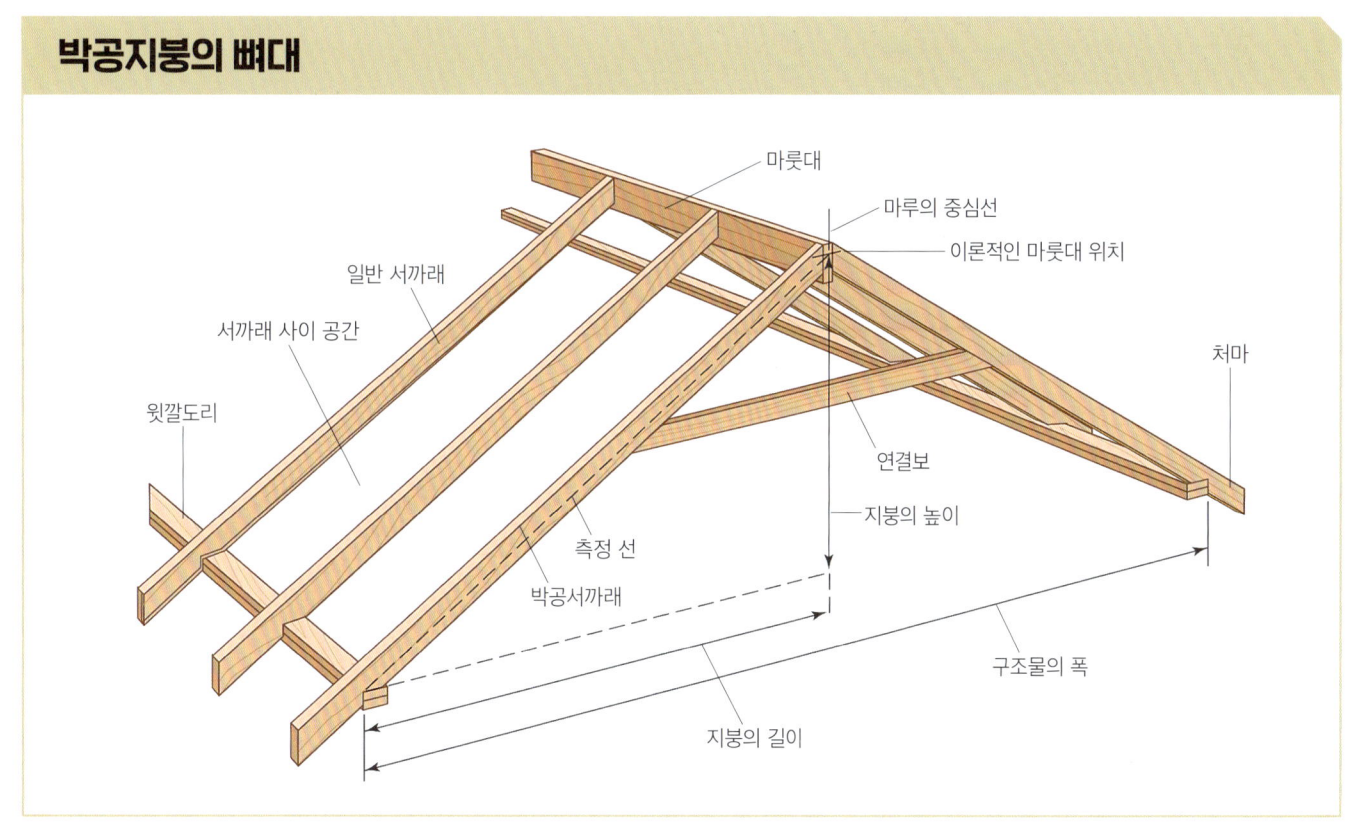

지붕 높이 결정하기: 최종 지붕의 높이는 헛간의 폭과 지붕 경사도를 가지고 계산할 수 있다. 헛간의 폭을 반으로 나눠 지붕의 길이를 구하는 것으로 시작한다(149쪽 '박공지붕의 뼈대' 참고). 헛간의 폭이 6 m라고 하면 지붕의 길이는 3 m이다. 이제 단위 높이, 즉 지붕 길이 1 m당 올라가는 지붕의 높이를 지붕의 길이에 곱한다. 예를 들어 4:10 지붕은 1 m당 0.4 m씩 지붕이 높아진다. 따라서 지붕 길이가 3m인 4:10 지붕의 높이는 1.2(=3×0.4) m이다. 지붕의 길이를 늘이면 경사도는 변하지 않지만 지붕의 높이는 더 높아진다. 예를 들어 길이가 4 m인 4:10 지붕을 만든다면 지붕의 높이는 1.6(4×0.4) m가 된다.

지붕 높이를 계산할 때는 윗깔도리의 윗면에서 마루의 중심선까지의 거리를 이용한다. 서까래의 길이를 재는 측정 선과 마룻대의 중심선이 교차하는 곳이 이론적인 마룻대의 위치이다. 앞서 계산한 지붕의 높이는 윗깔도리에서 마룻대의 이론적 위치까지의 거리이다.

서까래 자르기

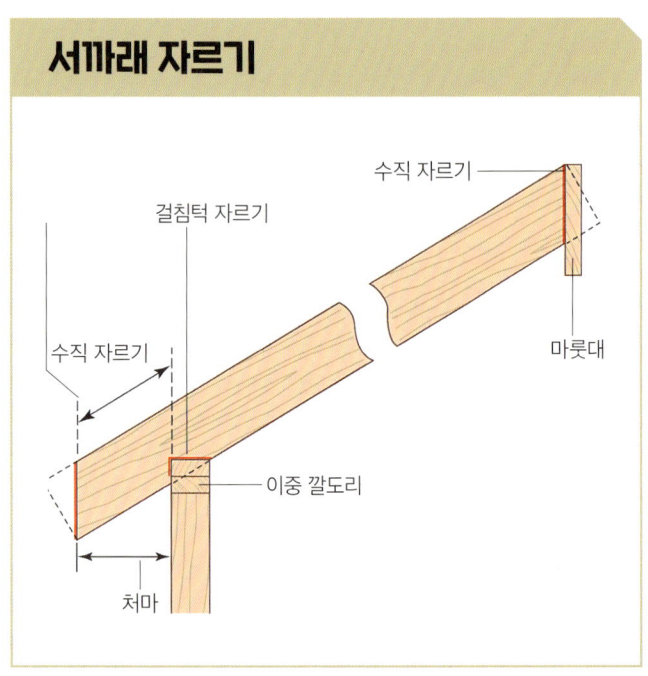

박공지붕 배치도

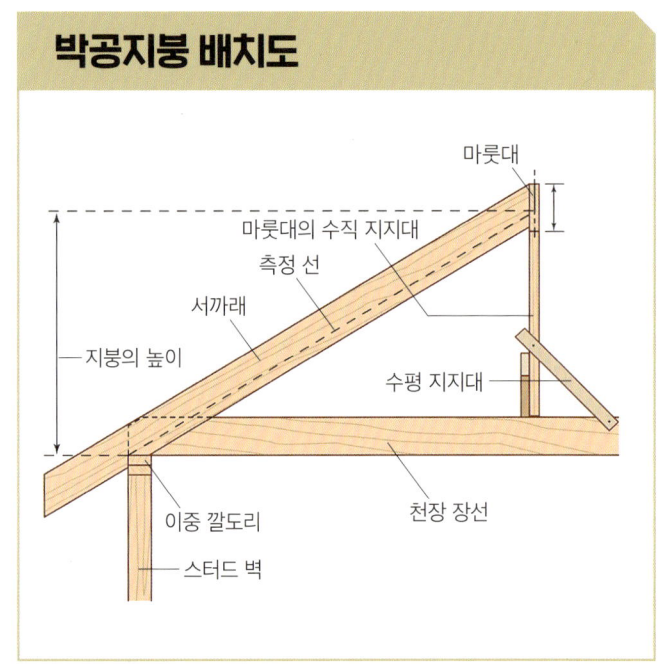

지붕 용어

지붕 높이: 마루 아래에 있는 끝 벽의 윗깔도리에서부터 마루 위치까지의 수직 거리

지붕 폭: 한쪽 벽의 바깥면에서 맞은편 벽의 바깥면까지의 수평 거리. 지붕 폭은 벽 밖으로 내민 처마의 길이를 포함하지 않는다.

지붕 길이: 벽의 바깥면에서 마루 중심을 내린 점까지의 수평 거리. 일반적으로 지붕 폭의 절반에 해당한다.

지붕 경사도: 수평 거리 10 cm마다 수직으로 올라가는 지붕의 높이를 cm 단위로 나타낸다. 수평 길이 10 cm마다 높이가 4 cm씩 증가하는 지붕을 4:10 또는 4/10으로 나타낸다. 대부분 건축계획서를 보면 도면 옆에 직각삼각형을 찾을 수 있다. 예를 들어 4/10 지붕은 직각삼각형 위쪽에 10, 옆에 4가 쓰여 있다. 삼각형의 빗변은 지붕의 경사도를 보여준다. 단위 높이의 수가 커질수록 지붕은 가팔라진다. 케이프코드 양식에 흔하게 쓰이는 10/10 지붕은 수평 거리 1 m에 지붕 높이가 1 m씩 45° 각도로 높아진다.

지붕 트러스

지붕의 서까래를 직접 잘라 만드는 대신 지붕 트러스를 사용할 수 있다.

헛간에는 대개 금속이나 목제 보강판으로 조립된 38×89 mm 목재로 만든 트러스를 사용한다. 헛간의 폭, 벽의 두께 그리고 돌출부나 처마가 있다면 그 길이까지 모두 합친 트러스 하현재의 길이를 명시해 제작자에게 트러스를 주문하면 헛간에 필요한 트러스 수를 알려준다. 단, 트러스를 들어올리고 설치하려면 도와줄 사람이 필요하다.

지붕의 조화

헛간의 지붕 선이 집의 지붕 선과 일치하게 만들 경우 지붕의 길이와 높이를 재는 방법이 있다.

이동각자와 자를 오른쪽 사진과 같이 잡는다. 이동각자에 있는 기포나 집의 외벽에 가로널이 있다면 가로널 판자의 모서리를 이용해 자의 수평을 맞춘다. 이동각자를 자의 10 cm 지점에 밀어 맞추고 이동각자의 잣대가 지붕과 교차할 때까지 올린다. 이렇게 하면 사다리에 오를 필요 없이 10 cm마다 지붕이 얼마나 증가하는지를 구할 수 있다.

소금통형 헛간

여기서 소개하는 헛간은 먹이, 지푸라기, 도구를 보관하고 남은 공간에는 화분 작업대나 작은 매대를 놓을 수 있을 만큼 내부 공간이 넉넉하다. 문이 2개라서 드나들기 쉽고, 여름에는 통풍이 잘되며, 창문으로 자연광도 많이 든다. 또한 영구 구조물이므로 조립식 컨테이너 구조물과는 외형, 내부 공간 등과 만드는 방법이 매우 다르며, 집만큼 오래 갈 수 있다.

이 헛간은 벽을 세우거나 지붕을 올리다 다칠 수 있을 정도로 규모가 크기 때문에, 가능하다면 숙련자에게 도움을 요청하는 것이 좋다. 팁이 하나 있다면, 구조물 뼈대를 3인치 데크스크류로 조립하라는 것이다. 그렇게 하면 잘못 조립했을 때 나사를 다시 뺄 수 있다.

작업 전 체크 사항

새 헛간을 만들 위치를 대략 결정했다면, 적용되는 건축선 후퇴와 관련한 규정을 만족하는지 다시 한번 확인한다. 또한 땅을 파야 한다면 그 부근에 묻혀 있는 수도관이나 전기선이 있는지 확실히 알아본다.

소금통형 헛간 투시도

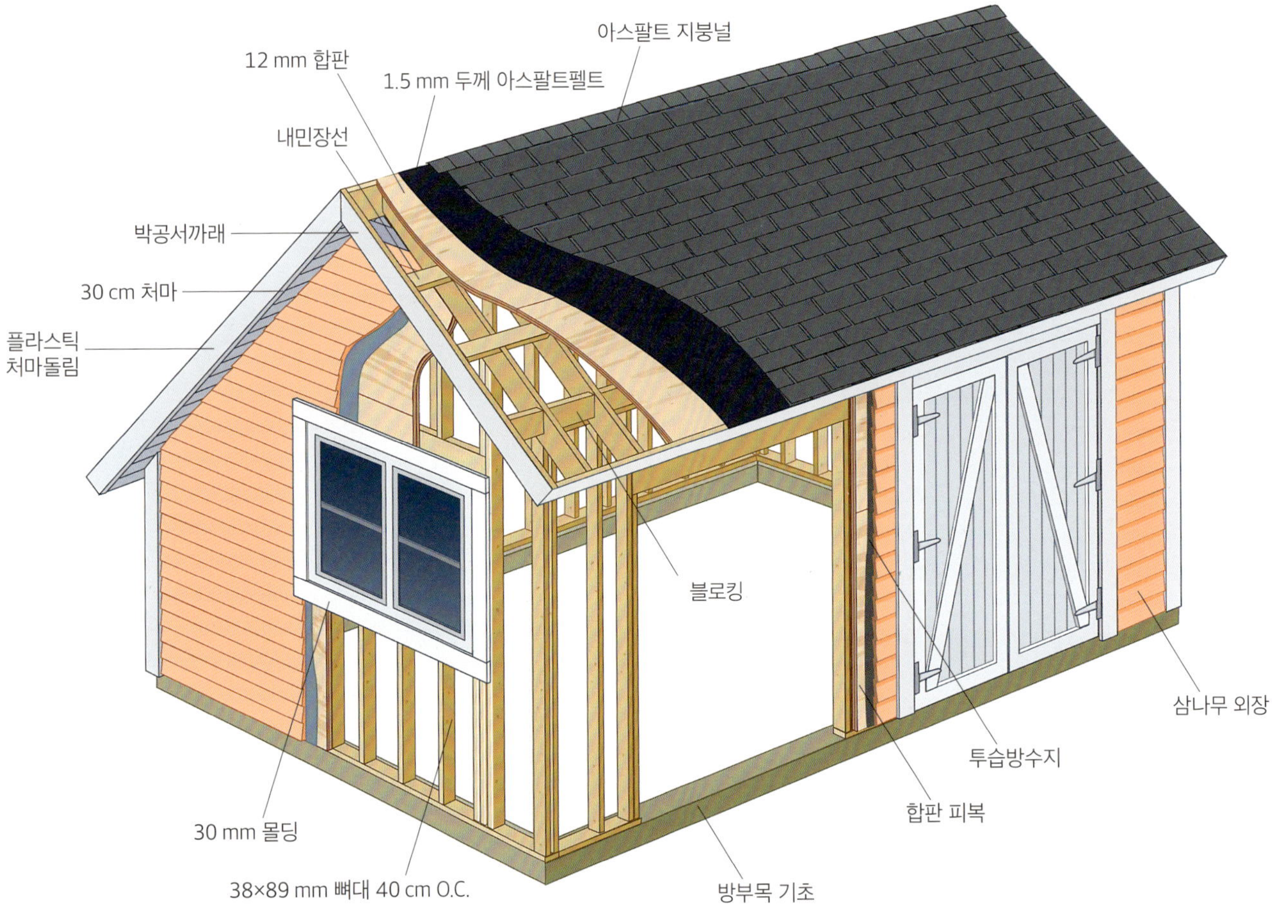

- 아스팔트 지붕널
- 1.5 mm 두께 아스팔트펠트
- 12 mm 합판
- 내민장선
- 박공서까래
- 30 cm 처마
- 플라스틱 처마돌림
- 30 mm 몰딩
- 38×89 mm 뼈대 40 cm O.C.
- 블로킹
- 방부목 기초
- 합판 피복
- 투습방수지
- 삼나무 외장

설계 기본 사항

헛간은 3.6×4.8 m 크기이고, 경첩을 단 넓은 문 한 쌍과 양쪽 벽에 창 한 쌍이 있다. 벽면 뼈대는 38×89 mm 목재로 만들고, 12 mm 합판 또는 OSB를 피복 재료로 사용한다. 외장재로는 적삼목 베벨판을 붙였지만, 섬유 시멘트판을 사용하거나 합판 피복만 입힌 채로 두어도 괜찮다. 페인트를 칠한 나무 몰딩은 30 mm 소나무 목재로 만들었다.

헛간은 자갈 지반 위에 올린 140×140 mm 방부목 토대 위에 세운다. 바닥 면은 골재를 생산할 때 부산물로 얻어지는 돌가루인 스크리닝스 또는 잔골재를 다져서 만든다. 골재를 적시면 부드럽고 단단하게 표면을 다질 수 있고, 따라서 콘크리트 슬래브와 토대를 만드는 비용을 아낄 수 있다.

지붕 뼈대 만들기

헛간 만드는 과정 중에 마룻대를 올리고 서까래를 거는 부분이 가장 까다롭고 위험하다. 비계를 대여하면 작업을 더 안전하고 훌륭하게 할 수 있다. 비계를 헛간의 중앙에 놓아 튼튼한 작업대를 확보한 뒤에 서까래를 설치한다.

재료

기초
4.8 m 길이 140×140 mm 목재 8개
3.6 m 길이 140×140 mm 목재 8개
25 cm 대못 84개
60 cm 철근 말뚝 20개
자갈
스크리닝스 또는 잔골재

뼈대와 피복
1.2×2.4 m 크기 12 mm CDX 합판 24장
3 m 길이 38×235 mm 목재 2개
3.6 m 길이 38×184 mm 목재 19개
2.4 m 길이 38×184 mm 목재 19개
3.6 m 길이 38×140 mm 목재 3개
4.8 m 길이 38×89 mm 목재 7개
4.2 m 길이 38×89 mm 목재 5개
3.6 m 길이 38×89 mm 목재 12개
3 m 길이 38×89 mm 목재 28개
2.4 m 길이 38×89 mm 목재 11개
3 m 길이 19×184 mm 2등급 소나무 목재 4개
2½인치 시멘트 코팅된 못
3¼인치 시멘트 코팅된 못
3½인치 시멘트 코팅된 못

지붕재
3 m 길이 알루미늄 비흘림 9개
1 mm 두께 아스팔트펠트 3롤
지붕널 13묶음(한 팩에 3 m²)
⅞인치 루핑 못
⅝인치 스테이플
튜브형 지붕 시멘트 2개

창문
914×914 mm 오르내리창 4개

몰딩 판
3.6 m 길이 24×140 mm 목재 15개
4.2 m 길이 24×140 mm 목재 6개
3.6 m 길이 19×140 mm 목재 6개
3 m 길이 19×184 mm 목재 6개
3¼인치 끝막음 못
튜브형 라텍스 코킹 3개
외장용 라텍스 프라이머 4 L
외장용 라텍스 페인트 4 L

처마반자와 처마돌림
3.6 m 길이 플라스틱 처마반자 13개
3.6 m 길이 플라스틱 처마돌림 8개
플라스틱 몰딩 8개
알루미늄 트림 못

외장재
12×184 mm 적삼목 베벨 판 총 323 m
2인치 알루미늄 사이딩 못
1¼인치 스테인리스스틸 나사
외장용 반투명 라텍스 스테인 4 L

문
1.2×2.4 m 크기 19 mm 두께 외장용 합판 4장
2.4 m 길이 19×140 mm 2등급 소나무 13개
2.4 m 길이 19×184 mm 2등급 소나무 1개
튜브형 건축용 접착제 2개
2인치 끝막음 못
T형 경첩 12개
3인치 나사 48개
2인치 길이 8 mm 육각볼트와 와셔
스플릿와셔
너트 48세트
걸고리 걸쇠와 설치용 나사 2세트
빗장 걸쇠와 설치용 나사 2세트

소금통형 헛간 만들기

기초 구축하기

소금통형 헛간은 140×140 mm 방부목을 25 cm 길이의 아연 도금된 대못으로 서로 연결한 테두리 기초 위에 세운다. 기초 주변에서 물을 흘려보내는 것과, 날씨가 추운 곳에서는 기초를 동결선 아래까지 연장하는 것이 중요하다. 굴착기로 기초를 놓을 도랑을 파고 건물 안쪽 영역의 잔디를 없애기 위해서는 사람을 고용하는 것이 좋다.

도랑에 자갈을 뿌리고 첫 번째 층을 놓는다. 도랑이 얼마나 깊은지에 따라 기초의 층수가 정해진다. 기초의 윗면이 지면보다 몇 cm 높게 만든다. 첫 번째 층을 놓을 때 시간을 들여 정확하게 모서리의 수평과 접합부의 직각을 맞추어야 한다. 그렇지 않으면 기초 뼈대를 만드는 동안 직각에서 벗어난 접합부의 비틀림이 점점 커지게 된다.

줄자 여러 개와 3:4:5 비율을 이용해 직각으로 기초 모퉁이를 배치한다. 3.6 m, 4.8 m 면을 직각으로 잘 배치하면 대각선 길이는 정확히 6 m가 된다.

스프레이 페인트나 분필 가루로 땅 위에 기초를 묻을 도랑의 바깥쪽 모서리를 표시한다. 그런 다음 도랑을 판다.

물이 잘 빠져나가도록 자갈을 퍼 넣어 도랑 안에 15 cm 정도의 자갈층을 만든다. 첫 번째 기초 층 목재를 놓기 전에 자갈층의 표면을 가능한 고르게 다듬는다.

4 첫 번째 기초 층을 바닥에 고정하기 위해 철근을 박아 넣는다. 목재를 완전히 통과하는 파일럿 홀을 뚫고 작은 슬레지해머로 60 cm 길이의 철근 말뚝을 박아 넣는다.

5 모서리에서 목재가 교차로 엇물리게 하는 방식으로 기초를 쌓는다. 한 층을 이루는 목재 4개를 모두 올리고 대각선 길이를 재서 모퉁이가 직각이 되도록 잘 쌓았는지 확인한다. 파일럿 홀을 뚫은 다음 25 cm 아연 도금된 대못을 박아 새로 쌓은 층을 아래에 있는 층에 고정한다.

6 기초 틀을 다 짠 다음 되도록 빨리 뒤채움을 한다. 도랑벽과 기초 사이의 공간에 흙을 퍼 넣은 후 꼭꼭 다져 넣는다. 빈틈을 더 채우고 한 번 더 다져 넣는다. 토양이 가라앉기 때문에 지면보다 몇 cm 더 높게 뒤채움 흙을 쌓는다.

7 스크리닝스나 잔골재를 펼쳐놓고 수평을 맞추며 다진다. 일정을 맞출 수 있다면 골재를 기초 안쪽에 곧바로 부어 넣는다. 골재를 펼치고 다질 때는 수작업으로 작업하든 대여한 전동 다짐기를 사용하든, 체계적으로 꼼꼼하게 다진다.

소금통형 헛간 만들기

뒷벽 뼈대 만들기

뼈대 부재를 자른 다음 평평한 지면에 놓고 못을 박아 뼈대를 조립한다. 벽을 평평하게 눕힌 채로 피복 재료를 붙여야 작업이 쉽고 벽을 직각으로 만든 다음에 세울 수 있다.

먼저 깔도리로 사용할 길고 곧은 38×89 mm 목재를 고른다(깔도리에 벽면을 설계하는 방법은 146쪽 참고). 스터드와 트리머를 길이에 맞춰 자르고, 모서리 기둥과 필요한 헤더들을 모두 만든다. 뼈대 부재들을 헛간 바닥에 눕혀 놓고 깔도리와 스터드를 배열한 다음, 깔도리 바깥에서 3¼인치 나사를 박아 스터드를 고정한다.

벽 뼈대의 치수를 재고 12 mm CDX 합판을 크기에 맞춰 자른다. (피복 재료를 붙인 다음에 창과 문 부분을 잘라낼 것이다.) 합판을 밑깔도리보다 2~3 cm 길게 내려오도록 하고 접합부가 스터드에 오도록 재단한다. 부재들 사이에 3 mm의 간격을 남긴다.

도와줄 사람 한두 명을 동원해 벽을 세우고 가새를 설치한다. 벽이 무거워서 벽을 세운 다음에 벽 아랫면을 기초 위에 올바로 맞추고 가새를 세우는 동안 벽을 잡아줄 사람이 한 명 이상 필요하다.

벽을 가새로 모두 지지하고 나면 3½인치 나사를 박아 밑깔도리를 기초에 고정한다.

뒷벽의 윗깔도리와 밑깔도리를 함께 설계한다. 스터드의 위치를 자로 재어 선을 긋고, 스터드가 부착될 위치를 X자로 표시한다.

뒷벽 뼈대

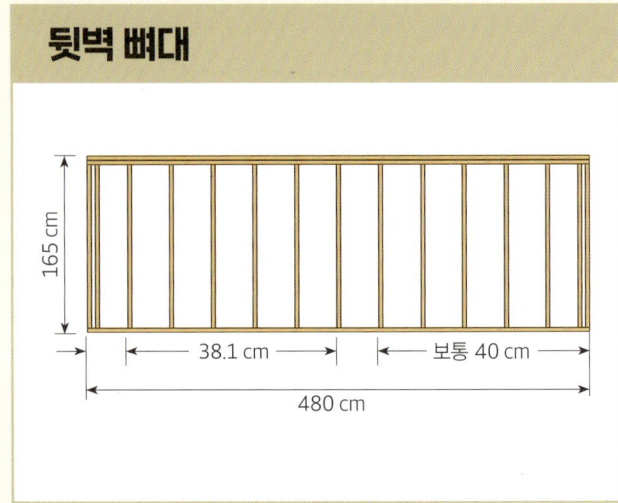

똑같은 38×89 mm 목재를 끝을 평평하게 맞춰 쌓아서 스터드를 자른다. 위층의 목재에 자를 선을 표시한다. 위에 쌓인 목재를 자르면 아래쪽 목재에 자를 위치를 나타내는 톱자국이 남게 된다.

10 깔도리와 스터드를 배열하고 깔도리 바깥면에서 3¼인치 나사를 박아 스터드 끝을 고정한다. 못을 박는 동안 발로 뼈대를 밟아 윗면을 평평하게 맞춘다.

11 벽이 직각으로 만들어졌는지 확인하기 위해 대각선 길이를 잰다. 슬레지해머로 모서리를 톡톡 쳐서 조립된 뼈대의 배열을 조정한다. 대각선 2개의 길이가 정확히 일치할 때까지 이 과정을 반복한다.

12 합판 피복을 붙인다. 못질하기 쉽도록 스터드의 위치를 표시한다. 피복재료를 붙여두면 벽을 세우면서 직각으로 맞춰둔 뼈대가 비틀리는 것을 막을 수 있다.

13 벽을 세우고 수직을 맞추자마자 가새를 설치한다. 최소한 2명이 필요한데, 한 사람은 벽을 잡고 수평을 확인하고, 다른 한 사람은 가새를 기초에 고정한다.

소금통형 헛간 만들기

앞벽 만들기

14 윗깔도리와 밑깔도리를 함께 설계한다. 각 깔도리에 실제로 설치할 스터드의 위치만 표시한다. 종류에 따라 기호를 사용해 스터드의 부착 위치를 표시한다.

15 38×184 mm 목재 2개 사이에 12 mm 합판을 넣고 정면에서 못을 박아 헤더를 만든다. 합판은 꼭 연속해서 채우지 않아도 된다. 자투리 목재를 활용하기 좋은 기회이다.

16 트리머 혹은 잭 스터드를 전체 길이 스터드에 대고 정면으로 못을 박아 붙이고 스터드끼리 못으로 고정해 모서리 기둥을 만든다. 모서리 기둥을 만들 때 짧은 38×89 mm 목재를 충진재로 끼워넣으면 재료비를 아낄 수 있다.

17 헛간 바닥에 앞벽의 뼈대 부재를 늘어놓고 벽을 조립한다. 각 부재를 하나하나 배치 선에 맞춰 알맞게 배열하고 깔도리를 통과하도록 못을 박아 스터드 끝을 고정한다.

18 벽의 모서리가 직각을 이루도록 맞춘 뒤 피복 재료를 붙인다. 합판을 전체적으로 부착하고 출입구의 윗부분도 덮는다. 벽을 피복 재료로 모두 감싼 다음, 초크로 자를 선을 표시하고 출입구를 잘라낸다.

19 벽을 설치할 위치로 들어올린다. 벽이 무거우므로 기울여 올리려면 도와줄 사람이 한두 명 필요하다. 벽을 기울여 세우고 나면 벽을 똑바로 세울 때는 별로 힘이 들지 않는다.

20 벽을 받칠 임시 가새를 설치한다. 모서리 기둥과 기초에 고정한 쐐기에 38×89 mm 목재를 사진과 같이 고정한다. 벽이 수직으로 서 있는지 반드시 확인한다.

앞벽 뼈대

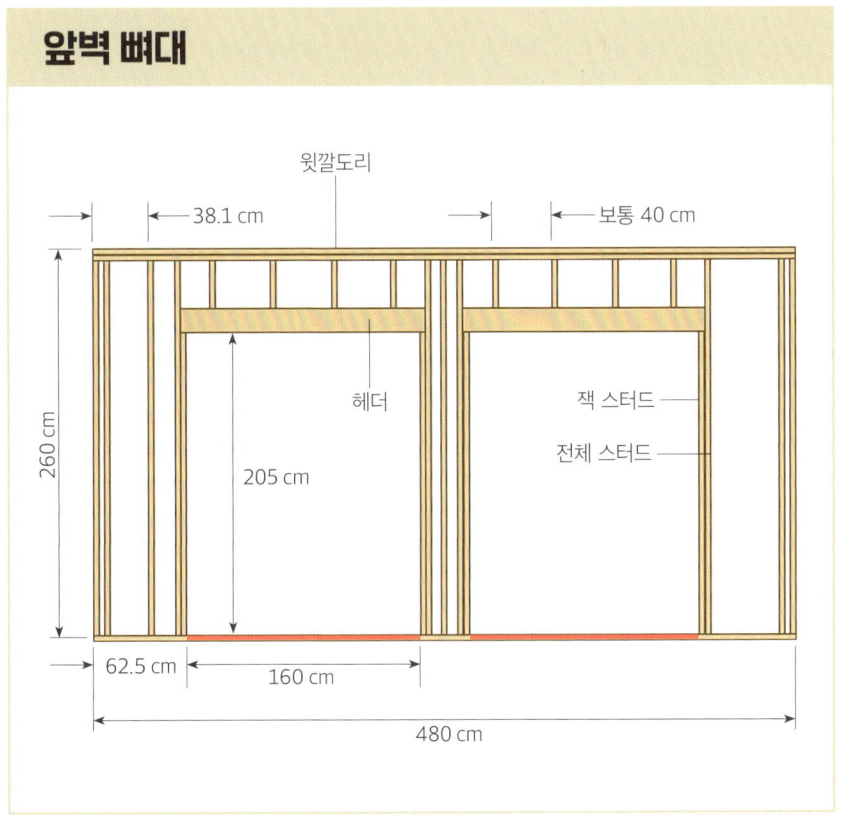

소금통형 헛간 만들기

지붕 뼈대 만들기

소금통형 헛간을 만들 때 가장 어려운 작업은 지붕 뼈대를 만드는 일이다. 박공지붕을 건물 앞으로 뻗어 내 5.4 m가 된 마룻대의 길이는 쉽게 구매할 수 있는 표준 38×184 mm 목재의 길이보다 길다. 즉 바닥 토대 3.6 m 위에서 2.7 m 목재의 끝과 끝을 맞대어 연결해야 한다는 의미이다. 또한 소금통형 구조물이라 앞쪽 서까래가 뒤쪽 서까래보다 짧아서 서까래를 두 종류의 길이로 잘라야 한다.

먼저 마룻대를 수직으로 세워 앞뒤 서까래를 잘라서 맞춰볼 수 있게 한다. 처음 자른 앞뒤 서까래 2개를 나머지 서까래를 자르는 기준으로 사용한다.

도와줄 사람이 많지 않은 한, 마룻대 2개를 임시 지지대의 꼭대기 위로 들어올린 후에 이어 붙이면 작업이 쉽다. 서까래의 위치는 마룻대 부재들을 이동식 지지대에 올려놓고 설계한다. 곧은 판을 고르고 마룻대 부재를 들어올린 다음, 끝 면끼리 맞대기이음을 할 때 가로질러 붙일 덧판 2장을 준비한다. 덧판은 서까래 사이 공간에 들어가야 한다.

마룻대를 올려놓을 임시 지지대를 만들려면 창의적으로 생각해야 한다. 옆벽을 아직 만들지 않았으므로 양쪽 끝 벽 위치에서 기초 위에 긴 스터드를 세우고 그것들을 지지할 가새를 설치해야 한다. 그리고 양쪽 끝 지지대 중간쯤에도 비슷하게 스터드와 가새를 세운다. 지지대는 서까래나 덧판 설치 위치와 겹치면 안 된다.

스터드 지지대를 가로질러 수평으로 먹줄을 치고 그 줄에 맞춰 각 스터드에 38×89 mm 목재를 덧붙인다. 마룻대를 38×89 mm 목재에 올려놓고 스터드 지지대에 클램프로 집는다. 클램프로 마룻대를 잘 고정한 다음 덧판을 붙인다.

서까래를 설계하는 방법은 여러 가지가 있지만, 여기서 가장 알맞은 방법은 직각자를 이용하는 계단식 계산법이다. 아래 설계 그림을 보고 서까래를 만들어보자.

먼저 앞쪽 서까래 2개와 뒤쪽 서까래 2개에 내민장선을 놓을 홈을 파야 한다. 내민장선에 박공서까래를 연결하는 것이다. 박공서까래는 박공지붕의 처마를 만든다. 서까래를 설치할 때 홈이 파진 서까래를 벽의 바깥면에 맞춰 놓는다. 내민장선을 홈에 끼우고 맞닿은 서까래를 통과해 못을 박아 내민장선의 끝을 고정한다. 박공서까래는 마룻대와 내민장선에 못을 박아 고정할 것이다.

앞벽과 뒷벽의 바깥면과 수평으로 놓인 서까래들 사이에 블로킹을 설치해 지붕 뼈대를 완성한다. 블로킹의 한쪽 끝은 서까래를 통과해 정면으로 못을 박아 고정하고, 반대쪽 끝은 빗못치기로 고정한다. 연결보를 재단하고 설치한다.

마지막으로 처마돌림판을 재단해 내민 처마의 서까래 끝 면을 따라 이어 붙인다.

앞면 서까래 설계

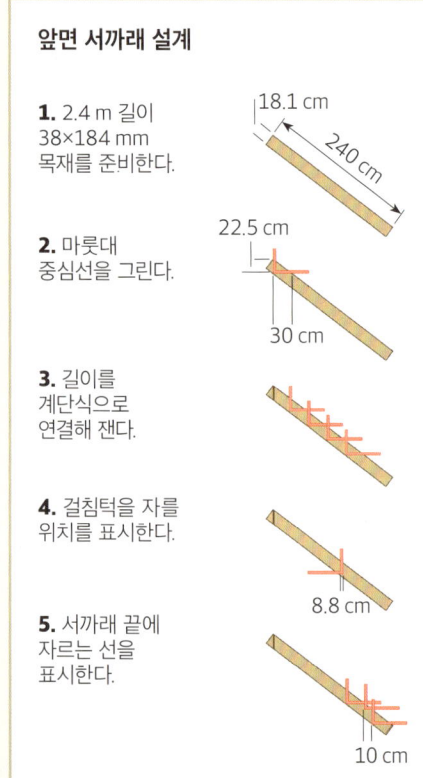

1. 2.4 m 길이 38×184 mm 목재를 준비한다.
2. 마룻대 중심선을 그린다.
3. 길이를 계단식으로 연결해 잰다.
4. 걸침턱을 자를 위치를 표시한다.
5. 서까래 끝에 자르는 선을 표시한다.

뒷면 서까래 설계

1. 3.6 m 길이 38×184 mm 목재를 준비한다.
2. 마룻대 중심선을 그린다.
3. 길이를 계단식으로 연결해 잰다.
4. 걸침턱을 자를 위치를 표시한다.
5. 서까래 끝에 자르는 선을 표시한다.

서까래를 만들 목재에 마룻대의 중심선을 표시한다. 마룻대 두께의 절반인 1.9 cm만큼 간격을 띄워 마루 부분의 자르는 선을 긋는다. 그런 다음 마루 중심선에서부터 시작해 서까래를 따라 구조물의 경계선, 즉 벽면 뼈대의 바깥쪽 모서리에 이를 때까지 30 cm씩 늘이며 계단식으로 길이를 잰다.

직각자의 긴 잣대를 구조물 벽면 외곽선에 대고 짧은 잣대는 서까래 모서리까지의 길이가 10 cm가 되도록 놓는다. 그리고 짧은 잣대를 따라 선을 긋는다.

앞면과 뒷면의 서까래를 만들고 미리 맞춰본다. 올바르게 재단했다면 두 서까래를 각각 앞면과 뒷면 서까래를 만들 때 기준으로 사용한다. 표본 서까래를 38×184 mm 목재 위에 올리고 벽면 뼈대 위에 걸치는 걸침턱과 마루 경계선을 표시한다.

마룻대에 서까래의 위치를 표시한다. 38×184 mm 마루 부재 2개를 스카프 이음 한 빗면 중심에서부터 양쪽으로 길이를 잰다. 마룻대 양쪽 면에 모두 서까래의 위치를 표시한다.

소금통형 헛간 만들기

지붕 뼈대 만들기

25

마룻대를 올려놓을 임시 지지대를 세운다. 지지대 꼭대기에 올려 고정할 받침대를 수평으로 정렬하기 위해 초크라인을 사용한다. 마룻대 부대 2개를 지지대 위에 올려 클램프로 집는다.

마룻대 올리기

마룻대를 올릴 38×89 mm 임시 지지대

38×89 mm 목재에 고정된 받침대가 마룻대를 지지한다.

228 cm / 109.5 cm / 23.1 cm / 341.7 cm / 225.5 cm / 113.3 cm / 342.5 cm

26

각각의 설치 지점에서 마룻대와 가까이에 놓이는 첫 번째 서까래를 정면으로 못을 박아 설치한다. 3½인치 못 3개를 마룻대에 박아 서까래 끝을 고정한다. 각 설치 지점의 두 번째 서까래는 서까래의 윗면 모서리를 통과해 못을 박고 양옆 면에서 비스듬히 못을 박아 고정한다(작은 사진 참고).

27

모든 서까래를 3¼인치 못을 비스듬히 박아 윗깔도리에 고정한다. 깔도리를 파고들도록 못의 각을 조정하고 서까래의 양쪽 면에 모두 못을 박는다.

28

블로킹으로 서까래 사이 공간을 메꾼다. 38×184 mm 목재를 벽의 윗깔도리에 놓고 서까래 윗면에 닿는 높이를 표시하고 결을 따라 길게 자른다. 그런 후에 서까래 사이 공간에 맞아들도록 목재의 결을 가로질러 자른다. 한쪽 서까래에는 정면으로 못을 박아 블로킹 끝을 고정하고, 반대편 서까래에는 빗모치기로 고정한다.

29

연결보를 설치한다. 먼저 연결보를 앞벽의 윗깔도리에 올려놓는다. 수평을 맞추고 뒷벽 서까래에 정면으로 못을 박아 고정한다. 그리고 다시 앞벽으로 가서 서까래에는 정면으로 못을 박고, 윗깔도리에는 비스듬히 못을 박아 연결한다.

30

내민장선을 설치한다. 앞뒷면의 서까래를 면과 면이 마주보도록 클램프로 집은 다음, 내민장선을 끼울 홈을 동시에 판다. 둥근톱으로 떼어낼 부분을 대부분 제거하고 홈 바닥을 끌로 평평하게 다듬는다.

31

내민장선을 홈에 끼우고 한쪽 끝을 바로 옆 서까래에 바짝 당겨 붙인다. 내민장선 위에서 서까래의 홈 쪽으로 3½인치 못을 2개 박는다. 바로 옆 서까래 옆면에서 정면으로 못을 박아 내민장선의 끝을 고정한다.

소금통형 헛간 만들기

옆벽 만들기

옆벽을 만드는 동안 앞벽과 뒷벽에 임시로 가새를 설치해 둔다. 벽에 자투리 목재를 고정하고 그 아래에 가새를 맞대기이음으로 붙인다. 가새를 지면에 박아둔 말뚝에 못으로 고정한다.

밑깔도리에 표시된 스터드 위치에 맞춰 옆벽의 스터드를 세우고, 서까래의 아랫면 모서리를 따라 선을 긋는다. 이 선은 옆벽에 만들 홈의 아랫면이 된다. 선을 그을 때 수평계를 이용해 스터드가 수직으로 서 있는지 확인한다.

둥근톱을 이용해 3.8 cm 폭의 홈을 판다. 먼저 스터드의 모서리를 가로지르는 비스듬한 턱을 만든 다음, 스터드 끝에서부터 절단면까지 결을 따라 잘라 홈을 만든다.

스터드를 밑깔도리에 빗모치기로 고정한다. 임시로 설치한 블록에 스터드를 맞붙여 지지해 두면 망치질을 해도 스터드가 표시된 위치를 벗어나지 않는다.

36 스터드를 수직으로 세운 다음, 스터드에 3¼인치 못을 박아 서까래와 고정한다.

37 밑깔도리에서 창문 아래의 개구부 틀sill까지 이르는 반스터드를 설치한다. 틀을 설치한 다음 밑깔도리의 배치 표시에 맞춰 반스터드를 세우고, 틀 위에서 정면으로 못을 박아 반스터드의 끝부분을 고정한다. 이렇게 윗면을 고정하고 나면 바닥면을 밑깔도리에 빗못치기로 고정하기 쉽다.

38 38×184 mm 목재와 합판 조각을 이용해 헤더를 만든다. 개구부의 틀에서 헤더까지 닿는 트리머를 설치한다. 전체 길이 스터드의 옆면에서 정면으로 3½인치 못을 박아 헤더를 설치한다.

39 헤더와 서까래 사이에 반스터드를 설치한다. 반스터드에도 서까래 아랫면 위치를 표시하고 홈을 판 다음, 위치를 맞춰 세우고 정면으로 못을 박아 서까래에 고정한다. 헤더에는 비스듬히 못을 박아 고정한다.

소금통형 헛간 만들기

옆벽 피복 붙이기

40 12 mm 합판을 올바른 높이로 고정하기 위해 기초에 임시로 덧도리를 설치한다. 먼저 옆벽 전체에 피복을 부착한다. 피복 재료를 덧도리에 올려놓고 좌우로 위치를 조정한 다음, 스터드에 박아 고정한다.

41 삼각형 모양의 박공벽에 피복을 부착한다. 합판 3장을 준비하고 헛간의 치수를 재 삼각형 벽면을 설계한다. 이때 내민장선의 아랫면에 잘 맞아들어가도록 치수를 잰다. 마룻대를 끼울 홈을 표시하고 합판을 자른 다음, 옆벽에 붙인다.

42 창문과 문을 끼울 개구부를 자른다. 먼저 헛간 안쪽에서 개구부의 모퉁이에 구멍을 뚫고, 손으로 그리거나 초크로 구멍을 잇는 선을 그린 다음, 선을 따라 잘라 피복 재료를 제거한다.

지붕 피복 붙이기

43 박공서까래를 설치한다. 박공서까래는 옆벽 바깥으로 뻗는 내민장선의 끝에 부착한다. 외관을 돋보이게 하려면 사진과 같이 24 mm 두께의 소나무 목재를 사용하거나, 38×184 mm 목재 중에 옹이가 없고 곧은 것을 고른다.

44 서까래 끝에 처마돌림판을 붙인다. 처마돌림판을 연장해야 할 때는 판을 비스듬하게 깎아 스카프 이음으로 연결하고, 서까래 끝과 겹치는 위치에 접합부를 두어 단단히 고정한다.

45 처마를 따라 지붕 피복 재료를 붙인다. 피복의 첫 번째 열을 전부 붙인 다음, 38×89 mm 목재를 서까래에 못으로 고정해 발판을 마련한다. 두 번째 열의 피복 합판을 설치하면서 38×89 mm 목재를 또 더하고, 같은 방식으로 지붕을 위쪽까지 덮어 나간다. 2½ 못으로 합판을 단단히 고정할 수 있도록 모든 피복 합판이 서까래에 반 정도 올라오게 배치한다. 양끝 모서리를 따라서는 15 cm 간격으로, 안쪽에는 30 cm 간격으로 못을 박는다.

소금통형 헛간 만들기

지붕널 붙이기

간단한 지붕 작업에는 줄자, 초크라인 상자, 망치, 커터칼과 여분의 칼날, 삼각자, 지붕 펠트지를 붙일 스테이플러, 비흘림을 자를 금속 절단기만 있으면 된다. 공기압을 가해 못을 박는 지붕 타정기를 사용하면 작업 속도가 빨라지지만, 간단한 지붕 작업이라면 꼭 필요한 것은 아니다.

안전과 효율 면에서 보면 처마를 따라 작업해야 하므로 비계(임시가설물)가 꼭 필요하다. 51~52단계에서 사용하는 지붕 작업용 쐐기는 투자할 만한 가치가 있다.

펼쳐 까는 롤 지붕 마감재가 헛간용으로 괜찮아 보일 수 있지만 사용하지 않는 것이 좋다. 롤 마감재가 지붕널보다 약간 저렴하지만 지붕널만큼 오래가지 않으며, 깔끔하게 설치하기도 생각보다 어렵다.

46 1 mm 두께의 아스팔트펠트를 지붕에 스테이플로 고정한다. 펠트지를 지붕 전체 너비만큼의 길이로 자른다. 첫 번째 장을 지붕의 끝선에 맞추고 스테이플로 반대쪽 끝까지 고정해 간다. 두 번째 층을 첫 번째 장 위에 10~15 cm 정도 겹쳐서 덮는다. 스테이플로 너무 많이 박지 말고, 지붕널을 설치할 때까지 제자리에 잡아둘 정도로만 고정한다.

47 피복 재료의 모서리를 보호하기 위해 비흘림 테edge를 설치한다. 지붕의 아랫면을 따라서는 아스팔트펠트가 비흘림 테를 덮도록 설치하고, 박공서까래를 따라서는 비흘림이 펠트 위를 덮도록 설치한다.

48 시작줄 설치 방법을 이용해 지붕널을 붙이기 시작한다. 지붕널의 날개를 잘라내고 지붕 모서리를 따라 놓은 다음 고정한다.

49

첫 번째 줄의 지붕널 날개가 시작줄을 완전히 덮을 수 있도록 지붕널을 배치한다. 시작줄의 경계선 부분을 모두 가린다. 보통 날개 사이 홈 위에 하나씩, 지붕널 하나당 4개의 못을 사용한다.

50

다음 층들을 붙이기 시작한다. 층마다 날개 사이의 홈이 서로 빗겨나도록 위치를 조정해야 하기 때문에 6줄 중 5줄에서는 첫 번째 지붕널을 잘라야 한다. 두 번째 줄은 날개 2개 반짜리 지붕널로, 세 번째 줄은 날개 2개짜리 지붕널로 시작한다. 나머지도 이와 같은 방식으로 지붕널을 붙여 나간다.

51

지붕을 붙여 올라가면서 안전하게 작업하기 위해 지붕 작업용 쐐기를 설치한다. 발판마다 3½인치 못을 지붕널과 서까래를 관통해 박는데, 쐐기를 걸 수 있도록 못의 머리를 튀어나오게 남겨둔다. 쐐기 2개를 설치하면 2.4 m 길이의 38×140 mm 목재를 충분히 받칠 수 있다.

52

지붕널 설치가 끝나면 지붕널의 날개를 들어올리고 못에 걸린 작업용 쐐기를 빼내 제거한다. 못을 완전히 박아넣고 머리를 아스팔트 지붕널의 날개로 덮는다. 날개를 꾹꾹 눌러준다.

169

소금통형 헛간 만들기

창문 설치하기

53 아스팔트펠트나 투습방수지로 헛간을 감싼다. 모퉁이를 감싸고 창문 개구부를 가로질러 펠트지를 붙인다. 각 층의 펠트지가 아래층의 펠트지와 겹쳐지도록 하고, 끝과 끝도 서로 겹쳐 붙인다. 펠트지를 합판에 스테이플로 고정한다. 개구부에서는 커터칼을 이용해 펠트지를 자른다.

54 창문 개구부 주위에 남은 펠트지를 개구부의 모서리가 덮도록 접어서 스터드, 문틀sill, 헤더에 각각 스테이플로 고정한다.

55 개구부 안에 창문을 설치한다. 제품을 문턱 위에 올리고 가운데 오도록 정렬한 다음, 개구부 안으로 기울여 넣는다. 못 박는 플랜지의 네 면이 모두 헛간 벽에 꼭 맞닿았는지 확인한다. 헛간 안쪽에서 고임목을 이용해 제품을 수직으로 세운다.

56 플랜지에 못을 박아 개구부 뼈대에 창문을 고정한다. 대부분 창문에는 못 박을 곳을 표시하기 위해 플랜지에 구멍이 뚫려 있다.

처마반자와 처마돌림으로 마감하기

57

처마 밑면을 사진과 같은 플라스틱 처마반자 판이나 6 mm 외장용 합판 조각으로 덮는다. 앞면과 뒷면의 내민 처마 아래에서는 반자 판이 서까래를 가로질러 들어간다. 처마반자를 서까래의 아래쪽 면에 못으로 박아 고정한다. 박공벽, 즉 옆벽에 박공서까래와 나란하게 38 mm 두께의 못치기판을 설치한다.

58

처마반자를 짧게 잘라 박공측 처마에 붙인다. 세이버톱이나 둥근톱으로 플라스틱을 자른다. 처마반자의 밑면을 앞서 설치한 반자의 이음매에 끼운다. 이음매를 따라 반자를 벽으로 밀어넣는다.

59

처마반자를 고정한다. 반자 판을 단단히 잡아당겨 바로 옆 반자와 잘 연결되었는지 확인한다. 그런 다음 못 구멍으로 알루미늄이나 아연 도금된 루핑 못을 박는다. 옆벽에 설치한 못치기판에 못을 하나 박고 서까래에 또 하나를 박으면 반자가 떨어지지 않는다.

60

박공서까래와 처마돌림을 관리하기 쉬운 플라스틱 마감재로 덮는다. 플라스틱 처마돌림의 가장자리로 반자 끝을 덮고, 처마돌림의 윗면 모서리는 지붕의 비흘림 아래로 끼워넣는다.

소금통형 헛간 만들기

창문, 문, 모서리 마감하기

소금통형 헛간에 몰딩 처리를 하는 것은 전통적인 헛간 디자인에서 매우 중요한 작업이다. 넓은 판을 이용해 창문과 문의 틀을 만들고 모서리에도 몰딩을 한다.

외관을 좋게 하려면 몰딩에 24 mm 두께의 목재를 사용한다. 24 mm 소나무는 두께가 25~30 mm 정도이고 10~30 cm 사이의 표준 공칭 너비로 판매된다. 프라이머를 미리 발라놓은 24 mm 몰딩 판을 파는 곳도 있다.

헛간을 아스팔트펠트나 투습방수지로 감싸고 처마반자를 설치한 후에 몰딩 판을 붙인다. 몰딩을 잘라 창문과 문설주 주위에 단단히 끼워맞춰 본다. 창문 바깥쪽에 붙이는 몰딩은 창문의 못 박는 테두리를 덮도록 홈을 파면 완벽하게 맞출 수 있다. 각 부분의 몰딩을 재단하고 나면 미리 맞춰볼 수 있도록 살짝 고정해 본다.

습기를 막아주는 프라이머가 발린 목재를 사용하지 않는다면 몰딩을 완전히 부착하기 전에 떼어내 앞면, 뒷면, 모서리 네 면에 모두 프라이머를 바르고, 프라이머가 마르면 몰딩을 고정한다. 몰딩과 창문 사이의 경계선을 초크로 표시한다. 노출된 모든 표면에 적어도 한 번은 마무리 칠을 한다. 이제 헛간에 외장재를 붙일 준비가 끝났다.

프라이머 바르기

목재를 고정하기 전에 프라이머를 바른다. 목재의 앞뒤 양쪽 면과 나뭇결이 드러나는 끝부분을 포함한 모든 모서리에 프라이머를 바르는 것이 가장 좋다. 프라이머는 목재에 습기가 스며들지 않도록 도와주는 보존제 역할을 한다.

61

모서리 몰딩을 설치한다. 박공측의 처마반자와 만나는 판은 연귀를 잘라 맞추고, 이와 맞붙는 판도 같은 각도로 비스듬히 모서리를 자른다. 두 부재를 못으로 연결한다.

62

조립한 몰딩이 헛간 벽에 반듯하게 붙고 처마반자와 단단히 밀착되는지 확인하면서 3¼인치 아연 도금된 끝막음 못으로 모서리 몰딩을 고정한다. 못이 헛간의 모서리 기둥까지 뚫고 들어가는지 확인한다.

63 출입구에 몰딩을 대기 전에 밑깔도리를 잘라낸다. 쇠톱을 이용해 출입구 양쪽의 스터드와 나란하게 밑깔도리를 자른다.

64 창문 몰딩을 잘라 맞춰본 후에 프라이머를 칠한다. 몰딩 조각 뒷면에 창틀의 못 박는 테두리를 덮을 수 있는 홈을 파면 몰딩이 피복 재료와 평평하게 맞춰진다. 창문의 외장용 틀 안으로 몰딩을 맞춰 넣으려면 몰딩 판의 앞면에 홈을 파야 할 수도 있다.

65 창문 위에 헤더 몰딩을 설치한다. 중앙으로 정렬하고 창문에 단단히 붙여 고정한다. 창문 양쪽 측면에 세로 방향의 몰딩을 맞춰 넣는다. 그리고 창문과 헤더에 꼭 맞붙도록 끼운다.

66 3¼인치 아연 도금된 끝막음 못으로 몰딩을 헛간에 고정한다. 네일 세트를 이용해 못머리구멍을 파고 머리를 묻는다. 못머리구멍을 코킹으로 메우고 페인트로 마무리 칠을 해 몰딩 처리를 마무리한다.

소금통형 헛간 만들기

헛간 외장재

비스듬히 나무를 겹쳐 붙이는 베벨 판벽은 설치 시 멋져 보이고 내구성도 좋지만, 비용이 많이 든다. 뒷마당 헛간에는 섬유 시멘트나 하드보드를 겹쳐 붙여도 외관이 비슷하게 좋아 보인다. 19×38 mm 세로 널이 있는 외장용 합판, 섬유 시멘트 패널, 압축 하드보드 또는 OSB 외장재 상품들도 세로로 홈이 난 T1-11 합판만큼 선택할 만하다. 삼나무 지붕널도 고려해 본다. 단, 플라스틱 외장재는 키우는 동물들이 망가뜨릴 수 있으니 피하는 편이 좋다.

여기서는 잘 건조된 적삼목을 사용했다. 외장재는 두께가 12 mm(가장 두꺼운 모서리에서), 폭이 20 cm이다. 일반적으로 적삼목은 60 cm 단위로 1.2~4.8 m 사이에서 원하는 길이로 구매할 수 있다.

삼나무는 잘 쪼개지므로 나무를 다루고 자를 때 조심해야 하며, 나사나 못을 박을 때마다 파일럿 홀을 뚫는다. 삼나무에는 페인트나 스테인을 발라야 한다. 스테인 또는 프라이머를 앞뒷면에 바른 후에 외장재를 설치한다. 아무것도 바르지 않은 채 설치하면 시간이 지나면서 색이 어둡게 변한다.

67 벽면의 바닥을 따라 판자를 고정해 외장재를 붙인다. 덮이는 외장재의 높이와 같은 높이로 목재를 길게 자른다. 손상된 얇은 외장재의 윗면 모서리를 외장재의 시작 층 재료로 사용하고, 모서리 몰딩의 바닥면과 평평하게 설치한다.

68 첫 번째 외장재 널빤지를 시작 층 판자 위에 설치한다. 모서리 몰딩 사이에 꼭 맞아들어가는 길이로 자른다. 벽에 외장재를 붙여 올라가다 보면 판자 2개로 한 층을 만들어야 할 수도 있다. 하지만 첫 번째 층에는 하나의 연속된 널빤지를 사용하는 것이 가장 좋다.

69 삼나무를 자를 때는 커터칼로 자를 선을 그어서 목재가 쪼개지지 않도록 한다. 커터칼을 사용하면 나무가 조각나는 것을 막을 수 있으며, 미리 마무리 칠이 된 외장재를 자를 때 특히 더 유용하다. 자동 연귀톱을 사용하면 빠르게 목재의 결을 가로질러 자를 수 있다. 세이버톱으로도 같은 작업을 할 수 있는데, 세이버톱은 홈을 팔 때도 유용하다.

70 창문과 문 주변에 부착할 외장재에 홈을 판다. 목재 하나로 창문과 문의 위아래에 외장재를 붙이려면 홈을 세심하게 잘라야 한다. 설계가 정확해야 하고, 부러뜨리지 않고 목재를 끼워넣는 일이 어려울 수 있다. 하지만 예쁘게 작업하기를 포기하면 일이 쉬워진다. 널빤지 2개를 이용해 창문 양쪽에서 외장재를 붙여 한 층을 만드는 방법도 있다.

71 외장재에 못을 박을 때마다 파일럿 홀을 뚫는다. 삼나무는 잘 쪼개지기 때문이다. 간단한 기준대로 못의 머리가 가지런히 정렬되도록 모서리에서 드릴 비트까지의 거리를 맞출 수 있다. 아스팔트펠트지 위에 초크 라인으로 스터드의 위치를 표시한다.

외장재 붙이기

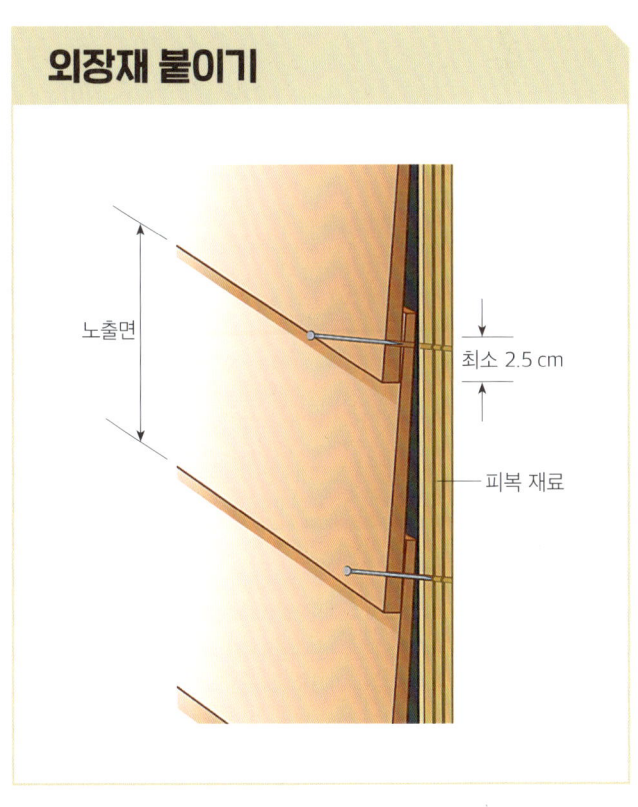

소금통형 헛간 만들기

여닫이문 만들어 붙이기

72
19 mm 합판 패널에 뼈대를 붙여 문을 만든다. 문을 장식하고 싶다면, 알맞은 크기로 자른 다음 라우터와 V자 홈파기 비트를 이용해 패널 앞면에 홈을 판다. 직선자를 합판에 고정해 놓고 잣대를 따라 라우터를 움직인다.

73
문의 뼈대를 만들 부재를 크기에 맞게 자른다. 뼈대의 윗면과 옆면은 19×140 mm 목재를, 아랫면은 19×184 mm 목재를 사용한다. 부재들을 부착할 위치에 놓고 클램프로 집는다. 뼈대의 사재를 만들기 위해 19×140 mm 목재를 필요한 것보다 몇 cm 더 길게 자른 후에 11.2 cm 폭으로 길게 자른다. 크기를 대강 맞춘 사재를 위치를 맞추어 놓고 클램프로 집는다.

74
뼈대의 사재와 가로 부재들이 만나는 부분을 표시한다. 사진과 같이 몸통은 가로 부재와 나란하고 날은 사재와 나란하도록 자유자를 놓는다. 이 각도를 이용해 사재의 옆면에 그어놓은 선에서부터 사재를 가로질러 자르는 선을 표시한다.

75
뼈대 부재를 하나씩 풀어 뒷면에 건축용 접착제를 바른다. 모두 원래 위치에 다시 놓은 다음 완전히 고정한다.

76 부재끼리 또 부재와 합판 패널이 서로 잘 붙도록 접착제가 굳는 동안 클램프로 집어둔다. 세로 부재가 가로 부재의 끝 면에 꽉 물리도록 파이프 클램프를 세로 부재를 가로질러 고정한다. 바 클램프와 C-클램프로는 부재들을 합판 표면에 단단히 눌러 고정한다. 부재들을 고정해둔 상태로 못머리구멍을 파고 1¼인치 아연 도금된 끝막음 못을 박는다.

77 문에 프라이머와 페인트를 칠하기 전에 모든 옹이에 셸락을 바른다. 왁스 성분을 제거한 제품이나 색소가 있는 제품을 사용한다. 빠르게 마르는 이 밀봉제는 옹이의 수액이 페인트 밖으로 흘러나와 보기 흉한 얼룩을 만드는 것을 막아준다. 옹이와 송진 구멍에만 셸락을 여러 번 덧바르고, 다 마른 후에 문 전체에 프라이머와 페인트를 칠한다.

78 T형 경첩을 미리 문에 부착한 상태로 문을 출입구에 놓아 문틀에 경첩의 위치를 표시한다. 헤더 몰딩에 영구적으로 사용할 문받이, 문지방에 임시 문받이를 설치해 두면 문의 위치를 맞추기가 좋다. 문의 바닥면을 고임목 위에 올리고 문틀에 맞닿게 밀어 나사 위치를 표시하고 경첩에 동봉된 나사를 박아 문을 설치한다.

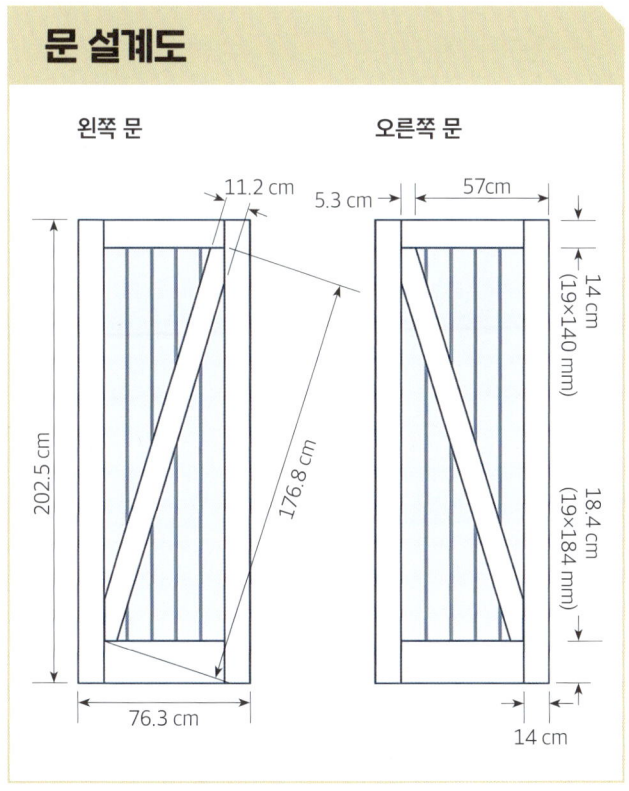

문 설계도

염소 헛간

염소들이 쉬는 공간에는 많은 것이 필요치 않다. 염소는 물에 젖는 것이 유일한 위험 요소인 매우 강인한 생명체다. 염소는 극단적인 기온에서도 잘 버티지만, 눈이나 비, 바람을 피할 은신처는 꼭 있어야 한다.

여기서 소개하는 간단한 헛간은 기본적인 요구를 충족시켜 주는 것 외에 몇 가지 시설을 더 갖추었다. 염소들은 잠을 자거나 느긋하게 앉아 있을 수 있는 선반을 좋아한다. 먹이가 젖지 않고 바닥에서 띄워져 있는 것을 더 좋아하므로, 여물통을 설치하면 유용하게 사용할 수 있고 버려지는 건초도 줄일 수 있다. 또 큰 출입구를 좋아하고(문은 필요 없음), 창 밖으로 무언가를 바라보는 것을 즐긴다.

여기서 소개하는 헛간은 가장 간단하게 만든 기본형이다. 차지하는 공간은 1.8×2.4 m, 높이는 앞면 1.8 m, 뒷면 1.2 m로 나지막해 뒷마당에 설치하면 아기자기한 느낌을 준다.

12 mm 외장용 합판 피복을 마감 외장재로 사용해도 괜찮고, 더 멋스럽게 꾸미고 싶다면 합판 피복을 토대로 베벨 판벽을 설치하거나 판재를 붙이고 연결부를 좁은 판으로 가리는 틈막이 붙임을 해도 된다.

부재를 배치하는 단계가 가장 어렵다. 충분한 강도를

염소들은 눈·비와 거세게 부는 바람만 막아주면 된다. 위 사진에서 볼 수 있는 단순한 헛간은 염소들에게 마른자리를 만들어 주며, 개방적이어서 염소들이 헛간 안에서 무언가를 계속 지켜볼 수 있다. 길게 내민 지붕은 염소들이 먹기 좋은 높이에 달린 여물통을 보호해 준다.

염소는 발이 젖는 것을 싫어하고, 어딘가에 올라 앉아 있을 때 안정을 찾을 수 있다고 한다. 오른쪽 사진의 간단한 취침 선반은 두 조건을 모두 만족한다. 창문을 반드시 설치해야 하는 것은 아니지만 염소들은 창문을 좋아한다.

얻기 위해 합판으로 바닥 뼈대를 덮어 모서리를 단단하게 접합한다. 즉 피복 재료가 벽의 바닥 면보다 10 cm 더 아래로 내려와야 한다. 앞벽과 뒷벽의 피복도 옆벽과 겹쳐서 모서리를 단단하게 고정한다. 따라서 합판 접합부가 완전히 고정되도록 뼈대를 신중하게 설계해야 한다.

도구		재료	
말뚝과 건축용 먹줄	쇠지렛대	일반 콘크리트 블록(기초)	2½인치 아연 도금된 일반 못 또는
12~24날 카바이드	망치	외장용 등급의 12 mm 두께	1½인치 외장용 나사
팁 톱날이 장착된	쇠톱	1.2×2.4 m 합판 8장	롤 지붕 마감재
둥근톱	대형 T자	19 mm 두께 방부목 합판 2장(바닥)	비흘림
세이버톱	삼각자	3.0 m 길이 38×140 mm 목재 2개	루핑 못
지지대	직각자	2.4 m 길이 38×89 mm 목재 26개	지붕 실란트
줄자	스퀴즈 클램프	3 m 길이 38×89 mm 목재 8개	창에 붙일 아크릴판
무선 드릴 드라이버	커터칼	3.6 m 길이 38×89 mm 목재 4개	½인치 냄비머리 나사
드릴과 드라이버		3½인치 아연 도금된 일반 못 또는	
비트		3인치 외장용 나사	

염소 헛간 설계도

헛간의 뼈대를 구성할 때 꼭 필요한 치수를 다음과 같이 설계도에 표시했다. 합판을 재단하고 배치하는 방법도 나타냈으므로 이를 참고해 접합부를 튼튼하게 연결하고 재료를 효율적으로 사용할 수 있다. 바닥에는 장선을 중심 간 간격 30 cm로 배치해 튼튼하게 만든다. 벽의 스터드는 중심 간 간격 60 cm, 지붕 서까래는 중심 간 간격 40 cm로 배치한다.

지붕의 들보는 장식적인 효과를 낼 뿐 아니라 지붕 시공을 단순하게 하는 장치이다. 서까래를 스터드에 맞춰 설치할 걱정 없이 바닥에서 지붕 뼈대를 조립한 후에 헛간 위로 밀어 올릴 수 있다.

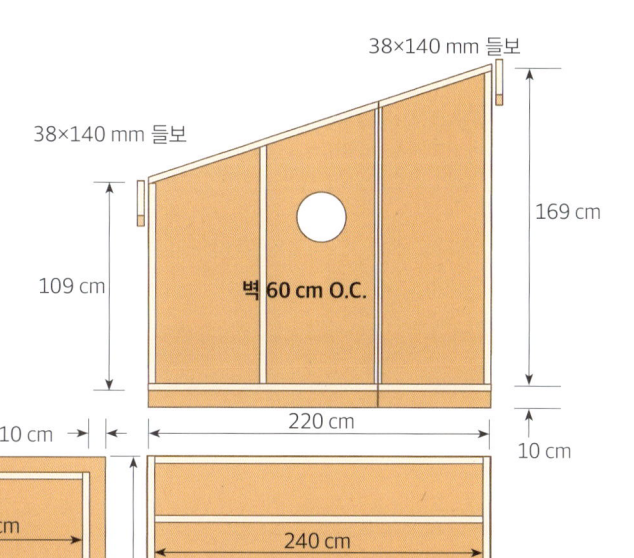

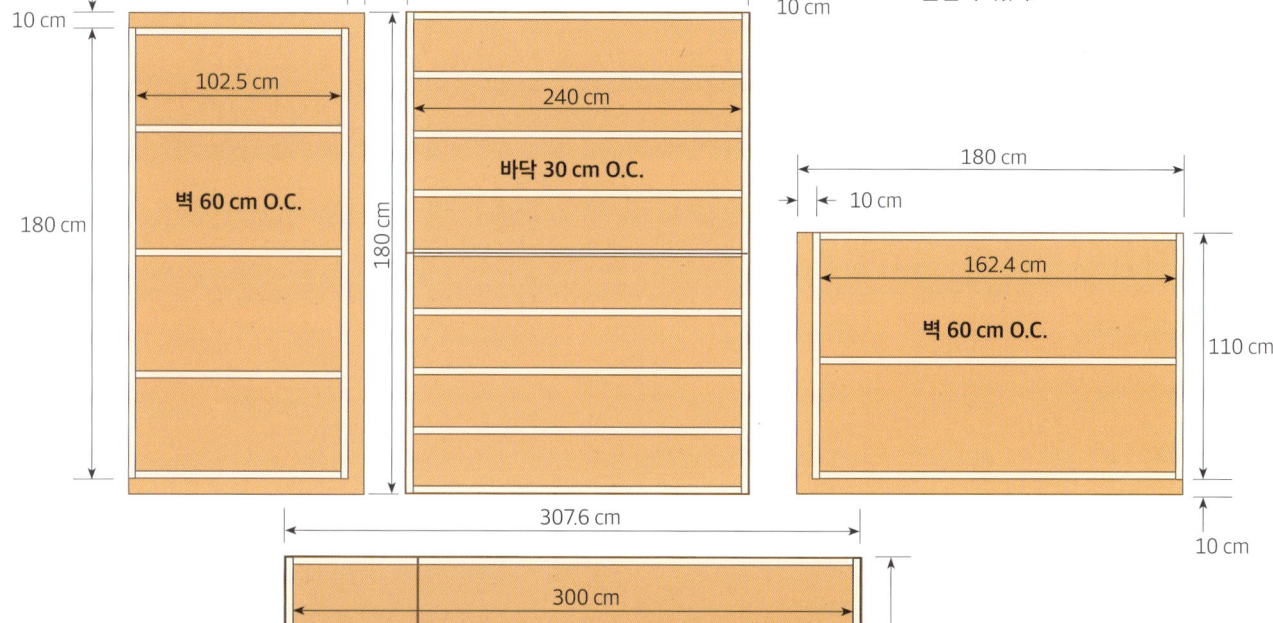

초보자라면 재료를 고정할 때 외장용 나사를 사용한다. 가격이 조금 더 비싸고 설치하는 시간도 조금 더 걸리지만, 잘못 박았을 때 다시 빼낼 수 있고 체결력도 매우 좋다.

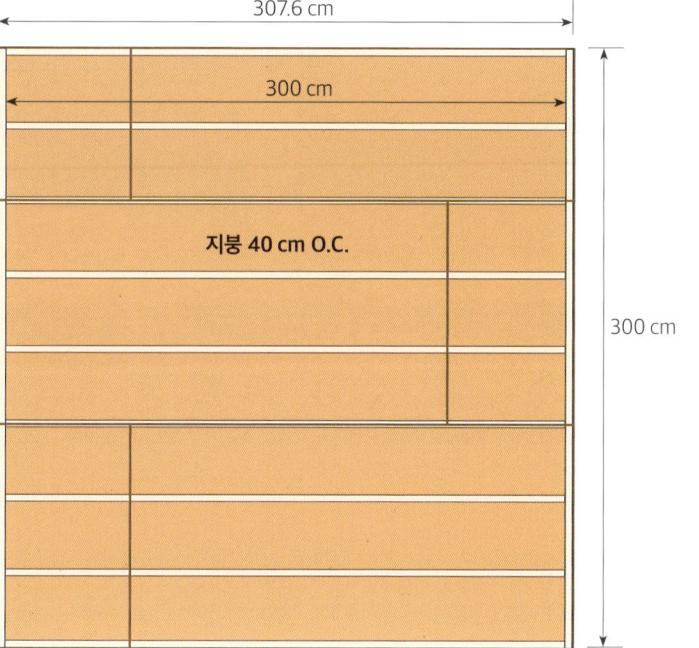

염소 헛간 만들기

1 바깥면의 치수가 180×240 cm가 되도록 바닥 뼈대를 만든다. 말뚝과 건축용 먹줄을 이용해 블록 기초를 놓는다. 38×89 mm 장선을 중심 간 간격 30 cm로 배치하고 3½인치 아연 도금된 일반 못 또는 3인치 외장용 나사로 고정한다.

2 바닥 뼈대가 수평으로 놓였는지 확인하고 필요하면 기초 블록의 높이를 조정한다. 네 모서리의 수평을 모두 확인한다. 할 수 있는 한 정밀하게 수평을 맞춰야 하지만, 약간 처짐이 생길 수밖에 없다.

3 합판 한 장을 가져와 바닥의 모퉁이를 직각으로 다듬는다. 공장에서 다듬어 나오는 모서리는 다른 자들만큼이나 잣대로 사용하기가 좋다. 합판을 장선에 부착하기 위해 체결 재료 위치를 합판에 표시한다(작은 사진 참고).

4 2½인치 아연 도금된 일반 못이나 1½인치 외장용 나사를 25~30 cm 간격으로 박아서 합판을 바닥에 고정한다. 합판을 크기에 맞춰 자른다. 톱날이 걸리지 않도록 이동식 지지대 위에 38×89 mm 목재를 올리고 합판을 받쳐 자르거나, 합판을 바닥에 고정한 후 자른다(12단계 참고).

아이들과 함께 만들기

뒷마당 농장 구조물을 만드는 작업은 아이들을 집안일에 참여시키고 목공 기초 지식을 알려주는 좋은 기회가 될 수 있다. 못박기는 알려주기 좋은 기본 기술이다. (망치 손잡이 끝을 잡고 어깨를 써서 못을 친다.) 쇠톱을 사용하는 작업은 아이들에게 자신감을 채워준다. (톱날 전체를 사용해 톱으로 작업을 하게 한다.) 측정 기술은 재미있는 일은 아니지만 길이 단위를 알게 해준다. (V자를 이용해 정확한 위치를 표시한다.) 무엇보다도 이 일에 참여하는 것만으로 아이들은 여러 사물이 어떻게 함께 어울리는지 직관적으로 이해할 수 있게 된다.

5 38×89 mm 밑깔도리 위에 중심 간 간격 60 cm로 스터드를 배치해 경사진 옆벽을 설계한다. 같은 길이의 19×89mm 목재에 스터드 위치를 똑같이 옮긴다.

중요 합판의 한 판을 그대로 사용할 수 있게 한쪽 모서리에서 120 cm 떨어진 곳에 중심을 맞춰 스터드를 배치한다. 180 cm 긴 스터드, 120 cm 짧은 스터드를 하나씩 자른다.

6 180 cm, 120 cm 스터드를 밑깔도리 양 끝에 3인치 외장용 나사로 고정한다. 밑깔도리와 똑같이 스터드 위치를 표시한 38×89 mm 목재를 바닥에서 90 cm 떨어뜨려 1½인치 외장용 나사로 고정한다. 중간 스터드들도 사진과 같이 설치하는데, 모든 스터드가 필요한 것보다 조금 더 길어야 한다. 38×89 mm 목재의 표시에 맞춰 스터드를 정렬해 고정한다. 가장 긴 스터드에 169 cm, 가장 짧은 스터드에 109 cm 지점을 표시한다. 두 지점에 맞춰 38×89 mm 목재를 놓고 스터드에 비스듬한 절단선을 그린다.

7 둥근톱을 각도에 맞춰 놓는다. 38×89 mm 목재 자투리를 시험 삼아 잘라보고 톱질이 정확한지 확인한다. 필요하다면 각도를 조정한다. 스터드에 번호를 쓰고 모두 해체한다.

염소 헛간 만들기

8 삼각자를 기준 잣대로 사용해 스터드를 비스듬히 자른다. 스터드를 이동식 지지대에 단단히 고정하고 자른다.

9 스터드를 정확히 배치하기 위한 안내자인 38×89 mm 목재를 다시 부착해 옆벽 뼈대를 조립한다. 직각자를 이용해 뼈대의 모퉁이를 수직으로 다듬는다. 윗깔도리를 벽면 크기에 맞게 다듬지 않고 먼저 3½인치 아연 도금된 일반 못이나 3인치 외장용 나사로 고정한다.

10 쇠톱을 이용해 윗깔도리의 양쪽 끝을 잘라낸다. 같은 과정을 반복해 반대쪽 옆벽을 만든다.

11 합판의 한쪽 끝 모서리에서 10 cm를 잰 다음, 멈춤대 역할을 하도록 못을 2개 꽂는다. 합판을 옆벽 뼈대를 따라 올려놓아 꽂아놓은 못이 밑깔도리에 닿도록 한다. 벽면 아래로 내민 부분의 길이를 다시 잰다.

12 초크라인이나 직선 모서리를 이용해 합판에 자를 선을 긋고 남는 합판을 자른다. 합판이 거의 다 잘렸을 때는 남은 부분을 잡아줄 사람이 필요하다. 잘린 합판 조각은 지붕 피복으로 사용할 수 있도록 옆으로 치워둔다.

13 직선 면을 잣대로 삼아 합판을 길이 방향으로 길게 자른다. 합판을 절단할 때는 톱날이 나무에 걸리지 않도록 항상 38×89 mm 목재 4개를 합판 아래에 받친다.

14 20~25 cm 간격으로 나사나 못을 박아 옆벽에 피복 재료를 마저 부착한다. 반대편 벽에도 피복을 입힌다. 179쪽 설계도를 따라 뒷벽의 뼈대를 만들고 피복을 부착한다.

15 옆벽 하나를 세우고 바닥의 앞면 모서리와 맞춰 세심하게 정렬한다. 3½인치 아연 도금된 일반 못이나 3인치 나사를 박아 밑깔도리를 바닥에 고정한다.

염소 헛간 만들기

16
뒷벽을 세우고 조심스럽게 밀어서 옆벽에 바짝 붙인다. 모퉁이를 정렬하고 2½인치 아연 도금된 못이나 1½인치 외장용 나사를 옆벽 바깥쪽에서 정면으로 박아 뒷벽 모서리를 고정한다. 바닥에 단단히 맞닿게 놓고 밑깔도리를 고정한다.

17
벽이 수직으로 세워졌는지 확인하고 두 벽을 연결하는 작업을 마무리한다. 밑깔도리를 따라서는 1 m 정도 간격으로 나사나 못을 2개씩, 뒷벽의 피복 합판이 옆벽과 겹치는 모퉁이에서는 30 cm마다 하나씩 박는다. 그러면 모퉁이에서 두 벽이 서로 직각으로 만나 헛간이 더 튼튼해진다.

18
남은 옆벽과 앞벽을 세운다. 남은 벽면에 창을 만들고 싶다면 120쪽 닭장 만들기에서 설명한 방법으로 벽을 세우기 전에 창구멍을 뚫는다.

19
헛간의 앞뒷면에서 지붕을 받칠 38×140 mm 들보를 3 m 길이로 2개 자른다. 들보를 예쁘게 만들려면 들보의 아랫면에서 7.5cm 위, 양쪽 끝에서 12.5 cm 안쪽에 점을 찍는다. 표시된 두 점 사이에 선을 긋고 사진과 같이 끝을 자른다.

20 들보의 양쪽 끝에서 30 cm 떨어진 곳을 표시하고 들보를 헛간의 앞면에 부착한다. 들보를 윗깔도리보다 3 cm 높여 모서리마다 3인치 나사를 하나씩 박아 고정한다. 들보의 수평을 맞추는 동안 한 사람은 벽면이 수직으로 서 있는지 지켜본다. 들보와 벽이 모두 바로 정렬되면 스터드마다 나사나 못을 2개씩 박아 들보를 고정한다. 두 번째 들보는 헛간 뒷면에 윗깔도리보다 0.6 mm 낮춰 설치한다.

21 3 m 길이의 38×89 mm 지붕 앞뒷면 부재, 2.4 m 길이의 38×89 mm 서까래로 지붕 뼈대를 만들고, 3½인치 못이나 3인치 나사로 조립한다. 서까래를 중심 간 간격 40cm로 배치한다.

22 1.2×2.4 m 합판 한 장을 붙이면서 지붕의 모퉁이에서 부재가 직각으로 만나게 조정한다. 20~25 cm 간격으로 2½인치 못이나 1½인치 나사를 박아 합판을 고정한다. 이 단계에서는 피복 재료를 추가로 더 부착하지 않는다.

염소 헛간 만들기

23
지붕을 헛간 위로 기울여 올린다. 사진과 같은 방향으로 서까래가 놓이게 한다. 지붕을 밀어서 옆면 모서리를 들보의 끝에 맞추고 헛간 앞으로 지붕을 1.2 m 이상 내밀어 비가 헛간 안으로 들이치지 않게 한다. 그러면 헛간 뒤쪽으로 60 cm 정도 지붕이 남게 된다.

24
사진과 같이 연결 철물을 사용하거나 3½인치 못이나 3인치 나사를 비스듬히 박아 모든 서까래를 고정한다. 피복을 부착할 때는 접합부를 엇갈리게 놓고 2½인치 시멘트 코팅된 못을 20~25 cm 간격으로 박아 부착한다.

25
지붕에 아스팔트펠트나 타르지를 붙였다면, 앞면 처마와 옆면에는 펠트지 위에 비흘림을 설치하고, 뒷면 처마에는 펠트지 아래에 비흘림을 설치한다. 지붕을 바로 덮으려면 펠트지를 스테이플로 고정하고, 그렇지 않으면 종이가 날아가지 않도록 졸대를 못으로 박아 고정한다.

직접 만들 수 없다면?

만약 자재를 손질해 헛간을 지을 시간이나 목공 기술이 부족해 직접 만들 수 없다면 완제품이나 헛간 조립 세트를 구입하는 것을 고려해 보자. 조립식 부품을 구입하면 기본적인 목공 기술만으로 헛간을 조립할 수 있다.

완제품 헛간은 공장에서 생산 설비를 따라 조립하는 방식으로 제작되므로 비용이 저렴하고, 현장에서 직접 만드는 헛간보다 질도 더 좋을 수 있다.

26
190쪽에 설명한 방법을 따라 롤 지붕 마감재를 붙인다. 바닥에서 마감재를 재단하면 일이 더 쉽다. 롤 마감재를 붙이는 대신, 아스팔트펠트를 한 겹 깔고 주름진 알루미늄 지붕판을 설치해도 된다.

27
선반을 설치한다. 폭이 60 cm인 38×89 mm 목재 뼈대를 양 옆벽 스터드에 닿을 정도로 길게 만든다. 바닥에서 40 cm 띄워 고정한다. 60 cm 간격으로 가로대를 배치하고, 선반 가운데를 지지하는 다리를 설치한다(작은 사진 참고).

187

염소 헛간 만들기

28

벽면 안쪽에 꼭 맞춰 끼울 수 있도록 홈을 판 12 mm 합판으로 선반 윗면을 덮는다. 벽과 윗면 사이의 틈이 있으면 염소들이 다리가 끼여 다칠 수 있으므로 윗면을 꼭 맞춰 붙인다.

울타리를 이용해 여물통 배치하기

무언가를 땅에서 떨어뜨려 놓고자 할 때 울타리가 유용한 지지대가 된다. 하루에 한 컵 정도 먹이는 낱알이 작은 스윗피드(혼합 곡물에 당과 비타민, 미네랄, 단백질 등 영양분을 첨가한 사료)나 꾸준히 먹여야 하는 소금 여물통(작은 사진 참고)을 고리를 이용해 울타리나 헛간 안에 걸어 배치한다.

29

발 걸림을 막기 위한 추가적인 안전장치로 뒷벽에 약 1.2 m 높이의 합판을 붙인다. 선반의 윗면과 뒷벽의 안전판은 쓰고 남은 합판 조각을 사용해 만들기 좋다.

30

창문에 아크릴판을 붙인다. 직선자와 커터칼을 이용해 크기에 맞춰 자른다(130쪽 참고). 나사 구멍을 미리 뚫고 ½인치 냄비머리 나사 4개를 박아 고정한다.

염소 여물통 만들기

풀을 뜯어 먹는 염소는 목을 쭉 뻗어 풀을 뜯는 것을 좋아하며, 까다로워서 바닥에 있는 건초는 잘 먹지 않는다. 따라서 여물통을 헛간의 부대시설로 설치하면 좋다.

여기서는 너비 103 cm, 높이 69 cm인 여물통을 만들었지만, 헛간에 맞춰 기본 디자인을 변경해도 된다. 뒷면을 합판으로 만들기 때문에 찾을 수 있는 벽면 뼈대 어디에나 체결 재료를 박아 고정할 수 있다.

뒷면과 옆면을 이루는 12 mm 합판에 더해 3.6 m 길이의 38×38 mm 목재 1개와 2.4 m 길이의 19×64 mm 목재 2개가 필요하다.

염소 여물통 분해조립도

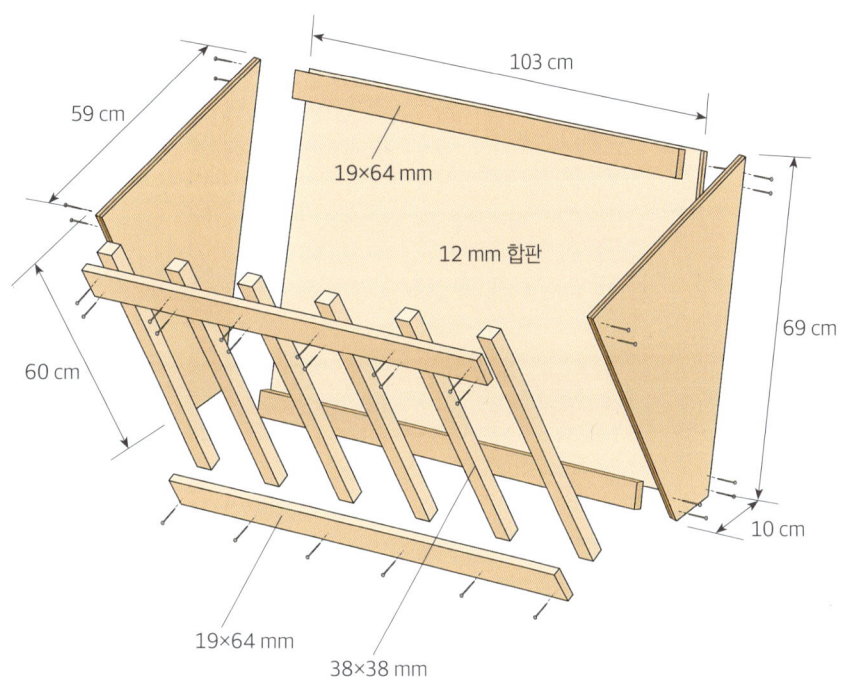

1. 19×64 mm 목재 2개를 100 cm 길이로 자른다. 그리고 이 목재 2개에 60 cm 길이의 38×38 mm 목재 6개를 부착할 위치를 약 16 cm 간격으로 표시한다. 파일럿 홀을 뚫고 2½인치 외장용 나사로 고정한다.

2. 위 분해조립도를 따라 옆면 부재 2개를 자른다. 103×69 cm 크기로 뒷면 부재를 자른다. 100 cm 길이의 19×64 mm 못치기판을 뒷면에 붙이고 옆면을 부착한다(작은 사진 참고).

3. 1단계에서 만든 나무 살을 2½인치 외장용 나사로 앞면에 붙여 여물통을 완성한다.

다양한 지붕재

168~169쪽에서 설명한 아스팔트펠트가 가장 일반적인 지붕 마감 재료이지만, 롤 지붕, 나무 지붕, 강판 지붕, 렉산 지붕 패널 등이 뒷마당 헛간에 사용하기에 좋은 재료들이다. 롤 마감재는 가장 저렴하고 설치하기도 가장 단순하며, 헛간에 흔히 사용하는 낮은 경사도의 지붕에도 적합하다. 그러나 다른 지붕 재료만큼 오래가지 않는다는 것이 단점이다.

도구	재료
초크라인 상자	아스팔트펠트
커터칼	롤 지붕 마감재
평평한 쇠지렛대	열처리로 아연 도금된 루핑
빗자루	못
망치	지붕 시멘트
흙손	
솔	

롤 지붕 만들기

1 처마 끝에서 90 cm 떨어진 위치에 그려진 초크라인을 따라 롤 지붕 마감재 한 겹을 펼치고 30 cm 간격으로 못을 박는다(작은 사진 참고). 첫 번째 층 위에 지붕 시멘트를 바른다.

2 첫 번째 층에 롤 지붕 마감재를 한 겹 더 펼치고 30 cm마다 루핑 못을 박는다. 첫 번째 층을 이중으로 덮으면 지붕 재료 아래로 습기가 들어가지 않는다.

3 다음 층을 펼치기 위해 초크라인으로 안내선을 그린다. 최소 10 cm씩 겹쳐서 깔고, 층마다 겹치는 곳에 지붕 시멘트를 흙손으로 펴 바른다.

4 다음 층 지붕 시멘트를 덮는다. 롤 지붕 마감재를 연결하는 세로 접합부에도 가로 접합부와 마찬가지로 시멘트를 바르고 못을 박는다(작은 사진 참고). 지붕 앞뒷면을 따라서도 지붕 시멘트를 바르고 못을 박는다.

나무 지붕널

나무 지붕널이나 너와는 보통 적삼목으로 만든다. 너와는 지붕널보다 더 두껍고 내구성이 좋아 40년간 유지되므로 지붕널보다 수명이 2배 정도 더 길다.

나무 지붕널은 2.5/10보다 가파른 지붕에, 너와는 3/10보다 가파른 지붕에 사용할 것을 추천한다. 2.5/10 경사도의 지붕에 40 cm 지붕널을 붙이면 최대 9.5 cm (3/10에서는 12.5 cm)가 노출되고, 45 cm 지붕널을 붙이면 최대 10.5 cm(3/10에서는 14 cm), 60 cm 지붕널을 붙이면 최대 14.5 cm(3/10에서는 19 cm)가 노출된다.

도구	재료
망치	1½인치 또는 2인치 아연 도금된 박스 못
목공 연필	고강도 스테이플
커터칼	플라스틱 그물망
블록대패	비흘림
세이버톱	지붕널 또는 너와
간격 유도자	
스테이플 총	

나무 지붕널 만들기

1 지붕에 아스팔트펠트, 비흘림 그리고 지붕널 아래에 환기를 돕는 플라스틱 그물망을 붙여 지붕널을 붙일 준비를 한다. 또는 헛간 서까래에 가로로 피복을 듬성듬성하게 댄다(작은 사진 참고).

2 지붕널 2장을 겹쳐 시작 층을 설치한다. 지붕널을 비흘림보다 2~3 cm 튀어나오게 붙이고, 지붕널 사이 틈도 2~3 cm 겹쳐서 덮는다.
Tip 지붕널이 쪼개지지 않게 하려면 못 박을 자리를 미리 망치로 두드린다.

3 목공 연필을 기준으로 하여 지붕널 사이가 0.5 mm 정도 간격을 유지하게 한다. 다음 층의 지붕널을 3 cm 이상 겹쳐서 붙여 못머리를 모두 가린다. 지붕이 벽과 만나는 곳에는 스텝 플래싱을 사용한다(작은 사진 참고).

4 간격 유도자를 이용해 지붕널이 노출되는 길이를 일정하게 맞춘다. 지붕널을 길이 방향으로 자르려면 커터칼로 여러 번 긋고 손으로 쪼갠다. 자른 면을 부드럽게 하려면 블록대패를 사용한다.

금속(강판) 지붕

양 끝에 구부려 올린 이음매가 있는 금속 지붕 패널은 합성 지붕널보다 3배쯤 더 비싸지만, 50년을 버티므로 유지 관리를 거의 안 해도 된다. 금속 지붕 패널은 경사도 0.25/10 이상의 지붕에 모두 사용할 수 있으며, 0.2/10 정도로 경사가 거의 없는 지붕에 사용할 수 있는 제품도 있다. 이음매가 있는 금속 지붕 패널은 수직 방향으로 깔고 옆 패널과 이음매를 통해 서로 맞물린다. 이런 패널들은 알루미늄이나 아연 도금된 철을 다양하게 마감해 만든다. 이음매 사이가 평평한 패널과 골이 진 패널이 있고, 최대 12 m 길이까지 주문할 수 있다.

설치할 때는 30~40 cm 폭의 지붕 패널을 배치하는 작업과, 패널을 이음매, 벽면의 비흘림 판, 마루에 연결하는 작업이 필요하다. 제조사에서 원하는 길이로 패널을 재단해 주므로 설치 안내서를 참고해 재단 방법을 알아

도구	재료
줄자	금속 지붕 패널
무선 드릴 드라이버	비흘림
육각너트 드라이버 포함	실란트 또는 코킹
비트들	1 mm 두께 아스팔트펠트
망치	나사
직각자	
항공가위(2개)	
쇠지렛대	
코킹건	

본다. 지붕에 합판 피복을 붙이고 1 mm 두께 아스팔트 펠트를 덮으면 설치할 수 있다. 금속 패널은 쉽게 찌그러지고 긁히고 구부러지기 때문에 밟고 서지 않도록 하고, 항상 안전 장갑을 끼고 다룬다.

스탠딩 심

이음매가 미리 만들어져 있지 않고 한번에 연결부를 하나씩 따라다니며 양쪽 패널을 함께 구부려 주는 기계를 이용해 현장에서 접합해야 하는 금속 패널도 있다(스탠딩 심). 지붕에 고정 클립을 붙이지 않고 설치하는 금속 패널이 DIY로 지붕을 마감하기에 가장 간단하다. 지붕에 고정 클립이 없는 대신 못질 플랜지를 통해 패널을 직접 지붕에 연결해야 한다. 지붕을 가로질러 작업하며, 순차적으로 패널의 한쪽 끝을 이음매에 끼우고 다른 한쪽은 못으로 고정한다.

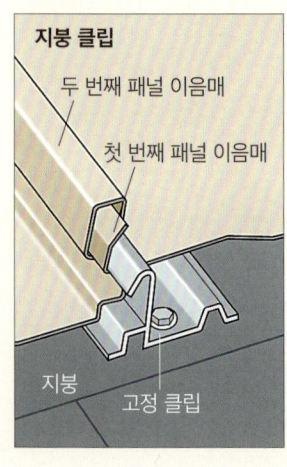

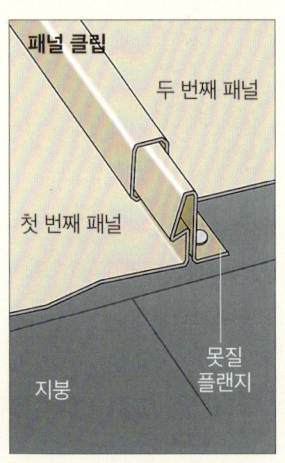

골판 패널

알루미늄이나 아연 도금된 강판으로 만든 골판 패널은 전기, 수도 등 시설물을 보관하는 구조물에 사용할 수 있는 오래가는 지붕재인 반면, 플라스틱이나 유리섬유 골판 패널은 닭장, 헛간, 온실에 쓰기 좋은 반투명한 방수 덮개로 사용된다. 두 종류의 패널 모두 제조사에서 정한 못, 채움 재료, 코킹과 함께 판매한다. 이런 패널들은 스탠딩 심 패널처럼 서로 맞물리지 않으므로 윗면에서 나사나 못을 박아 고정해야 한다. 틈으로 물이 새지 않도록 체결 재료마다 고무 와셔를 끼운다. 지붕 골판을 설치할 때에는 고무 와셔를 단단히 끼우되, 금속 패널이 손상되어 물이 새지 않을 정도로만 나사나 못을 박는다.

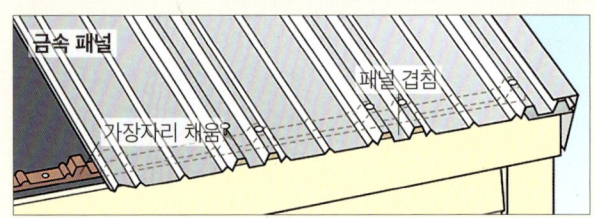

금속(강판) 지붕 설치하기

1 1 mm 두께 아스팔트펠트 위에 처마 비흘림을 설치하는 것으로 시작한다. 제조자가 정해준 목재용 나사를 사용한다. 패널을 붙이기 전에 코킹을 한두 번 쏜다(작은 사진 참고).

2 제품 설명서에 따라 처마 비흘림 너머까지 패널이 오도록 첫 번째 판을 설치한다. 다음 패널을 클립에 꽂을 수 있도록 맞는 방향으로 설치했는지 확인한다.

3 손바닥에 고르게 힘을 주어 다음 패널을 눌러 클립에 끼운다. 패널이 구부러질 수 있으므로 도와줄 사람이 필요하다. 못이나 나사를 박아 패널을 고정한다. 지붕 반대쪽 끝까지 작업을 계속한다.

4 패널을 망가뜨리지 않고 자르려면 항공가위 2개를 동시에 사용한다. 헛간의 마지막 패널을 댈 때나 벽 주변에 설치할 때, 둥근 지붕일 때는 패널을 길게 잘라야 한다.

5 지붕 앞뒷면 가장자리에 실란트를 바르고 제조사에서 정해준 나사, 일반적으로 고무 와셔를 끼운 육각머리 나사를 박아 비흘림을 설치한다.

6 박공형 지붕에는 용마루를 씌우고 헛간형 지붕에는 알맞은 비흘림을 설치해 지붕 꼭대기의 모서리를 밀봉한다.

뒷마당 작업실 차리기

비를 막아주는 다목적 작업실이 있으면 이 책에서 소개하는 설치물들을 만들기가 훨씬 쉽다. 창고 구석 자리나 그보다 더 넓은 곳 어디라도 작업 공간이 있다면 일하기가 훨씬 수월해질 것이다. 지하실에 있는 작업실은 계단으로 오르내려야 하고 작업물도 옮겨야 하기 때문에 문제가 있다.

특히 겨울에 닭장이나 대문, 벌통을 만든다면 접근성이 중요하다. 따라서 헛간에는 쌍여닫이 문을 달면 좋다. 창문을 배치하는 것도 도움이 된다. 자동 연귀톱 근처 적당한 높이에 창문이 있으면 톱질을 하는 동안 긴 자재를 창문 밖으로 걸쳐놓을 수 있다(195쪽 그림 참고).

전력과 조명: 작업실에 독립된 회선을 끌어오는 것이 가장 이상적이지만, 보통 전동공구를 동시에 하나 이상 사용하지 않으므로 220 V 전선을 공유해서 사용해도 괜찮다. 작업실에서 사용하는 회로에는 접지결함 회로 차단기를 달거나 그런 장치가 있는 콘센트를 설치해야 한다. 작업대를 따라 1~2 m에 하나씩, 벽을 따라서는 2 m마다 하나씩 콘센트를 놓도록 설계한다. 조명을 설치할 때는 LED 등 거치대가 가장 좋다. 테이블 톱이나 작업대 위에 조명을 설치할 때는 그림자 아래에서 작업하지 않도록 배치한다.

수납: 선반이나 걸이를 이용해 머리 위 공간을 최대한 활용한다. 널려 있는 여러 개의 자투리 자재들도 정돈이 필요하다. 뚜껑 있는 통, 양동이, 상자를 이용해 가지고 있는 자재를 찾기 쉽게 정리할 수 있다.

도구: 일반적으로 도구에 투자를 많이 할수록 오래 쓸 수 있고 사용할 때 기분도 좋지만, 잘 사용하지 않는 도구는 저렴하게 구하는 것이 합리적이다. 예를 들어 비싼 끌 세트를 구매할 수 있지만 뒷마당에서 사용할 일은 거의 없다. 반면에 무선 드릴 드라이버는 자주 사용하게 된다. 3/8인치나 1/2인치 드릴 척이 있는 전동공구를 구매한다. 둥근톱을 사용하면 거의 모든 것을 자를 수 있기 때문에 테이블 톱이나 자동 연귀톱은 꼭 필요한 도구는 아니다. 전동톱 사용이 걱정된다면 세이버톱을 먼저 사용해 본다. 둥근톱보다 느리고 자를 때 직선자가 필요하지만, 부담스럽지 않아 좋다.

작업실에 필요한 도구

- 테이블 톱
- 자동 연귀톱
- 날이 2개인 탁상 그라인더
- 드릴링 머신
- 멀티탭
- 귀마개와 보안경
- 호흡용 보호구
- 장갑
- 줄자(어디에 뒀는지 모를 때를 대비해 2개 이상)
- 삼각자나 이동각자
- 직각자
- 초크라인 상자
- 커터칼(여러 개)
- 목재의 결을 가로질러 자르는 톱과 결 따라 자르는 톱
- 이동식 지지대
- 둥근톱
- 세이버톱
- 활톱
- 블록대패
- 직사각형 이중 절단 줄 25 mm, 12 mm, 6 mm
- 주먹끌
- 무선 전동공구(트위스트 비트와 드라이버 비트 포함)
- 목공용 수평계
- 노루발 장도리
- 수동 스테이플러
- 멍키스패너
- 십자 드라이버
- 스프링 클램프
- C 클램프
- 스퀴즈 클램프
- 코킹건
- 니퍼
- 스트리퍼
- 바이스 플라이어
- 전기공용 플라이어
- 쇠지렛대
- 레킹 바
- 금속용 활톱
- 슬레지해머
- 고무머리 나무망치
- 와이어 브러시
- 장선기와 케이블

물품

- 3인치 데크스크류
- 2½인치 데크스크류
- 1¼인치 데크스크류
- 3½인치 일반 못
- 3인치 일반 못
- 2½인치 일반 못
- 2인치 일반 못
- 1½인치 일반 못
- 방수 접착제
- 실란트
- 페인트
- 목재
- 튜브
- 호스
- 와이어
- 그물망 조금
- 실리콘 스프레이
- 기름

뒷마당 작업실

유용한 도구

가정용 작업실에서는 잘 사용하지 않는 몇몇 도구들이 뒷마당 정원에서는 유용하게 쓰인다.

- **장선기**: 닭장 옮기기, 바위 제거하기, 철망 당기기 등 당기는 힘이 필요한 일을 할 때 없어서는 안 될 도구이다. 지렛대와 래칫이 줄다리기에서 한 팀 전체가 당기는 것보다 더 큰 힘을 낸다.
- **대형 T자**: 판재 위에 설계할 때나 톱질할 때 기준대로 사용하는 이 도구는 투자할 만한 가치가 충분하다.
- **바이스 플라이어**: 못을 뽑고, 볼트를 잡고, 파이프 레버를 돌릴 때 활용한다.
- **호스 가위**: 커터칼로도 튜브와 호스를 자를 수 있지만, 호스 가위의 속도와 깔끔함을 반도 따라가지 못한다.
- **주머니칼**: 정원 일을 할 때는 항상 10 cm 이상의 날카로운 날이 있는 칼을 주머니에 가지고 다닌다.
- **작은 슬레지해머**: 일반적인 450 g짜리 망치로 말뚝이나 봉을 박아 넣으면 재료들이 엉망이 된다. 작은 슬레지해머로는 딱 알맞은 세기로 말뚝이나 봉을 두드릴 수 있다.

5 양어수경재배와 수경재배

198 양어수경재배
202 수경재배

흙은 경이롭다. 하지만 흙은 자리를 많이 차지하고, 영양분을 공급하기 위해 퇴비나 비료 같은 첨가물과 물도 많이 들어간다. 잡초와 병도 생길 수 있고, 지저분해 보일 수도 있다.

많은 정원사들이 흙을 우선적으로 선택해 왔지만, 물고기와 식물을 함께 키우는 양어수경재배와 식물만 키우는 수경재배는 흙 없이 과일과 채소를 기르는 좋은 대안이 될 수 있다.

이 두 방법에서는 흙이 아닌 다른 재료로 식물을 기른다. 예를 들어 양어수경재배의 식물재배 판에는 보통 구슬 크기 공 모양으로 구운 점토나 수중 환경에 영향을 미치지 않는 비활성 돌을 사용한다. 수경재배 시스템에서는 재배 매질을 식물 섬유로 대체할 수 있다. 두 방법 모두 식물에 영양분이 풍부한 물을 공급하여 빠르게 작물을 생산한다.

중요한 영양분을 토양과 하늘에서 공급받는 전통적인 정원에 비해 양어수경재배와 수경재배는 인적 요인에 크게 영향을 받는다. 즉 세부 사항에 신경을 많이 쓰고 식물을 가까이에서 지켜보려는 의지가 있어야 한다.

여기에서는 양어수경재배나 수경재배가 나에게 적합

양어수경재배의 재배 화단과 수경재배 시스템에서는 흙을 대체하기 위해 위 사진에서 볼 수 있는 팽창시켜 구운 점토 기반의 재배 매질을 사용한다. 이 외에도 재배 매질로 구운 유리, 초고온으로 가열한 셰일, 코코넛 섬유, 암면, 펄라이트로 만든 돌 등이 있다.

한지, 적합하지 않은지 결정할 수 있도록 두 방법에 대해 소개한다. 두 방법 모두 꽤 기술적이고 근거 자료도 많다. 관련된 책도 많이 나와 있고, 웹사이트도 많다. 유튜브 동영상이나 온라인 강좌를 이용할 수도 있다. 단지 호기심이나 신비로움에 혹해 시작하지 않도록 양어수경재배나 수경재배를 하는 사람을 찾아가 직접 살펴보고 문의해도 좋다. 어떤 방법이든 새로운 농작법을 시도할 때는 언제나 그렇듯이 일을 크게 벌이기 전에 작은 규모로 먼저 시작해 보는 것이 좋다.

수경재배 방법 선택하기

양어수경재배와 수경재배 방법에 대해 조사하다 보면 두 방법이 각각 더 좋다는 주장들을 발견할 수 있다. 서로의 방법을 자랑하는 근거들을 소개하면 다음과 같다.

양어수경재배의 장점
- 한 시간에 한 번씩 식물에 영양분을 공급하므로 4~6시간마다 영양분을 공급하는 수경재배에 비해 더 좋은 성장 환경을 제공한다.
- 물고기에게 먹이를 주므로 영양분을 더 넣지 않아도 된다. 수경재배에는 영양분을 계속 주입해야 한다.
- 독성이 생기지 않도록 배양액이 주기적으로 씻겨나가는지 전기 전도도 측정기로 확인하거나 독소를 제거할 필요가 없다.
- 물고기가 있어 관심의 폭이 넓어지고, 공생하는 순환계가 자연과 비슷하다.

수경재배의 장점
- 양어수경재배를 하려면 질산염을 만드는 박테리아가 자리를 잡도록 한 달 이상의 순환계 형성 기간을 가져야 하지만, 수경재배 시스템에는 그냥 식물을 꽂고 키우면 된다.
- 양어수경재배처럼 수온과 pH를 세심하게 관찰하지 않아도 된다.
- 물고기가 서로 싸우거나 죽는 것을 걱정하지 않아도 된다.
- 초기 투자 비용이 적고, 크고 무거운 수조가 필요 없다.

양어수경재배

정원에 영양분을 공급하기 위해서는 퇴비가 필요하다. 양어수경재배에서는 물고기 노폐물이 식물을 울창하게 키우는 재료가 된다. 틸라피아나 메기를 키워 식탁에 올리는 즐거움도 있겠지만, 정말 귀한 것은 물고기가 남긴 것들이다. 바로 이것이 양어수경재배를 구분하는 특징이다. 동력이나 빛을 제외하면 순환 시스템에 넣어주어야 하는 외부 재료는 물고기 먹이뿐이다.

작동 방식은 다음과 같다.

먼저 물고기 노폐물이 수조 바닥에 가라앉고, 펌프를 통해 재배 화단으로 전달된다. 노폐물이 들어 있는 물은 재배 매질, 즉 독소를 제거하는 박테리아가 풍부한 점토공이나 자갈을 통과해 흐르면서 여과된다. 같은 박테리아가 피막을 생산하는 벌레와 힘을 합쳐 식물에 영양분을 공급한다. 여과된 물은 재배 화단에서 흘러나와 물고기 수조로 돌아가고 순환이 다시 시작된다.

양어수경재배는 어떤 장점이 있을까?

- 식물에 물을 줄 필요가 없다. 증발하는 물과 식물의 호흡에 사용되는 물을 제외하면 같은 물이 계속 반복해서 사용된다.
- 재배지에 잡초가 생기지 않기 때문에 땅을 갈 필요가 없다.
- 물고기 노폐물 덕분에 퇴비나 비료를 주지 않아도 된다.
- 물을 다시 수조로 흘려보내기 위해 테이블 높이에 화단을 설치하므로 식물을 돌보기가 편하다.
- 전통적인 정원보다 단위 면적당 생산량이 엄청나게 많다.
- 사계절 가꿀 수 있는 정원을 원한다면, 특히나 온실이 있다면 가장 좋은 시스템이다.

양어수경재배로 어떤 식물을 심을 수 있을까?

양어수경재배 구조에서는 거의 모든 식물이 잘 자란다. 몇 가지 예외적인 식물로는 뿌리식물(재배 매질이 뿌리가 자라지 못하게 함)과 블루베리처럼 산성 환경을 좋아하는 식물(양어수경재배는 거의 중성에 가까운 환경을 유지해야 함)이 있다.

양어수경재배 시스템을 배치하는 방법은 다양하며, 199쪽 그림의 시스템은 매우 좋은 편에 속한다. 배수조가 있어 깊은 어항이 필요하지 않다. 물이 사이펀 작용을 통해 어항에서 배수조로 흘러나오고, 펌프는 배수조의 물을 재배지로 끌어올린다. 빨아올린 물 중 일부는 중간에

DIY 양어수경재배 시스템 만들기

물 자체가 무겁고(200 L를 채우면 200 kg) 재배 매질인 점토와 돌이 물에 흠뻑 젖으면 상당히 무거워져서 수조의 재질이 아주 튼튼해야 한다. 보강하지 않을 것이라면 적어도 6 mm 이상의 플라스틱으로 만든 수조가 필요하다. 특별 제작한 수조 대신 200 L 플라스틱 드럼통, 중형 벌크 컨테이너, 고무 재질의 강화 용기도 만족할 만하다.

펌프는 말 그대로 양어수경재배 시스템의 심장이며, 15분 안에 수조의 물 전체를 재배 화단으로 보낼 수 있어야 한다. 물속에서도 쓸 수 있는 제품을 고른다. 펌프가 멈추면 물고기의 목숨이 위태로워질 수 있기 때문에 다음에 소개하는 사양들을 잘 살펴본다.

분당 퍼 올리는 물의 양(LPM)으로 표시되는 펌프의 속도와 출구 압력, 재배 화단 높이까지 물을 끌어올릴 때의 LPM 속도를 알아본다. 유속을 일정하게 유지할 수 있도록 시간을 15분 간격으로 맞출 수 있는 타이머를 구매한다. 30분 단위로만 설정할 수 있는 저렴한 제품이 아닌, 품질이 좋은 타이머를 사는 것이 좋다.

199쪽 그림의 배관은 일반적인 PVC 관으로 쉽게 구할 수 있다. 격벽 연결관(관을 수조에 연결할 때 사용)은 배관용품점이나 선박용품점에서 찾을 수 있다. 자동 사이펀이 오염된 물을 재배지를 관통하도록 끌어당기는 중요한 역할을 한다. 자동 사이펀은 온라인에서 기성품을 구매할 수 있다.

에어레이션aeration(물고기에게 산소를 공급하고 과잉 이산화탄소를 제거해 줌)을 위해 다시 어항으로 돌아가고, 나머지 물은 화단의 한쪽 끝으로 들어간다. 물이 자동 사이펀을 향해 흐르면서 화단에 있는 박테리아와 벌레에 양양분을 공급하고, 동시에 재배 매질에서 찌꺼기가 걸러진다. 물이 배수조로 흘러들어가면 여과된 물과 오염된 물이 섞여 희석되고 순환이 다시 시작된다.

양어수경재배 시작하기

양어수경재배의 비결을 배우고 싶다면 수조, 재배 화단, 펌프가 포함된 세트를 찾아보자. 아쿠아포닉 소스Aquaponic Source (http://theaquaponicsource.com/)사의 아쿠아번던스 AquaBundance 시스템처럼 화단이 2개인 제품은 데크나 파티오에 놓기에 알맞으며, 재배면적이 1.5 m² 정도 된다. 227 L 수조, 펌프, 배관, 철제 선반, 테스트 장비까지 재배 매질, 식물, 물고기를 제외한 거의 모든 것을 제공해 준다.

양어수경재배 순환 과정

1. 물고기에게 하루 세 번 먹이를 준다. 먹이는 빛과 동력을 제외하고 유일하게 외부에서 유입되는 물질이다.
2. 오염된 물은 배수조로 흘러들어간다.
3. 여과된 물과 섞인 오염수가 펌프를 통해 재배지로 끌어올려진다.
4. 끌어올려진 물 중 일부는 방향을 돌려 어항에 산소를 공급한다.
5. 오염수는 화단을 통과해 흐르며 식물에 영양분을 제공한다.
6. 자동 사이펀이 여과된 물을 배수조로 돌려보낸다.

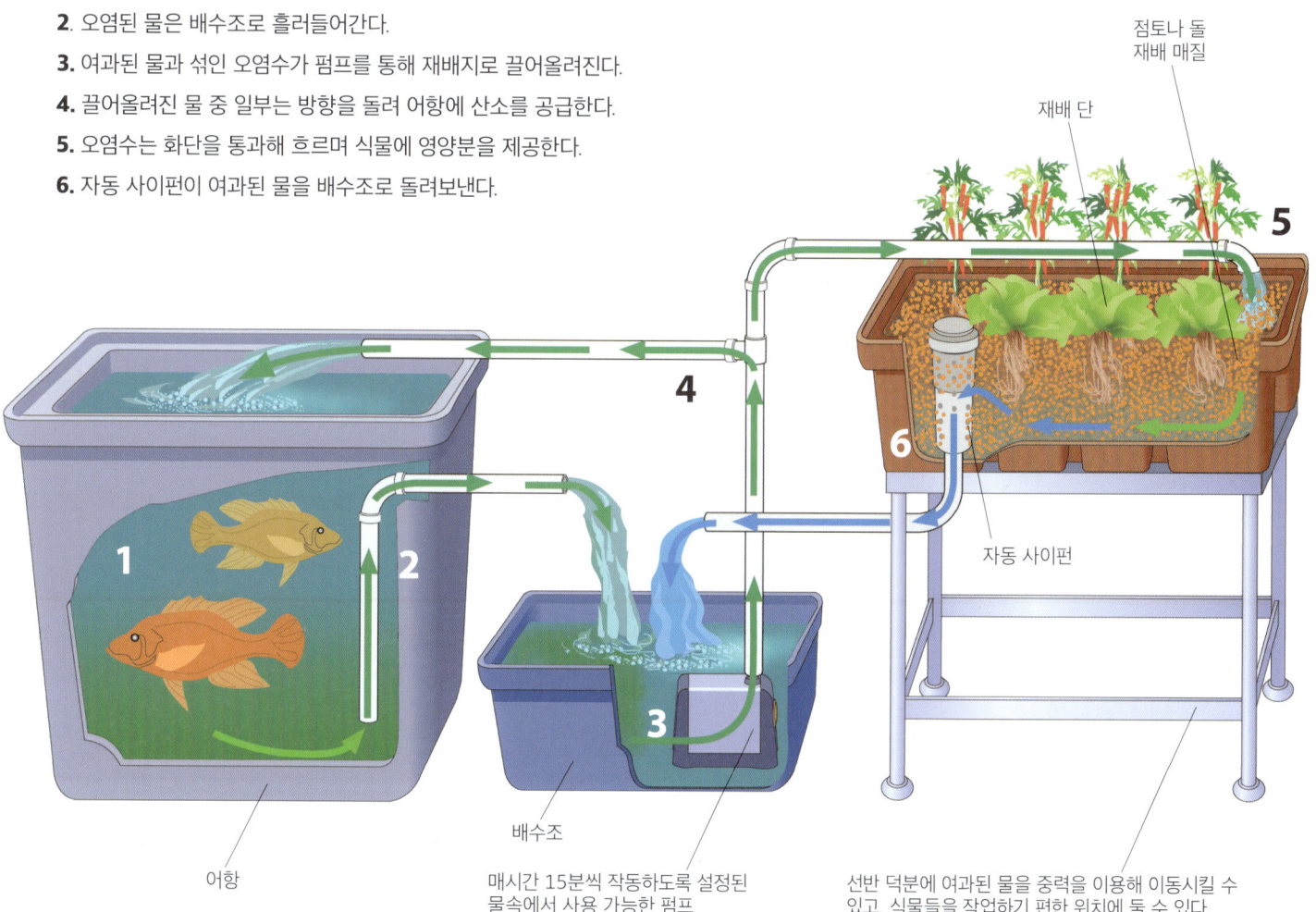

양어수경재배가 나에게 적합한가?

공간: 여름에는 어떤 양어수경재배 시스템이든 야외에서도 가동 가능하지만, 따뜻하고 너무 덥지 않은 날씨가 이어지는 곳에서만 일 년 내내 가동할 수 있다. 그렇지 않은 기후에서는 날씨가 추울 때는 실내에 들여놓아야 하는데, 이는 번거로운 일이기도 하고 자리도 많이 차지한다. 습기가 차거나 물이 쏟아져도 괜찮게 만들어진 온실이 이상적이다.

소리: 에어레이션의 물 튀는 소리와 펌프가 작동하기 시작할 때 물을 퍼올리는 소리에 익숙해지기가 쉽지 않다.

시간: 시스템을 설치하려면 몇 주가 걸린다. 하지만 설치한 후에는 하루에 30분 정도만 들여다보면 된다. 최소한 하루에 한 번은 물고기에게 먹이를 주어야 한다. 매주 pH 테스트도 반드시 해야 한다. 일주일에 서너 번 확인하는 것이 안전하다.

성향: 테크노포비아 Technophobes(최신 기술에 적응하지 못하면서 겪는 병적인 공포증)가 있는 사람이라면 계속 전통적인 방식으로 정원을 가꾸고 싶어할 것이다. 처음에 시스템을 설치할 때 모든 것을 조화롭게 배치하려면 수학적 능력이 필요하고, 펌프가 망가지는 등 무언가가 잘못되었을 때 획기적인 생각을 떠올릴 수 있어야 하며, 이는 시스템 전체를 관찰해야 한다는 의미이다. 양어수경재배를 하는 사람들 대부분은 돌아가는 시스템을 보는 것 자체를 즐기기 때문에 시스템을 열심히 관찰하곤 한다.

비용: 손재주가 있고 재료를 하나하나 모을 의지가 있다면 수십만 원으로 시스템을 제작할 수 있긴 하지만, 재배 면적이 0.7 m² 정도인 가장 작은 시스템을 구매해도 200만 원 정도의 꽤 많은 비용이 들 수 있다.

❶ 어항에서 나온 물이 박테리아와 벌레에게 양분이 되고, 박테리아와 벌레는 식물이 흡수할 수 있는 영양분을 만든다. 양어수경재배 시스템을 구축하고 작동시키는 데 몇 주가 걸리는데, 질산염을 만드는 박테리아를 키우는 것이 그 과정의 한 부분이다. 박테리아는 물고기의 호흡 과정에서 생겨난 부산물이자, 농도가 짙어지면 물고기에게 독이 되는 암모니아를 소모한다.

❷ 온실은 온도를 조절하고 습도를 유지할 용도로 만들기 때문에 양어수경재배 시스템을 일 년 내내 작동시키기에 이상적이다.

물이 중요하다!

양어수경재배를 하는 사람들은 물에서 눈을 떼지 못한다. 물고기와 식물 없이 수조, 만약 있다면 배수조, 재배 화단에 물을 채우고 순환시켜 염소를 제거하는 작업으로 양어수경재배를 시작하고, 다음으로 질산염을 만드는 박테리아를 배양해 시스템의 여과 능력을 키우기 위해 물고기를 넣는데, 이 과정이 바로 순환계 형성 단계이다. 여기에 최대 6주가 걸리고, 그동안 pH를 테스트하고 박테리아, 벌레, 식물, 물고기에게 적합한 pH 6.8~7 정도의 산성도를 맞추는 작업을 해야 한다. 그러려면 다양한 종류의 첨가제 중에 어떤 것이 필요한 쪽으로 pH를 조정할 수 있는지 지식이 필요하다.

수온도 중요하다. 비바람을 막아줄 장소가 필요한 또 다른 이유이다. 물고기들은 매우 제한적인 온도 범위에서만 생존할 수 있다. 온도가 너무 낮아도 죽고, 너무 높아도 죽는다. 따라서 주기적으로 시스템을 살피고, 물을 테스트하고, 물고기에게 먹이를 주어야 한다.

매질 고르기

재배 매질로 선택하는 돌은 물을 잘 흡수하고 영양분을 퍼트리는 물의 흐름을 막지 않아야 한다. 아무 돌이나 그 역할을 해내지 못한다. 예를 들어 석회암과 대리석은 pH를 크게 변동시킨다. 시간이 지나면서 부서지는 돌도 안 된다. 이상적인 매질은 12~19 mm 크기에 pH를 변화시키지 않는 안정화된 자갈이다. 팽창시켜 구운 점토나 셰일, 그리고 유리 기반으로 생산된 제품들이 양어수경재배에 적당하다.

구슬 크기로 구운 점토 공은 양어수경재배 시스템의 재배 매질로 가장 많이 사용된다.

재활용 유리에 열을 가하고 팽창시켜 만든 이 매질은 무게가 가볍고 pH를 변화시키지 않는다.

물고기: 선택과 구입

양어수경재배를 하는 가장 큰 동기가 잘 키운 물고기를 저녁 식탁에 올리는 것이라면 인내심이 필요하다. 빠르게 자라는 틸라피아도 요리할 만한 크기인 700 g 정도로 자라려면 최소한 9개월이 걸린다. 송어는 1년이 걸리고, 메기나 농어는 더 오래 걸린다.

사는 지역의 기온 범위가 물고기를 선택하는 중요한 척도이다. 예를 들어 송어는 낮은 온도를 좋아하고, 물 온도가 21~24℃ 이상으로 높아지면 힘들어한다. 틸라피아는 32℃ 정도의 높은 온도에서도 살 수 있다. 반면 메기는 차갑거나 뜨거운 온도를 모두 잘 버틴다.

물고기를 몇 마리나 키울 수 있을까? 다 자랐을 때의 무게를 결정한 다음, 물고기 무게 1 kg당 40~80 L의 수조 부피를 할당한다. 재배지의 크기도 결정하면 더 좋다. 계산한 부피의 수조를 구입해 물고기로 수조를 채운다.

물고기는 어디서 구할까? 먹지 않는 물고기를 구하는 것은 간단하다. 애완동물 가게에서 사면 된다. 먹을 수 있는 물고기는 부화장을 찾아 온라인으로 주문해 살아 있다는 것을 보장하는 조건으로 물고기를 배송받는다.

틸라피아는 따듯한 물에 산다.

송어는 차갑고 산소가 풍부한 물에 산다.

메기는 견딜 수 있는 온도 범위가 넓다.

비단잉어는 보기에 좋지만 먹을 수 없다.

수경재배

수경재배 시스템에서 가장 중요한 것은 흙 없이 식물을 키운다는 것이다. 물로 식물에 필요한 모든 영양분을 주고, 콩자갈이나 물에 떠 있는 용기, 코코넛 매트 등의 재배 매질로 식물을 지지해 줌으로써 풍성한 수확물을 얻는 데 필요한 재배 공간을 획기적으로 줄일 수 있다. 예를 들어 여기서 소개하는 재배 시스템은 식물 30포기를 키울 수 있지만, 공간은 0.5 m²밖에 차지하지 않는다. 같은 양의 식물을 전통적인 방식의 정원에서 키우려면 적어도 10 m², 많으면 30 m²까지 필요할 수 있다. 또한 수경재배 세트는 야외뿐만 아니라, 약간 물이 흘러도 괜찮은 타일이나 석재 바닥이 있는 실내에도 설치할 수 있다.

식물이 빠르게 자라는 것도 수경재배의 장점이다. 계속해서 물과 영양분을 공급하므로 작물을 최대 25%까지 빨리 얻을 수 있다. 1년에 다섯 번까지 작물을 수확할 수 있다는 의미이다. 수경재배 시스템에서는 또한 잡초를 뽑을 일이 없고 흙에서 생기는 해충과 질병을 피할 수 있다.

수경재배에서 어려운 부분은 흙을 사용하지 않기 때문에 식물에 필요한 모든 것을 제공해 주어야 한다는 것이다. 이는 곧 필요한 재료들을 만들어야 하고, 영양분을 구매해야 한다는 의미이다. (유기농 영양분도 살 수 있다.) 필수 성분들을 조사하다 보면 늘 보던 흙이 얼마나 많은 것을 담고 있는지 감사하게 된다.

수경재배로 작물을 얻으려면 시간과 돈을 투자해야 한다. 수경재배 세트를 구매할 수도 있지만, 자신만의 수경재배지를 만들고 싶다면 받침대, 재배 용기, 매질, 관, 펌프 등의 물품을 각각 구매해야 한다. 또한 돈 안 들이고 계속 유지할 수 있는 시스템도 아니다. 어떤 시스템이든 며칠에 한 번씩 확인해야 한다. 20 L 물통이 있는 시스템 배치를 유지하려면 7~10일 간격으로 새로운 혼합 영양분을 조달해야 한다. 더운 날에는 물도 보충해 주어야 한다.

위 작은 수경재배 세트로 수경재배를 대규모로 시작하기 전 나에게 적합한지 알아볼 수 있다. 뒤뜰이나 파티오, 베란다에 설치하기에도 안성맞춤이다.

아래 수경재배 세트는 좁은 공간에 잘 어울릴 뿐만 아니라 공간을 2배 또는 3배로도 늘릴 수 있다. 물과 영양분을 체계적으로 공급하여 작물이 빠르게 자란다.

수경재배 세트 조립하기

1 삼각형의 위쪽 부재에 다리를 끼워 삼각형 뼈대를 조립한다. 이때 다리에 난 홈이 바깥쪽을 향하도록 배치한다. 다리를 바닥 부재에 밀어넣는다.

2 용기를 지지할 받침대를 다리에 난 홈으로 밀어넣어 완전히 고정한다. 하루에 6시간 이상 볕이 드는 장소에 완성된 뼈대를 가져다 놓는다. 뼈대가 앞뒤나 양옆으로 기울지 않고 똑바로 평평하게 놓였는지 확인한다.

3 미네랄 흡입관, 즉 재배 용기에 영양분을 공급하는 얇은 관이 뼈대의 같은 면을 향하도록 재배 용기를 배치한다. 흡입관 끝에서 마개나 사용하지 않는 연결구를 모두 제거한다. 마개는 챙겨두었다가 겨울에 해체해 보관할 때 사용한다.

4 펌프 부품을 꺼낸다. 사진에 나오는 조립 세트에는 펌프를 넣을 양동이, 물속에서 사용할 수 있는 펌프, 타이머, 흡입관과 연결할 공급관을 꽂을 다기관 manifold(하나의 관을 여러 갈래로 나누는 관), 수직관, 영양분, 식물이 자랄 재배 매질인 코코넛 섬유가 들어 있다.

수경재배 세트 조립하기

5 다기관을 수직관 위에 꽂는다. 양동이에 뚜껑을 덮고 수직관을 밀어넣는다.

6 뚜껑을 열고 수직관의 바닥에 펌프를 장착한 다음 다시 뚜껑을 닫는다. 그리고 펌프가 양동이 바닥에 닿는 것이 느껴질 때까지 다기관을 밀어 넣는다.

7 타이머를 동봉된 S자 고리에 걸고, S자 고리를 양동이 뚜껑에 난 구멍에 건다. 펌프와 타이머의 전선을 케이블타이로 묶고 S자 고리에 건다.

수경재배 용기에 씨앗 심기

모종이 아닌 씨앗 심기를 원한다면 다음 방법을 참고한다.

먼저 코코넛 섬유가 완전히 젖을 때까지 모든 재배 용기에 물을 채운다. 각 재배 용기에서 점적 공급관을 한쪽으로 밀고 숟가락으로 작은 홈을 만든 다음, 씨앗을 넣고 구멍을 완전히 덮는다. 시스템을 켜고 모든 공급관에서 물이 잘 나오는지 확인한다. 이후 발아하기를 기다리면 된다.

8

공급관을 재배 용기에 있는 미네랄 흡입관에 연결한다. 제조사의 설명에 따라 미네랄 농축물을 섞는다. 펌프 양동이에 물을 채우고 완전히 섞은 농축물을 권장량만큼 넣는다.

9

모종을 키우려면 먼저 재배 용기에 코코넛 섬유를 채우고 물을 완전히 적신다. 선택한 구멍 속에 있는 점적 공급관을 한쪽으로 옮기고 모종삽으로 식물을 심을 구멍을 만든다. 그런 다음 식물을 심고 뿌리를 완전히 덮는다. 덩굴식물은 가장 아래쪽 재배 용기에 심는다.

10

접지 차단기가 있는 멀티탭에 타이머를 꽂는다. 전원을 켜고 공급 주기 1회에 걸리는 시간, 즉 1분 동안 작동시킨다. 모든 공급관이 작동하고 있는지 확인한다. 식물 아래에 있는 작은 구멍에서 조금씩 물이 흘러나와야 한다. 하루에 3회 1분씩 공급관이 작동하도록 타이머를 맞춘다.

6 벌통 만들기

207 랭스트로스 벌통 만들기
214 와레 벌통 만들기
215 탑바 벌통 만들기

랭스트로스 벌통 만들기

로렌조 랭스트로스Lorenzo Langstroth가 1851년에 벌통을 발명하기 전까지 양봉가들은 동화책에 가끔 등장하는, 짚을 위아래로 엮어 짠 바구니 모양의 지푸라기 벌통을 사용했다. 스켑skeps이라고 부르는 이 벌통은 꿀을 얻으려면 해체해야 했다.

랭스트로스가 생각한 해결책은 벌집을 지을 수 있는 프레임을 담은 상자를 쌓아 벌통을 만드는 것이었다. 이제 벌집을 부수지 않고도 꿀을 수확할 수 있게 되었다. 나아가 '저밀실'이라 불리는 상자를 추가로 쌓아 랭스트로스 벌통이 꿀벌들과 함께 자라게 되었다. 곧 전 세계에서 그가 만든 벌통을 사용하게 되었고, 요즘은 이 벌통의 부품들을 구하기가 쉽고 가격도 적당하며 부품끼리 호환도 된다.

여기서 소개하는 조립식 벌통은 완제품으로 구매할 수 있다. 벌통을 만들려면 테이블 톱을 사용해야 하지만, 그것만 제외하면 제작하기가 간단하여 반나절 정도 투자하면 벌통을 만들 수 있다. 작업은 벌통의 심장부인 저밀실 만들기부터 시작한다. 제작할 때 사용하려는 프레임의 크기를 고려해 벌통의 치수를 확인한다(209쪽 '프레임을 사야 하는 이유' 참고).

❶ 랭스트로스 벌통은 사용하기 쉽고 언제든 확장할 수 있다. 세 가지 프레임 크기에 맞춘 저밀실이 있고, 프레임이 작을수록 저밀실이 더 가볍다. 사진에 보이는 알루미늄판이나 롤 지붕 마감재로 쓸 만한 지붕을 만들 수 있다.

❷ 랭스트로스 벌통에 꼭 필요한 것은 외부 덮개(지붕), 내부 덮개, 바닥 판(벌 출입구), 상자 모양 저밀실 등이다. 프레임은 기성품을 사는 것이 좋다.

랭스트로스 벌통 만들기

랭스트로스 벌통 분해조립도

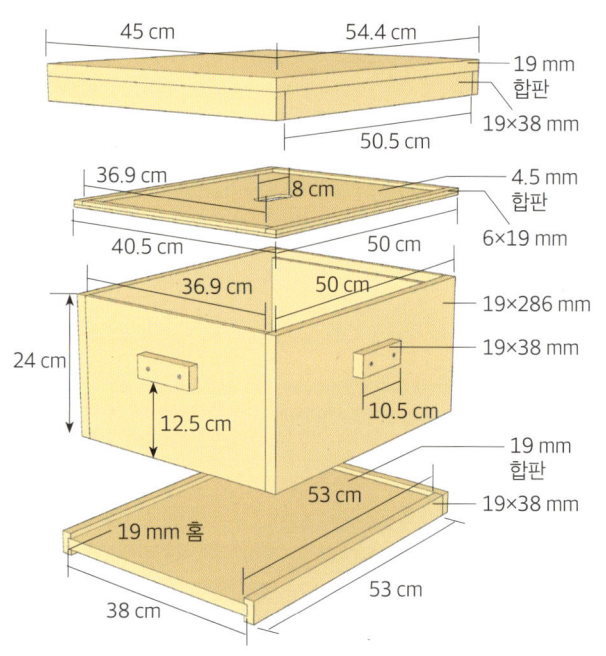

도구	재료
12~24날 카바이드 팁 톱날이 장착된 둥근톱	0.6×1.2 m 크기 19 mm 합판
줄자	0.6×0.6 m 크기 4.5 mm 합판
직각자 또는 대형 T자	
테이블 톱	1.8 m 길이 19×286 mm 목재(곧고 평평한 것)
세이버톱	
퍼티 칼 또는 끌	2.4 m 길이 19×38 mm 목재 2개
망치	
클램프	방수 접착제
드릴 드라이버와 비트	1¾인치 아연 도금된 박스 못
1¼인치 홀쏘	
각사포	⅜인치 브래드
	기성품 랭스트로스 프레임

1 곧고 평평한 19×284 mm 목재를 잘라 50cm 길이의 판 2개와 저밀실 옆면으로 사용할 36.9 cm 부재 2개를 만든다. 이 부재들을 프레임의 높이에 맞춰 자른다. 여기서는 각 부재를 24 cm 폭으로 잘랐다.

2 사진에 보이는 테이블 톱이나 라우터라고 부르는 홈 파는 기계를 이용해 36.9 cm 면에 프레임을 고정할 깊이 1.5 cm, 너비 0.9 cm의 은촉 홈을 판다. 목재를 0.9 cm 파고들도록 톱날을 맞추고 1.5 cm가 잘리도록 절단 유도 장치를 맞춘다. 자투리 목재를 먼저 잘라본 다음 실제 옆면에 홈을 판다.

3

판을 유도 장치에서 3 mm씩 떨어뜨리며 반복해서 잘라 홈을 완성한다. 톱으로 목재를 할 수 있는 한 많이 잘라내고, 다 자르고 나면 남은 조각을 쪼개서 떼어낸다. 그런 다음 은촉 홈을 사포로 부드럽게 다듬는다(작은 사진 참고).

4

1¾인치 아연 도금된 박스 못으로 옆면을 고정해 저밀실을 조립한다. 목재가 쪼개지지 않도록 파일럿 홀부터 뚫는다. 수직면의 아래쪽을 클램프로 집어 작업하는 동안 옆면을 지지한다. 방수 접착제를 바르고 못을 박아 옆면을 부착한다.

5

저밀실에 벌통 프레임을 넣어 쉽게 끼울 수 있는지 확인한다. 은촉 홈에 프레임이 걸리고 양쪽 끝에 살짝 여유가 있어야 한다. 저밀실에는 사이에 벌 통로를 두고 프레임 10개가 들어가야 한다.

프레임을 사야 하는 이유

랭스트로스 벌통에 들어가는 프레임은 매우 복잡해서 정교한 목공 작업을 좋아하는 사람이 아니라면 만들기 힘들다. 그리고 옹이가 없는 소나무로 만들어야 한다. 소나무 목재는 보통 세 가지 크기의 프레임으로 살 수 있는데, 프레임이 작을수록 저밀실이 더 가벼워진다.

209

랭스트로스 벌통 만들기

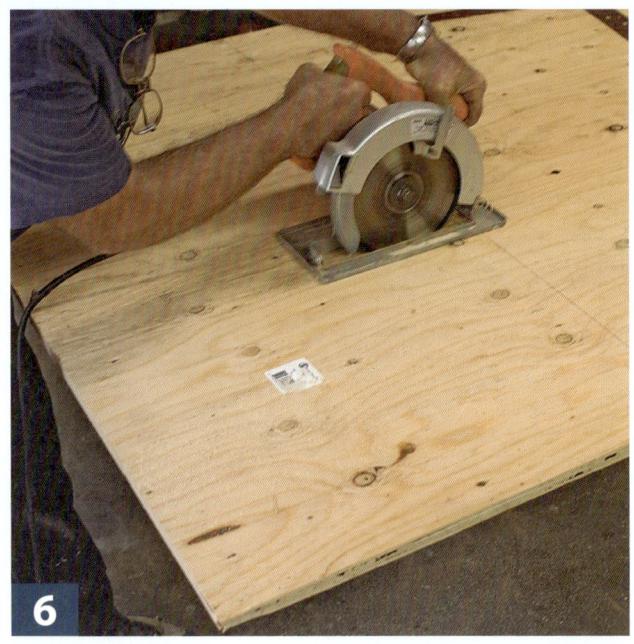

6 벌들이 벌통으로 들어가는 입구인 바닥 판을 자른다. 19 mm 합판을 38×53 cm 크기로 자른 다음, 직각자를 이용해 배치도를 그린다. 합판용 톱날이나 24날 카바이드 팁 톱날이 장착된 둥근톱을 이용해 합판을 자른다.

7 2단계에서 은촉 홈을 팔 때와 같은 방법으로 옆면 부재에 홈을 만든다. 53 cm 길이 19×38 mm 목재 2개에 중심선을 맞춰 19 mm 너비의 홈을 판다. 남은 목재를 부러뜨려 떼낼 때 퍼티 칼이나 끌을 사용한다.

8 바닥 판의 옆면을 붙인다. 못구멍을 미리 뚫고 접착제를 바른 뒤, 7단계에서 만든 옆면 부재를 바닥 판의 긴 면을 따라 밀어넣고 못으로 고정한다. 짧은 끝을 따라 19×38 mm 각목을 잡고 길이를 표시한다. 선을 따라 목재를 자르고 바닥 판의 한쪽 끝에 접착제와 못으로 고정한다.

9 19 mm 합판을 45×54 cm 직사각형으로 자르고 외부 덮개의 뼈대를 만든다. 자른 합판을 잣대로 사용해 19×38 mm 목재로 뼈대 부재를 재단한다. 파일럿 홀을 뚫은 뒤 접착제를 바르고 뼈대 부재끼리 못으로 연결한다.

10
직사각형 합판에 못구멍을 미리 뚫고 1¾인치 아연 도금된 박스 못을 박아 외부 덮개의 상판을 붙인다. 뼈대의 윗면에 접착제를 바른다. 한쪽 모서리를 따라 못을 박고, 뼈대 위에서 상판을 놓아 직각으로 맞추고 마무리 못질을 한다.

11
완성된 저밀실을 기준으로 하여 4.5 mm 합판에 내부 덮개를 그린다. 선의 바깥쪽을 따라 톱질을 해 부재를 잘라낸다.

12
부재의 긴 폭 방향에 중심선을 표시한 다음, 중심선에 맞춰 길이 방향으로 난 8 cm 환기구를 그린다. 1¼인치 홀쏘를 이용해 중심이 8 cm 선 위에 있고 바깥 모서리가 각각 선의 양 끝점을 지나는 구멍 2개를 뚫는다.

13
구멍의 모서리와 접하는 선 2개를 그어 환기구를 완성한다. 세이버톱을 이용해 구멍을 완전히 뚫는다. 구멍 양쪽 면이 둥글고 부드러워지도록 사포로 다듬는다(작은 사진 참고).

랭스트로스 벌통 만들기

14
6 mm 폭으로 네 면을 두를 만큼 길게 19 mm 두께 목재를 잘라 내부 덮개의 테두리 부재를 만든다. (19×286 mm 목재를 자르고 남은 자투리로 만들 수 있다.) 덮개 위에 긴 목재를 놓고 자를 위치를 표시한다. 부재를 자른 후에 접착제를 바르고 작은 못을 박아 고정한다.

15
짧은 두 모서리를 따라 목재를 재단한다. 접착제를 바르고 작은 못을 박아 고정한다.

16
내부 덮개를 뒤집고 서로 확실히 잘 붙도록 반대쪽에서도 못을 박는다. 거친 모서리가 있으면 사포로 다듬고 저밀실 위에 시험 삼아 덮어본다.

17 랭스트로스 벌통의 부품을 전부 조립해 서로 잘 맞는지 확인한다. 외부 덮개는 네 옆벽 모두 3 mm 간격으로 여유롭게 덮어야 한다.

18 19×38 mm 목재를 10~15 cm 길이로 잘라 만든 손잡이를 붙인다. 1¼인치 외장용 나사를 박을 구멍을 미리 뚫어놓는다. 접착제를 바르고 저밀실의 네 면에 모두 손잡이를 붙이는데, 윗면 모서리보다 7~8 cm 낮은 곳에 중심을 맞춰 설치한다.

19 벌통의 바깥 면에만 페인트를 칠한다. 무독성 페인트도 벌에게 해로울 수 있으므로 내부는 절대 페인트를 칠하지 않는다. 색깔은 자유롭게 선택한다. 위장 목적으로 어두운 초록색을 칠하는 경우도 있고, 반대로 벌들이 선명한 꽃 색깔을 더 편안하게 느낀다고 생각해 꽃 색깔로 칠하는 경우도 있다. 몇 주 동안 말린 후에 사용한다.

와레 벌통 만들기

벌통 발명가 아베 에밀 와레Abbré Emile Warré의 이름을 딴 와레 벌통은 자연에서 벌들이 집으로 선택하는 속이 빈 나무와 닮았다. 탑바 벌통과 마찬가지로 아랫면이 막힌 프레임 대신 막대를 사용하여 벌들이 벌집을 매달아 지을 수 있도록 했다. 와레 벌통은 나무 둥치처럼 얇고 길며, 나무 둥치와 같이 자라도록 설계되었다.

벌들은 상단의 막대를 통해 들어오고, 막대에서부터 수염처럼 걸리는 벌집을 짓는다. 톱밥을 채운 '퀼트' 상자는 수분을 흡수한다. 새끼 벌이 부화하면 양육을 담당하는 벌들이 아래쪽으로 내려가고, 상자가 가득 차면 벌집이 위로 올라가도록 새로운 상자를 추가함으로써 꿀을 쉽게 수확할 수 있다.

제작 방법은 《Backyard Homesteading》(Creative Homeowner, 2012)이나 온라인 사이트(http://warre.biobees.com/warre_hive_plans_imperial.pdf)를 참고할 수 있다.

여기서는 막대를 걸 부분을 튀어나오게 만들려고 옆면을 두 겹으로 겹쳤고, 탑바 벌통에서와 같이 19×38 mm 목재를 막대로 사용했다. 제작 기법은 랭스트로스 벌통 만들기와 비슷하다.

와레 벌통 분해조립도

아래 분해조립도를 참고해 벌통을 만들면 막대 사이, 막대와 끝 면 사이에 9 mm 간격의 벌통로를 두고 19×38 mm 막대가 7개 들어간다. 막대를 설치할 때 9mm짜리 간격 유도자를 사용하고 3 mm 구멍을 뚫어 1½인치 끝막음 못을 박아 넣는다.

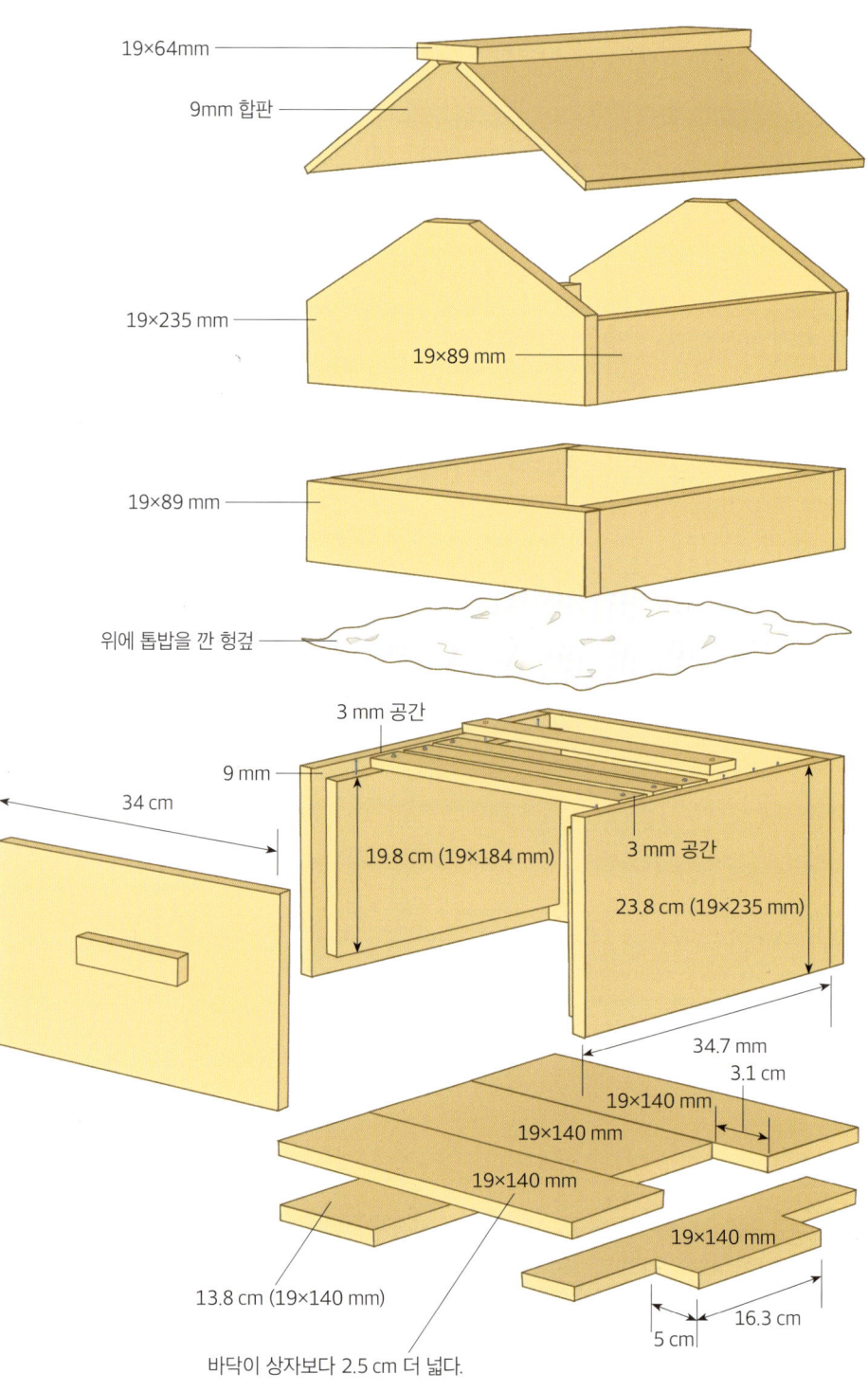

탑바 벌통 만들기

캐니언 벌통, 탄자니아 벌통이라고도 부르는 탑바 top-bar 벌통은 사용하기 편리하고 벌에게도 최소한의 피해만 준다. 꿀을 수확할 때 저밀실 전체를 들어올릴 필요 없이 뚜껑을 열고 막대 하나만 들어서 꺼내면 된다. 덕분에 사계절 내내 수확할 수 있고, 새로운 꽃이 필 때마다 다양한 꿀맛을 맛볼 수 있다.

이 벌통은 디자인을 자유롭게 변경할 수 있다. 벌통의 길이는 막대 8개가 들어가는 길이에서부터 42개가 들어가는 165 cm 정도의 긴 길이까지 다양하다. 선호하는 방식에 따라 벌통의 출입구를 벌통 한쪽 끝에 만들 수도, 중앙에 만들 수도 있다. 벌통 출입구의 모양도 일렬로 늘어선 2.8 cm의 구멍(겨울에 막힐 수도 있음)으로 만들 수도 있고, 높이 0.9 cm, 너비 10~15 cm인 긴 틈으로 만들 수도 있다.

상단 막대는 19×39 mm 목재에 벌집 짓기를 돕는 왁스를 조금 바르는 가장 단순한 형태에서부터 밀랍 기초 한 줄을 넣을 수 있는 홈이 난 막대까지, 그 외 어떤 형태로도 만들 수 있다.

탑바 벌통 분해조립도

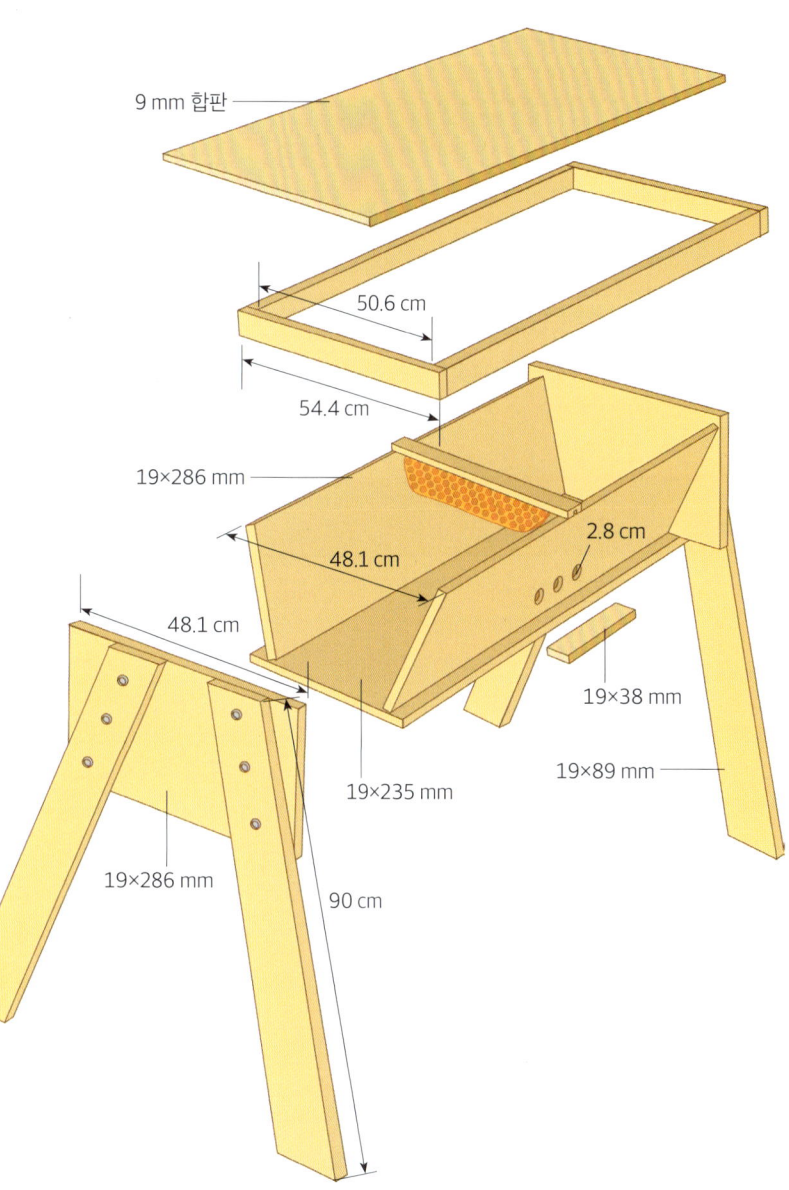

각도 맞추기

120° 각 6개가 모여 벌집 한 칸을 이룬다. 탑바 벌통의 옆면을 이 각도에 맞춰 비스듬하게 기울이면 벌통 옆면에 붙지 않는 멋진 곡선의 벌집을 만들 수 있다.

탑바 벌통을 나무 그루터기에 놓거나 콘크리트 블록 위에 올려놓아도 상관이 없으므로 다리는 선택 사항이다. 작업하기에는 대부분 95 cm 정도의 다리가 가장 편하지만, 높이를 자유롭게 변경해도 된다.

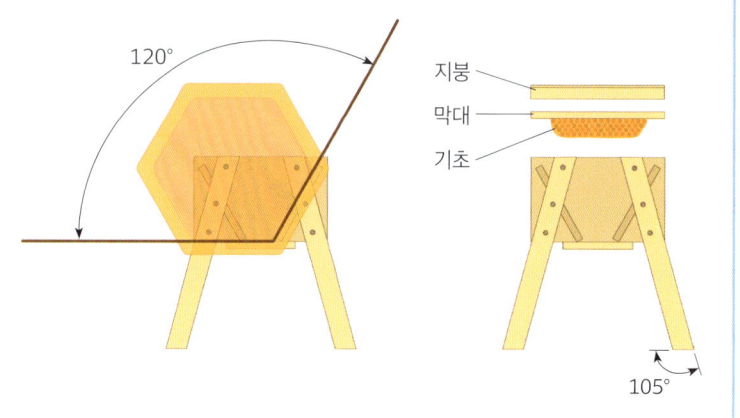

초보 작업자를 위한
목재 명칭과 규격

목재 주문 시 규격 명칭은 작업자와 사용 용도, 목재 판매자에 따라 여러 가지로 불리고 있다. 이러한 명칭은 일제강점기 때 민간에서 쓰던 용어와 목조주택이 많이 보급되기 시작한 이후 쓰는 표현이 혼합되어 정확하게 구분짓기가 애매한 면이 있다. 또한 인테리어 전문가들이 사용하는 용어는 목조주택 건축현장에서 사용하는 용어와 뜻이 다르게 사용되기도 한다.

정리해 보자면 사용 용도에 따라 대각재, 중각재, 소각재 등으로 구분한다.

간단한 DIY 제품을 인터넷으로 주문 시 단위가 미터법으로 표시되어 있고 각재의 표면도 가공되어 편리할 수 있으나, 다량의 목재를 필요로 할 경우 목재 전문매장을 이용해야 한다. 이럴 때 소통에 장애가 생길 수 있다. 또한 각목의 경우 가공하지 않은 재료와 가공된 재료의 규격이 다를 수 있다. 대부분의 목재 전문매장에서는 길이 3,600 cm까지는 취급하지만, 이보다 더 긴 목재는 대형 매장에서만 취급한다.

또한 정원 구조물이나 파고라를 만들 때 쓰이는 목재는 비와 바람, 햇볕에 노출되어 수명이 줄어들기 때문에 방부처리된 목재 사용을 권장한다.

대각재(교차 버팀대)

건축공사 현장에서 거푸집 패널 또는 철근 콘크리트 형틀 거푸집을 만들 때 사용하며, 목재가 가볍고 비중에 비해 강도가 강하며 가공이 용이하다. 외부에 노출되고 일회용으로 사용하는 경우가 많으므로 가공되지 않은 목재를 주로 사용한다.

대각재(cross bracing)는 오비끼 또는 산승각이라고도 하며, 오비끼(긴 가로대의 일본말)는 8,1×8.1 cm의 각재이고, 산승각(세치각)은 9×9 cm 또는 9×10 cm짜리를 판매하는 곳도 있다.

중각재(주로 2인치 각재를 지칭)

구조목(구조재), 가설재, 인테리어 내장용으로 주로 사용한다, 목재가 가볍고 강도가 강하며 다루기 용이하다. 합판 작업, 석고보드 등 벽체나 천장 공사를 위한 뼈대 작업용이라 해석하면 되겠다. 2인치는 약 5 cm이지만, 생나무의 수분을 제거하고 구조재로 쓰기 위해 면을 고르게 다듬으면 3.8 cm로 줄어든다.

목재주택 건축 시 내장재로 Two by Two(2×2 cm, 3.8×3.8 cm), Two by Four (2×4 cm, 3.8 ×8.9 cm)를 많이 사용하며, 두치각이라고도 한다.

소각재(실내 인테리어나 간단한 DIY 제품을 만드는 목재를 지칭)

다루끼(서까래의 일본말, 서까래의 경산도·전라도 방언)라고도 하며, 3.6×3.6 cm 정도 크기의 정사각형 각재를 말한다. 또는 한치각(1寸(3.03 cm), 손가락 한 마디)이라고도 하여 대략 3 cm의 정사각형 각재를 통틀어 나타낸 것이라 추측된다. 간단한 받침대, 긴 받침대, DIY용 버팀목, 가벽, 합판이 없는 도배용 천장에 사용한다. 매장마다 규격이 달라 정확한 치수를 확인하고 구입해야 한다.

합판의 종류

합판에는 OSB 합판과 일반 합판이 있다.

OSB 합판은 나뭇결을 잘게 쪼개어 누른 합판으로 내구성이 좋아 지붕 재료의 속재료, 벽체용 등으로 사용한다. 탄탄하여 구조재 역할도 하며, 방습 효과도 일반 합판에 비해 뛰어나 다양한 용도로 사용된다. 두께는 8 mm부터 18 mm까지 있으며, 크기는 1220×2440 mm짜리가 있다.

일반 합판의 두께는 2.7 mm부터 11.5 mm까지 다양하며, 크기는 900×1800 mm, 900×2400 mm짜리가 있다.

미국 낙농 염소 협회
(American Dairy Goat Association)
www.adga.org
시장 판매를 위한 생산을 목표로 하지만 이 사이트에는 우유를 얻을 수 있는 염소를 키우는 방법에 관한 유용한 정보가 많다. "낙농 염소 돌보고 관리하기(Care and Management of Dairy Goats)" 페이지에 염소의 주거와 방목에 필요한 조건들에 관한 유용한 정보가 소개되어 있다.

아쿠아포닉 소스
(The Aquaponic Source Inc.)
www.theaquaponicsource.com
이 사이트에서 볼 만한 것은 "양어수경재배 배우기(Learn about Aquaponics)" 페이지이다. 양어수경재배 시스템에 필요한 유용한 정보를 찾아볼 수 있다.

뒷마당 암탉들(Backyard Chickens)
www.backyardchickens.com/atype/z/Coops
닭장 구성과 스타일에 관한 아이디어를 떠올리기 위해 가장 먼저 방문해야 하는 사이트이다. 제작 단계별 사진이 포함된 다양한 닭장 정보를 찾을 수 있고, 설계 도면이 있는 닭장도 간혹 찾을 수 있다. 닭을 키우면서 생기는 궁금한 점들을 물어볼 생생한 토론의 장도 접할 수 있다.

뒷마당 농부들(Backyard Farmers)
www.backyardfarmers.com/store/default.aspx
완성된 정원 구조물을 찾는다면 이 사이트에서 오래가는 삼나무 화단과 스테인리스강 부품을 사용한 퇴비 상자를 검색한다. 도심의 뒷마당 정원사를 위한 옥상 정원용 화단도 찾을 수 있다.

뒷마당 벌집(Backyard Hive)
www.backyardhive.com
양봉에 관한 일반적인 정보들을 제공해 주며, 탑바 벌통에 방점을 두고 있다. 야생벌의 개체 수와 꿀벌의 유전적 다양성을 늘리는 데 일조하도록 뒷마당 양봉가들을 지원해 주는 사이트이다.

닭장 자료(Chicken Coop Source)
www.chickencoopsource.com
조립 세트나 기성품 닭장을 사는 것을 선호한다면 이 사이트를 방문해 본다. 닭장, 치킨 트랙터, 모든 닭 용품에 관한 방대한 정보가 있다. 닭을 키울 때 도움이 되는 배경지식은 덤이다.

팜텍(FarmTek)
www.farmtek.com/farm/supplies/home
이 온라인 농장 용품점에서 농장에 필요한 모든 용품을 구할 수 있다. 태양광 전기 울타리, 장력 원단으로 만든 구조물, 작은 온실, 수경재배 용품, 재활용 플라스틱으로 만든 화단, 그 외 획기적인 소품들을 만날 수 있다.

숨 쉬는 정원(Gardens Alive)
www.gardensalive.com
이 온라인 소매점에서는 환경을 지키는 정원, 과수원 용품을 판다. 독성 없이 해충을 제어하는 방법을 알려주는 좋은 정보도 있다.

젬플러스(Gempler's)
www.gemplers.com/agriculture-supplies
뒷마당 농장이 작은 농장 크기로 커지면 급수, 배식, 곤충 제어 장비를 개선해야 한다. 이 사이트에서는 작은 트랙터 보조용품과 다양한 울타리 용품도 판매한다.

하비 팜(Hobby Farms)
www.hobbyfarms.com
《하비 팜》지에서 운영하는 재미있고 유익한 사이트로, 뒷마당 정원사가 되기를 희망하는 사람들에게 의미가 있는 다양한 주제를 다루고 있다. 기를 수 있는 가축 목록은 적합한 동물을 선택하는 유용한 시작점이 되고 있다.

관개 지침서(Irrigation Tutorials)
www.irrigationtutorials.com
점적 관개시설을 설계 및 설치하는 것에 관한 상세지침서와 더불어 다양한 형태의 용품들에 관한 사용 후기들을 살펴볼 수 있다.

나의 반려동물 닭(My Pet Chicken)
www.mypetchicken.com/default.aspx
자재를 일일이 구매해 닭장을 만드는 것이 부담스러워 조립 세트나 기성품 닭장을 구매하고 싶다면 이 사이트를 참고한다. 암탉이나 영계에 관한 자료와 함께 선별된 닭 용품들을 제공하고 있다.

NCAT 지속가능 농업 프로젝트
(NCAT Sustainable Agriculture Project)
attra.ncat.org/horticultural.html
국립 지속가능 농업정보 서비스(National Sustainble Agriculture Information Service)에서 제공하는 이 사이트는 전통적인 작물을 키우는 지속가능한 유기농 재배법을 알리고 대체할 수 있는 작물과 기업을 소개하는 것에 초점을 두고 있다.

국립 정원 협회
(National Gardening Association)
www.garden.org
매력적인 형태로 정보를 보여줄 뿐 아니라, 계절이 바뀔 때마다 유용한 지역 소식을 갱신해 제공하며, 먹을 수 있는 식물로 정원을 꾸미기 위한 배경지식도 제공해 준다.

옴렛(Omlet)
www.omlet.us
멋들어진 닭집, 토끼집, 벌집 완제품 목록과 함께 동물을 사육하거나 기르는 기술에 관한 유용한 정보를 제공해 준다.

U-Gro 수경재배 시스템 LLC
(U-Gro Hgdroponic Garden Systems, LLC)
www.ugrogarden.com
수경재배 전반에 관한 배경지식을 얻을 수 있고, 수경재배 용품에 관한 정보에 쉽게 접근할 수 있다. 사이트에서 판매하는 조립 세트는 큰 규모로 수경재배를 시작하기 전에 작게 시도해 보기에 좋다.

사진 출처

Page 12: Dan Stultz, Stultz Photography, also **page 13:** upper left; **pages 14-31:** Ben Toht, © Greenleaf Publishing, Inc.; **page 19:** lower right Dave Toht, © Greenleaf Publishing, Inc.; **pages 32-35:** Adam Matthews; **pages 50-56:** Donna Chiarelli|CH; **page 72:** upper right, Dan Stultz, Stultz Photography; **page 70:** Brian C. Nieves|CH; **pages 71-73:** all Freeze Frame Studios|CH; **pages 74-79:** Brian C. Nieves|CH; **page 80:** Freeze Frame Studios|CH; **pages 81-85:** Brian C. Nieves|CH; **pages 96-100:** Dan Stultz, Stultz Photography; **page 110:** upper right, RGBStock; **page 125:** upper left inset, upper right, Rebecca Anderson © Greenleaf Publishing, Inc.; **page 126:** upper left, lower left, Rebecca Anderson © Greenleaf Publishing, Inc.; **page 127:** all but upper right, lower left, Rebecca Anderson © Greenleaf Publishing, Inc.; **page 128:** all but lower right, Rebecca Anderson © Greenleaf Publishing, Inc.; **page 129:** lower image in sidebar, Rebecca Anderson © Greenleaf Publishing, Inc.; **pages 144-146:** Brian C. Nieves|CH; **page 148:** John Parsekian|CH; **page 150:** courtesy of Better Barns; **pages 152-177:** Donna Chiarelli|CH; **pages 190-192:** John Parsekian|CH; **page 193:** Dan Stultz, Stultz Photography; **pages 196-201:** courtesy of Outdoor Water Solutions; **page 201:** box, courtesy of Mike Willis; **pages 202-205:** Dan Stultz, Stultz Photography; **page 206:** top, courtesy of U-Gro Hydroponic Garden Systems, LLC; bottom, courtesy of The Aquaponic Source Inc.; **page 197:** courtesy of The Aquaponic Source Inc.; **page 199:** upper right, courtesy of The Aquaponic Source Inc.; **page 200:** courtesy of The Aquaponic Source Inc.; **page 201:** top, Dreamstime; second from top, courtesy of Growstone; third from top, © Opasstudio|Dreamstime.com; fourth from top, © Renegadewanderer|Dreamstime.com; fifth from top, © Robhainer|Dreamstime.com; sixth from top, © Amwu|Dreamstime.com; **pages 202-205:** courtesy of U-Gro Hydroponic Garden Systems, LLC; **page 205:** upper right, Dave Toht, © Greenleaf Publishing, Inc.

찾아보기

ㄱ
가로 널 울타리 78, 79
  가로 널 울타리 설치하기 79
가로대 51, 78, 138
가새(버팀대) 53, 70, 72, 75, 147
가압식 도구 120
각도 맞추기 215
각사포 44
개구부 148
건강한 모종 64
건축용 먹줄 25
건축허가 143
걸쇠 83
  걸쇠 설치하기 83
격벽 연결관 198
격자(래티스) 13, 32, 50, 51
  격자 구조물 13
격자 그늘막 50, 51, 55
  격자 그늘막 만들기 50, 51
  격자 그늘막 분해조립도 50
  격자 그늘막 평면도 55
골판 패널 192
공급 수로 21
공기 순환 115
과립 비료 35
관개시설 21, 35, 36
관개 화단 단면 29
구운 점토 201
굴착기 73
규준대 52
그늘막 40, 41
  그늘막 만들기 41
  그늘막 설계도 40
근각 볼트 54
금속 전선 클립으로 선 연결하기 99
금속(강판) 지붕 192, 193
  금속(강판) 지붕 설치하기 193
급수 타이머 38
기둥 52, 54, 70, 71, 74, 75
  기둥 구멍 배치하기 52
  기둥 모서리 비스듬히 자르기 75
  기둥 설치하기 71
  기둥 세우기 54
  기둥에 홈 파기 74
기본형 네 줄 울타리 78
기울어진 화분 선반 36
  기울어진 화분 선반 만들기 36
기초 구축 154
끝막음 못 55

ㄴ
나무 기둥에 철망 치기 81
나무 지붕널 191
나무 화단 14, 16, 21
  나무 화단 만들기 16
나무망치 24
난간 연결 방법 75

ㄷ
다림추 52
다목적 혼합토 65
다양한 기둥 윗면 모양 77
달걀 모양 닭집 문 127
달걀 모양 잠금장치 126
달걀 모양 창 130
닭 기를 때 필요한 것 113
닭 우리 분해조립도 102
닭장 113, 114, 117, 118, 124, 125
  닭장 만들기 118
  닭장 배면도 117
  닭장 분해조립도 117
  닭장 뼈대 124
  닭장 외골격 114
  닭장 정면도 117
  닭장 출입문 125
  닭장 틀(뼈대) 재료 113
담장 설치 규정 69
덧도리 166
덩굴식물 13, 39, 50, 81
데크스크류 16, 41
도구 보관대 57
  도구 보관대 설치하기 58
도색 여부에 따른 차이 129
돌로마이트 34
동결 피해 50
둥근톱 11, 18, 41, 42, 49, 53, 54, 74, 84, 114, 134, 163, 181, 194
둥지상자 114, 123
  둥지상자 분해조립도 133
뒤채움 70
  뒤채움 종류 70
뒷마당 작업실 194, 195
뒷벽 뼈대 156
들보 41
들짐승 막기 81

ㄹ
라인 수평계 51
래그스크류 39
랭스트로스 벌통 207, 208
  랭스트로스 벌통 만들기 208
  랭스트로스 벌통 분해조립도 208

ㅁ
마룻대 올리기 162
맞대기이음 85
  맞대기이음에 못 박기 75
매질 고르기 201
모르타르 41
모서리 몰딩 172, 174
모서리 브래킷 39
모서리 스터드 147
모서리에 못 박기 75
모종 받침판 64
모종 트레이 64
목공용 끌 44
목공용 수평계 25
목재 보존제 121
목재 프레임 21
몰딩 처리 172
못치기판 55
문 설계도 177
문 설치하기 91
물 채움 칸 32
물고기 노폐물 198
물빠짐 구멍 29
밑깔도리 145

ㅂ
바닥 뼈대 만들기 144
박공지붕 149, 150
  박공지붕 배치도 150
  박공지붕 뼈대 149
반스터드 145
반턱이음 85
방부 처리 15, 21
방부목 15
  방부목 스커트 몰딩 81
방수 접착제 61
배수관 29
배양토 34
벤치 49
벽 모서리 직각으로 맞추기 146
벽 설계하기 146
벽 세우기 146
벽 용어 145
벽 조립하기 145
볏짚단 화단 19
보존제 43, 129
부식 방지 처리 121
브래킷 사용하기 75
블록 쌓는 방법 23, 24
블록의 종류 22
빗장 83
  빗장 만들기 83
빗장걸이 83

ㅅ
사용자 친화적 132
삼각자 16
삼각형 치킨 트랙터 132, 134
  삼각형 치킨 트랙터 만들기 134
삼중 스터드 모서리 147

서까래 54, 150, 160, 162
　서까래 설계 160
　서까래 자르기 150
설계기준 143
세로 격자 55
세로 널 울타리 설치하기 80
세이버톱 37, 41
셰일 201
소금통형 헛간 152, 154
　소금통형 헛간 만들기 154
　소금통형 헛간 투시도 152
소켓렌치 47
소형 수평계 24
수경재배 197, 202-204
　수경재배 방법 선택하기 197
　수경재배 세트 202
　수경재배 세트 조립하기 203
　수경재배 용기에 씨앗 심기 204
　수경재배의 장점 197
수평재 145
스케치업 48
스탠딩 심 192
스터드(샛기둥) 59, 145
　잭 스터드 145
　킹 스터드 145
스프링 클램프 18
시멘트 모르타르 21, 26
식물생장등 60, 61, 64
　식물생장등 선반 만들기 61
　식물생장등 선반의 입면도와 설계도 60

ㅇ 알맞은 흙 28
암탉 몰기 139
양어수경재배 197-199
　양어수경재배 순환 과정 199
　양어수경재배 시작하기 199
　양어수경재배의 장점 197
연귀맞춤 49, 85
염소 여물통 189
　염소 여물통 만들기 189
　염소 여물통 분해조립도 189
염소 헛간 178-180
　염소 헛간 만들기 180
　염소 헛간 설계도 179
옆벽 피복 붙이기 166
옥상 화단 29-32
　옥상 화단에 물 대기 29, 30
와레 벌통 214
　와레 벌통 분해조립도 214
외부 구조물 50
외장용 나사 20, 38

외장재 175
울타리 69
　울타리 기둥 70
원예용 상토 64
윗깔도리 145
유기농 토양 블록 64
이중 스터드 모서리 147
이중 윗깔도리 145

ㅈ 자동 사이펀 198
자동 연귀톱 49, 61
자투리 목재 57
장대 13
장부맞춤 70
장선기 86
재활용 목재 57
저면관수 화분 32
　저면관수 화분 만들기 32
전기 울타리 81, 96
전력과 조명 194
접지 98
정면도 51
제초 매트 27, 29
좋은 토양 만들기 65
지붕 경사도 150
지붕 길이 150
지붕 높이 150
　지붕 높이 결정 150
지붕 뼈대 만들기 160
지붕 트러스 151
지붕 폭 150
지붕 피복 붙이기 167
지붕널 168
지붕의 조화 151
지붕재 190
직각자 16

ㅊ 처마돌림 171
처마돌림판 167
처마반자 171
철골 구조물 13
철근 26
철망 13, 81, 87
　철망 당기기 87
충진재 147, 158
측면도 51
치킨 트랙터 132, 133
　치킨 트랙터 입면도 133

ㅋ 코너 흙손 22
콘크리트 블록 21, 23
　콘크리트 블록 화단 21
클램프 41

ㅌ 타정기 120
탑바 벌통 분해조립도 215
태양광 전기 울타리 69, 96-98
　태양광 전기 울타리 설치하기 98
　태양광 전기 울타리 작동 방법 97
태양광 패널 96
토양 블록 64, 65
　토양 블록 만들기 65
　토양 블록 제조기 64
토지이용규제법 143
통기판 32
퇴비 혼합물 64
트리머 145

ㅍ 파종 구멍 66
패턴이 있는 울타리 78
프라이머 바르기 172
프레임 모서리 85
플라스틱 그물망 101
플라스틱 병 29
피켓 모양 77
피켓 문 84, 93
　피켓 문 만들기 84
　피켓 문 장식하기 93
피켓 울타리 76
　피켓 울타리 설치하기 76

ㅎ 헛간 143, 174
　헛간 외장재 174
홈에 끼워넣기 75
홈파기 39, 44
화단 분해조립도 15
화분 선반 36
환기창 115
회로 용량 63
흙손 22

기타 3-D 축소 렌더링 48
CAD 프로그램 48
DIY 양어수경재배 시스템 198
PVC 관 32, 102
　PVC 관 용접 방법 102
PVC 닭 우리 101, 103
　PVC 닭 우리 만들기 103
PVC 허들 109
　PVC 허들 분해조립도 109
X자 널 울타리 78

지은이 **데이비드 토트** David Toht

정원 가꾸기, DIY 프로젝트에 관한 60권 이상의 실용서를 저술한 작가이다. 그의 저서는 작은 규모의 정원, 도시농업, 자급자족 생활을 시작하려는 독자들에게 인기가 많다. 특히 실용적인 조언과 명확한 설명은 독자들이 성공적으로 프로젝트를 수행할 수 있도록 돕고 있다.

자신의 정원에서 햇볕에 따뜻하게 데워진 토마토를 수확하는 것을 삶의 가장 달콤한 즐거움이라 여기며 아내 레베카와 워싱턴주 올림피아에서 개, 고양이 그리고 닭 세 마리를 키우며 살고 있다.

옮긴이 **임예슬**

서울대학교 건설환경공학부를 졸업하고 같은 학과에서 구조공학 전공으로 박사과정을 수료했다. 글로 소통하는 일에 관심이 생겨 현재는 글밥아카데미를 수료하고 바른번역 소속 번역가로 활동하고 있다.

감 수 **김지환**

중앙대학교 기계공학과를 졸업하고 동대학에서 박사 학위 취득 후 유한대학교 기계설계과 교수로 재직하며, 평생교육원장 등을 역임하였다. 퇴임 후 근교 농촌에 조그만 집을 만들어 숲 해설을 하면서 숲 생태, 소목장, 서각, 전각 공부를 하고 있다.

저서로는 『기계설계』, 『재료역학』, 『기계제도』, 『기계설계제도』 등 10여 권이 있다.

쓰임새 있는 내 집 만들기
텃밭, 헛간, 벌통, 정원 구조물까지

초판 인쇄 2025년 5월 15일
초판 발행 2025년 5월 20일

지은이 데이비드 토트
옮긴이 임예슬
감 수 김지환
펴낸이 조승식
펴낸곳 도서출판 북스힐
등록 1998년 7월 28일 제22-457호
주소 서울시 강북구 한천로 153길 17
전화 02-994-0071
팩스 02-994-0073
인스타그램 @bookshill_official
블로그 blog.naver.com/booksgogo
이메일 bookshill@bookshill.com

정가 25,000원
ISBN 979-11-5971-641-6

* 잘못된 책은 구입하신 서점에서 교환해 드립니다.